总主编　方剑乔

浙江中医临床名家
徐荣斋

谢冠群　主编

科学出版社
北京

内 容 简 介

本书是“浙江中医临床名家”丛书之一，介绍了浙江名医徐荣斋。本书共分六章：中医萌芽、名师指引、声名鹊起、高超医术、学术成就、桃李天下。重点介绍了徐荣斋在《黄帝内经》和外感热病方面，尤其是绍派伤寒研究领域的成就，以及他对于妇科病和中风、郁证等内伤杂病的诊治经验，并选录徐荣斋研究《黄帝内经》《伤寒论》及绍派伤寒等论文，以反映先生对中医学术发展的贡献。

本书可供中医临床、科研人员及在校学生阅读使用，也可供中医爱好者参考。

图书在版编目（CIP）数据

浙江中医临床名家. 徐荣斋 / 方剑乔总主编；谢冠群主编. —北京：科学出版社，2019.7

ISBN 978-7-03-061806-1

Ⅰ. ①浙… Ⅱ. ①方… ②谢… Ⅲ. ①徐荣斋-生平事迹 ②《内经》-研究 ③《伤寒论》-研究 Ⅳ. ①K826.2 ②R22

中国版本图书馆CIP数据核字（2019）第137226号

责任编辑：鲍 燕 刘 亚 孙 曼 / 责任校对：王晓茜

责任印制：徐晓晨 / 封面设计：黄华斌

科学出版社 出版

北京东黄城根北街16号

邮政编码：100717

http://www.sciencep.com

北京捷迅佳彩印刷有限公司 印刷

科学出版社发行 各地新华书店经销

*

2019年7月第 一 版 开本：720×1000 B5

2019年7月第一次印刷 印张：17 插页：2

字数：305 000

定价：68.00 元

（如有印装质量问题，我社负责调换）

1979年徐荣斋先生在上海中医学院校园里

1979年在上海中医学院校园，左为学生范永升，右为著名医史学家宋大仁

浙江中医临床名家

丛书编委会

浙江中医临床名家·徐荣斋

编 委 会

主　编　谢冠群

副主编　包　洁　　杜　羽

编　委（按姓氏笔画排序）

王伟杰　　包　洁　　杜　羽

吴　山　　赵　婷　　谢冠群

总　序

中华医药，博大精深，源远流长。灵兰秘典，阴阳应象，穷万物造化之妙；《金匮》真言，药石施用，极疴疾辨治之方。诚夷夏百姓之瑰宝，中华文明之荣光。

浙派中医，守正出新，名家纷扬。丹溪景岳，《格致》《类经》，释阴阳虚实之论；桐山葛岭，《采药》《肘后》，载吴越岐黄之央。固钟灵毓秀之胜地，至道徽音之华章。

浙中医大，创业惟艰，持志以亢。忆保俶山下，庠序进修，克艰启幔；贴沙河干，省立学府，历难扬帆；钱塘江畔，名更大学，梦圆宇响。望滨文南北，富春秋冬，三区鼎足，一校华光；惟天惟时，其命维新，一德以持，六艺互襄；部省共建，重校启航，黾勉奋发，踵武增华。

甲子校庆，名医辈出，几代芳华。值此浙江中医药大学建校六十周年之际，特辑撰“浙江中医临床名家”丛书，以五十二位浙江中医药大学及直属附属医院名医为体，以中医萌芽、名师指引、声名鹊起、高超医术、学术成就、桃李天下为纲，叙名家成长成才之历程，探名家学术经验之幽微，期有益于同仁之鉴法、德艺之精进。

时己亥初夏

序

徐荣斋，字国椿，晚年自号三补老人，生于1911年，卒于1982年，浙江绍兴人，先生师从名医杨质安先生，又曾问业于曹炳章先生，析疑问难，虚心求教，深得曹先生的赏识，遂成忘年之交。先生治学严谨，博览群书，勤于著述，崇尚“读书破万卷，下笔如有神”，对中医经典著作，特别是《黄帝内经》（以下简称《内经》）有较精深的研究。其著有《重订通俗伤寒论》《妇科知要》《〈内经〉精要汇编》《读书教学与临证》，校点了《医宗必读》等，并在国内外中医药刊物上发表学术论文50多篇。

先生自二十世纪三十年代初从事中医临床，五十年代末期始任教于浙江中医学院（现浙江中医药大学），曾担任《浙江中医学院学报》（现《浙江中医药大学学报》）编辑室主任，并被浙江省人民政府聘为高级职称评定委员会医学组委员。先生为人正直，办事认真，待人和气。几十年来，精勤不倦地耕耘在中医教学、医疗、科研这块土地上，并取得了丰硕的成果，为中医界的同道所称颂。

一、精研《内经》理论，硕果累累

《黄帝内经》是中医学的渊薮，不仅在中医学术发展中具有极其重要的地位，而且在临床治病中也有重要的指导价值。先生之于医可谓始于《内经》而终于《内经》，始于《内经》者，学医从《内经》始；终于《内经》者，终生以阐释《内经》为己任，孜孜矻矻数十载春秋。先生学习《内经》，首先读的是李士材的《内经知要》，以后又先后读过薛生白的《医经原旨》，王冰注的《黄帝内经素问》，张介宾的《类经》，马莳、张志聪注的《素问》《灵枢》，高士宗的《黄帝内经素问直解》，日本人丹波氏父子的《素问识》《素问绍识》《灵枢识》等。在学习《内经》过程中，先生采用了四种方法：一是原文注文，边读边想边记，有时连贯读，有时分段读；

二是已读懂的篇文，读到成诵；三是不懂的原文，检阅注疏及工具书，从字到句细细读；四是精短的文句，抄且读（读后抄，能加强记忆，抄后再读，能加深理解）。由此可以看出，先生研习《内经》功夫之深。先生研究《内经》有两个重要特点，其一是注意内容的选择。他研读《内经》重点在《素问》，而《素问》八十一篇中，讲“刺法”十二篇、讲“岁运”七大论及文理浓于医理的“著至教论”“方盛衰论”等六篇，也只是一般地读；而把《素问》中论述阴阳变化之旨，脏腑、经脉、病、治之要作为精读深研的内容。此外，他认为“离合真邪论”“至真要大论”“天元纪大论”等篇也有丰富内容值得探索。其二是重视内容的相互联系。例如，“上古天真论”中“虚邪贼风”一词，他与《素问·四气调神大论》《素问·八正神明论》《灵枢·九宫八风》《灵枢·贼风》《难经·五十五难》等相类似的内容进行比对以探索确切含义。同时他主张将《内经》某些学说或理论与汉、晋、唐、宋相关医籍联系，如将病机与巢元方《诸病源候论》、刘完素《素问玄机原病式》等汇参，既相得益彰，又见学说的源流。正因为这样，先生在《内经》的研究上硕果累累，1985年人民卫生出版社出版的《读书教学与临证》一书中，收集先生研究《内经》论文共有十篇。其中有探讨阴阳学说的、有阐发病因病机的、有研究“五郁”病证的、有剖析治则治法的、有评述不同医家注释《内经》之特点的。先生推崇秦伯未《内经类证》，并从脏腑、气血形体、经脉、阴阳四时、防病、病因病机、诊法、治疗法则八个方面，将《内经》重要条文分类编次，共八章、二十七节、917条，名为《〈内经〉精要汇编》，既方便读者根据标题选择内容，也有利于学者整理研究。1980年，他在《山东中医学院学报》（现《山东中医药大学学报》）上发表了《以“治学三境界”的精神学习〈内经〉》一文，受到中医界好评，影响深远。正因为他在《内经》研究方面的造诣，1979年秋应上海中医学院（现上海中医药大学）金寿山副院长邀请，先生专门赴沪为该校研究生讲授《内经》2周。

二、重视仲景学说，追源溯流

前哲徐洄溪曰：“医者之学问，全在明伤寒之理，则万病皆通。”先生早期专注于整理、重订清代俞根初先生之遗著《通俗伤寒论》十二卷，遂成书《重订通俗伤寒论》。全书分为伤寒要义、六经方药、表里寒热、气血虚实、伤寒诊法、伤寒脉舌、伤寒本证、伤寒兼证、伤寒夹证、伤寒坏证、伤寒复证、调理诸法，共计十二章。其辨析诸症，颇为明晰；其条列治法，温寒互用，补泻兼施，亦无偏主一格之弊。其中方方切用，法法通灵，其定方宗旨，谓古方不能尽中后人之病，后人不得尽拘泥于古人之法，全在一片灵机，对症发药。先生还对晋唐及宋代伤寒学说的发展有较深入的研究。他撰写了《略论晋唐时期之伤寒学》《略论宋代之伤寒学》两文，重点阐述了晋唐、宋代伤寒学说的发展，并归纳了各派医家伤寒论之特色与精妙之处。同时，他还研究了成无己《注解伤寒论》特点、提炼了郭雍《伤寒补亡论》勘六经病的三要点和三要求，为后人学习提供参考。晚年他又着眼于家乡的“绍派伤寒”，上溯明末清初，下逮民国，为300年来的“绍派伤寒”探源、析流，功不可没。

二十世纪七十年代末八十年代初正是仲景学说研究热潮高涨之时，先生与何任教授合作对《金匮要略》注家与注本做了系统研究，撰写了《读经读注，经注并参——略谈〈金匮〉的注本》一文，为学习研究《金匮要略》提供了便捷的路径。后来由先生命题，由我协同撰写了《〈金匮〉“痰饮病”证因方治探要》一文，分2期刊登在《浙江中医学院学报》上。这些都为浙江中医药大学推进《金匮要略》的研究起到了积极作用。

三、临症擅长妇科，颇多建树

先生不仅对中医经典理论有较深入的研究，而且在临床上也有着丰富的诊治经验，尤精于妇科。1981年他根据自己的临床经验并结合学习心得，撰写了《妇科知要》一书，由人民卫生出版社出版。该书分为上、中、下三编，上编为诊法，按“四诊”“辨证”两个部分写出，特点在于看得懂，用得上；中编为证治，所列各证都是妇科常见病，治法用之有效，特点是临床治验的写实；下编为方药，筛选得当，特点在于随症灵活运用加减。其中问诊中，先生自编了“妇科十问歌”，“一问年龄二问经，期量色质要问清，药后多少色深淡，虚实寒热探此中；三问带下色和量，清浊腥秽辨病情；四问腰酸与腹痛，气血虚实寒热斟；二便情况列五问，关系膀胱与脾肾；六问婚孕胎产史，崩漏宜防肿瘤症；孕期腰腹列七问，腹痛胎漏病非轻；新产“三审”列为八，恶露、大便、乳汁情；九问产后起与居，眠食情况也要紧；十问兼证与夹证，相互并发找原因。结合脉诊与舌诊，辨证用药有柢根”，颇为实用。对于崩漏，先生主张分实热、虚热、气虚、阳虚、瘀血五型，分别用清热固经汤、六味地黄汤、固本止崩汤、金匮肾气丸、逐瘀止崩汤加减治疗，同时又重视奇经的作用，切合临床。对于药味用量，他认为川芎为血中气药，但辛香走窜，用量不宜过重；但鸭跖草清热利水，性味甘淡，必须用至30克，方为有效，洵为经验之谈。现举先生治疗老年血崩验案1例如下：郑某，女，55岁。初诊，1972年8月9日。绝经7年，月前出血如崩，时多时少，迄无宁日，少腹部隐痛，头面手足心有烘热感，心悸，夜少寐，脉细数，舌质红。宜安老汤加减为治：生地24g，当归身、生白芍、荆芥炭各6g，炒黄芩、侧柏叶、蒲黄炭、炒驴胶各10g，醋炒香附、黄柏、木耳炭各6g，三剂。复诊，8月12日。患者血崩渐止，少腹仍隐痛，须防再崩，治予前方去木耳炭加没药4.5g，三七末（分吞）2.5g。三诊，8月16日。患者出血已除，腹部无痛感，自觉是近一个月来最清爽的几天，惟心悸、烘热、少寐仍有，再予第一方去醋炒香附、木耳炭、荆芥炭，加朱砂安神丸（包煎）15g，珍珠粉（睡前温开水送服）1支。老年经水绝而复来，傅青主认为是崩冲之渐，本例已成血崩，时多时少，四十余天未止，妇科医院检查为子宫内膜炎，组织切片无癌变。脉证合参，作冲任伏热治。初诊以安老汤加清热止血药，颇能应手；复诊方加没药以理气止痛，三七末以祛瘀止血，效果更佳。

四、培育中医人才，循循善诱

先生于二十世纪五十年代末期任教于浙江中医学院，担任《中医学基础》《内经选读》等课程的教学，先生学术造诣深厚、为人谦和，深受学生爱戴，数十年来培养了一批又一批中医莘莘学子。1978～1981年，我在何任教授领衔的古典医籍导师组下攻读硕士学位，徐荣斋先生是我的直接指导老师。3年间，朝夕相处，我得到先生悉心指教。先生孜孜不倦的敬业精神，和蔼可亲的为人处世，博学强记的扎实功底，一丝不苟的治学态度，都深深地影响了我。

先生提倡研究选题应尽量避免雷同，主张独辟蹊径，并以中医“实者虚之，虚者实之”做比喻，使我终身受益。我的硕士毕业论文选题是“从《素问玄机原病式》看刘完素对祖国医学的贡献”，先生要求我少在“主火热用寒凉”着力，尽力挖掘刘完素在中风论、胃中润泽论、舌有窍论、老年病学方面的贡献。在先生的指导下，我以《素问玄机原病式》为基础，广征博引，深入探索，顺利地完成了毕业论文，得到两位著名的中医专家——任应秋先生、金寿山先生的好评。二十世纪八十年代末期我通过全国日语考试并由教育部派遣赴日本留学，在研究领域方面，我最终选择了风湿免疫病，也与先生的教诲分不开。

先生十分重视奖掖后学，我读硕士研究生期间，先生承接了上海科学技术出版社点校《医宗必读》的任务，先生要我在他句读的基础上改为标点符号，并做些注音及编写方剂索引等工作。没想到《医宗必读》正式出版时先生把我也署名于后，使我深受鼓舞。先生待学生和蔼可亲，倡导学术平等交流，从不以权威自居。在办公室、在先生家里，我们都可以无所顾忌地畅谈不同看法。记得有一次广西中医学院（现广西中医药大学）班秀文教授（首届国医大师）到杭州来看望先生，给先生带来了当时十分珍贵的水果——罗汉果。先生还特意给我留了一份，爱心真情，由此可见一斑。

光阴荏苒，先生离开我们已37年。今年是我校本科办学60周年，为此，学校决定编写《浙江中医临床名家·徐荣斋》一书。我的学生谢冠群、包洁及吴山等主动请缨，令我颇为欣慰！在编写过程中，他们几位分工合作，夜以继日，争分夺秒，多方收集资料，力求把先生的成就更完整地展现出来。我则先后给他们提供了一些思路与建议，并对初稿做了审阅。相信该书的出版，对于继承先生精益求精的工作态度、孜孜不倦的治学精神，推动中医经典的研究，启发临床思维，指导妇科病诊治等，均具有重要的意义。谨以为序！

范永升

己亥年春于浙江中医药大学

目　　录

第一章

中医萌芽

第一节　幼志青囊遇良师

绍兴古时称会稽，位于浙江省中北部，特有的水乡地域文化，赋予了它独特的灵性和无比的智慧。其历史上可追溯至新石器时代的小黄山文化，春秋战国时期的越国建都于此，故被认为是古越文明的发祥地。北宋末年，宋室南渡，曾一度建都绍兴，使得绍兴成为当时南方政治文化中心。这片古老而充满灵韵的土地孕育了一代又一代杰出历史名人，而医学家是其中一个重要的群体，他们底蕴深厚，并自成一派，世称“越医”。

西方列强敲开了近代中国闭关锁国的大门，西医东渐速度加快，中西医争论日益剧烈。在这危亡时刻，全国各地涌现出一批有识之士，为中医事业的传承及延续进行了顽强的斗争。作为东南地区政治文化汇聚之所，绍兴中医界中诸如何廉臣、裘吉生、曹炳章等奔走京沪之间，呼吁全国中医界志士团结一致，为拯救中华民族医学而奋起斗争。他们创立“绍兴医学会”，团结中医人士，并创刊《绍兴医药学报》以交流医学经验。他们正视中医之短，西医之长，择善而从，不善而改，精益求精，使绍兴近代中医迈出了重要一步。西方新思潮的冲击，医学新知识的输入，为近代绍兴中医事业的振兴添了一支强有力的催化剂。

1911年9月的一个普通的日子里，在古城绍兴缪家桥沿岸（现属绍兴市越城区），家境殷实的徐家喜得贵子，徐父只期望自家孩子在这时局动荡的年代，仍有书可读，有学可上，故为儿取名荣斋。徐荣斋的祖父是邑中有名的大夫，医术闻名遐迩，慕名上门的患者络绎不绝，祖父均无视贵贱，一心赴救。祖父在徐荣斋出生之前便已逝去，年幼的徐荣斋常常闻及邻里夸赞祖

父医德医术，谓祖父在世时常提及“仁心仁术”，要求门人提高自我医学修养，处处为患者着想，不能以一己之利而置患者不顾。年幼而聪慧的徐荣斋内心深处油然升起了对祖父的敬佩之情，也由此对祖父从事的事业产生了浓厚的兴趣。

五岁那年，徐荣斋被其父送至私塾念书，私塾先生潘文藻通晓古今、满腹经纶，是当地小有名气的儒士。四书五经、孔孟之道，在这位年幼的孩童脑海中灌输着。很快徐荣斋具备识字断句的能力，这时候他发现了祖父房间高大的书柜上，整齐地摆放着祖父毕生珍藏的医学典籍。在那个文化传播的冷时代，这一件件木刻本及手抄本医书显得弥足珍贵，《汤头歌诀》《药性赋》……强烈的好奇心驱使着他去翻阅祖父留给他的宝库，也许仅仅是出于对文字的好感，他很快就爱上了这些朴素而神秘的方块字。父亲见他对中医学知识如此孜孜不倦，慈父的心中已有了一丝深远的打算。回忆起当初父亲的授徒理念，徐父要求自己的孩子，先从《汤头歌诀》《药性赋》开始识起，他知道贪多嚼不烂，良好的基本功是成为一个好医生的必经之路。懂事的徐荣斋遵从父亲的心意，他牺牲和邻里伙伴玩耍的时间，反复诵读这几本医籍，“四君子汤中和义，参术茯苓甘草比”“犀角解乎心热，羚羊清乎肺肝”，这一句句，一首首前辈医家毕生之结晶，在徐荣斋心中比唐诗、宋词有趣多了。

徐荣斋在私塾学习了11年，不仅接受了传统的儒家教育，通过自学，也涉猎了祖父遗留下的部分中医典籍。徐荣斋虽聪慧过人，但却是文弱书生，自幼体质柔弱，小病不断。祖父当初的门庭若市，让他更加坚信中医的疗效并不是故弄玄虚，怪力乱神之说总是因中医队伍中的一些身披中医皮囊的江湖术士所致。在自学过程中，徐荣斋一直琢磨不透这些义理深奥、晦涩难懂的文字，难以窥其门径，这也渐渐让他意识到闭门造车的缺陷。“古之学者必有师”，年岁渐长的徐荣斋内心深处渴望寻得良师的教导。在那个教育资源匮乏的年代，对于徐荣斋当时的家境而言，要想进入中医专门学校学习难如登天。

当时同县有一位赫赫有名的儒医——杨质安先生，其为晚清名医赵晴初高足，擅长内、妇、儿科，1927年，结束了十余年私塾生活的徐荣斋，有幸拜入杨质安先生门下，从此为徐荣斋的中医生涯打开了一扇大门。初入杨老先生门下，徐荣斋发现临床上患者病情病机复杂，与书本上描述多有异处，一时摸不着头脑。好在徐荣斋虚心好学，他很快意识到绍兴地处东南，杨老先生师从越医赵晴初，选方用药颇具地方特色，这与《素问》中提及的因地制宜颇为相符。侍诊的同时，徐荣斋可以查看药店的各种中药，每一个抽屉上都贴有中药的名称，中药都有其分类。清热类中药有鲜芦根、金银花、焦栀子、蒲公英、生石膏等，徐荣斋能够细观每味药材的形状、颜色，闻嗅其味，心中默背着早已烂熟于心的《药性赋》，理论与实践的结合，其学业日益进步。杨老先生也很快发现这位新收的小徒弟勤劳机灵，对此也是十分的满意。在这乱世年代，若其医术尽能继承，也算是对得起业医初心。徐荣斋努力学习继承师父独特的学术思想和临证经验，在侍诊过程中每每有所心得或疑问，会在空余时间翻阅古籍，寻找资料释疑解惑。杨老先生亦悉心教授，在临床中每遇难证变证，常于此稍作片刻停留，引经据典，细致讲解，从而使徐荣斋在学习过程中快速地掌握临床辨证之转机，理论与临床结合，使其学习变得事半功倍。

在杨老先生的指导下，徐荣斋边侍诊边读书。当时的徐荣斋能够阅读到的书籍仅仅为李士材的《内经知要》、薛生白的《医经原旨》，以及“一知半解九不懂”的《黄帝内经素问注》。从历代诸位医家的文字中，徐荣斋对《黄帝内经》（以下简称《内经》）这部耗时数个世纪，历经众多医家收集、整理、综合而成的医书有了最初的印象，“善诊者，察色按脉，先别阴阳；审清浊，而知部分；视喘息、听声音，而知所苦；观权衡规矩，而知病所主；按尺寸，观浮沉滑涩，而知病所生”。望闻问切，中医诊法的根本所在，越发深入地研读，徐荣斋越觉得先辈们的临床经验实在是太丰富了。杨老先生在诊病之余，常对徐荣斋言：不学无术，何以济人？历代经典，名家著述，却各有所长，若能熔于一炉，取其精华而去其糟粕，必能以此为基石，登高而望远。年轻的徐荣斋悉心听取教诲，他明白老师所言是为了激励自己往更高的目标去奋斗，心中执念不免愈加深刻。杨老先生已年逾花甲，愿将毕生所学倾囊相授，徐荣斋深知命运眷顾，能遇良师如此，医学之路必当少去不少冤枉路。

第二节 岐黄之术疗顽疾

边读书，边侍诊，3年光景一瞬即逝。跟随杨质安先生学习的经历，为徐荣斋今后的医学生涯打下了一定的医学基础。但终究年资尚浅，跟师时间亦不长，相较于浩瀚的中医宝库，徐荣斋自知知识贫乏，后来回忆这段经历时，常以《素问·著至教论》中的一段雷公与黄帝的对话来自我嘲讽："诵而未能解，解而未能别，别而未能明，明而未能彰。"当时的徐荣斋正处于青春期，身体机能处于飞速发育的阶段，原本该合理劳逸，充足营养，但取而代之的却是夜以继日的学习，生活过张而欠弛，3年时光下来，原本稚弱的少年，显得愈发的身单力薄。但屋漏偏逢连夜雨，体虚失养的他又不幸染上了肺痨。如此顽疾也为他3年的跟师生涯画上了一个残酷无情的句号。

辞师归家后，顽疾缠身的徐荣斋，只能安心在家中养病。深知自身知识的贫乏，养病期间，徐荣斋先后购读张介宾的《类经》，马莳、张志聪注的《素问》《灵枢》。一方面，把《素问》论述精、气、神等篇的经文和注文反复诵习，渐感古文气氛浓郁，养生义理跃然纸上，遂作为病中修养；另一方面找到了学习《内经》的途径，由浅入深，由此例彼，从而引起探索的兴趣，同时也开拓了自己诵习秦汉医文的眼界。与此同时，在学习这部分中医理论的时候，徐荣斋整理了3年跟师学习所收集的医话医案。过去3年的诊治经过在徐荣斋的脑海里一遍又一遍地放映，他渐渐意识到，绍兴地处江南地域，四季分明，雨水充沛，土地沃泽，本地患者的疾病发生发展与季节气候有着显著的关联。自明末清初医家吴又可的《温疫论》问世以来，江浙一带温热病学说日渐盛行，叶桂《温热论》、吴瑭《温病条辨》、王士雄《温热经纬》使得以吴门医派为代表的温病学派逐渐被人们所认识和接受，而以杨质安先生为代表的越医，也是深受温病学说的影响。于是在研习《内经》的基础上，徐荣斋开始泛览明清方书。卧病在家后，徐荣斋仍不忘初心、孜孜不倦，他渐渐觉得自身所得之肺痨也属温热病的一种，无非感受"贼风"后化热伤阴，传变过程无非六经、卫气营血。运用3年跟师学习所得，结合自身对医学知识的理解，徐荣斋便于自身入手，自诊自治，乏效便翻阅医案或古医书，结合自身体会，但求用一药便能掌握一药之性味功效，张弛结合，循序渐进。在家中养病治病近2年，顽疾缠身的徐荣斋渐渐恢复了健康，此时的他眉宇间也透露出喜悦和自信。他深信中医之术绝非玄术，它在中华大地上绵延传承数千年之久，为民解决多少疾和苦，它的存在帮助中华儿女经受住一次又一次大自然的考验，此时此刻的徐荣斋摩拳擦掌，亟待以仁术济人。

参考文献

沈钦荣. 1991. 试论绍兴医学在清末民初间崛起的内外因素［J］. 浙江中医学院学报，15（5）：34-35.

沈钦荣，杨森茂. 1991. 杨质安学术经验举要［J］. 江苏中医，23（11）：1-2.

苏全有，崔海港. 2013. 清末医学组织述论［J］. 辽宁医学院学报（社会科学版），11（2）：54-57.

诸晓贡. 1998. 试论绍兴地区历代名医辈出的原因［J］. 中华医史杂志，28（4）：48-53.

第二章

名师指引

第一节　儒医同修　心怀仁术

徐荣斋在绍兴缪家桥私塾读完书后，于1927年9月至1930年11月跟随杨质安先生学医。

杨质安（1868～1937年），字宗濬，号补过老人，绍兴人。杨先生初业儒，问业于越中名儒田晋蕃，弱冠中秀才。他21岁时受聘于名医赵晴初家塾，课其文孙，旋奉母命，从赵氏习医，擅长内、妇、儿科，名噪一时。杨先生曾任《绍兴医药学报》编辑，神州医药会绍兴分会评议员。其所著遗稿，大多散佚，仅存《质安杂缀》一卷、《存存斋医话稿·卷三》《乡隅纪闻》一卷及部分零散手稿。

徐荣斋跟随杨质安先生期间，除了跟师临证，还研读经典著作，将跟师所得与经典著作相互印证，加深印象，带着问题寻觅。儒医同修，崇尚"读书破万卷，下笔如有神"，当时研读了李士材的《内经知要》，薛生白的《医经原旨》和《黄帝内经素问注》等，为以后系统研究《内经》打下了基础。

徐荣斋敏而好学，颇受杨质安先生青睐，尽得其学，为其高足。杨质安先生临证时注重治病求本，如提出小儿中暑痉厥乃暑邪直逼血脉，劫动内风，厥阴风木、少阳相火、太阴湿土三气战沸奔窜无常所致，其状虽类包络逆传，实非少阴本病，治宜熄风、泻火、达络、疏肝四法。其重视宣通气机，对湿热食互结之复杂证候，常以宣畅气机为主，配以化湿导滞，使气机通而邪有出路。另外，还注重治养结合，常授予患者一些食疗方法，肝风兼有外感风热证者，用荸荠；兼失音不语者用梨肉；兼胃纳不佳、不思饮食者用甘蔗汁。徐荣斋受其师影响，在《重订通俗伤寒论》中，专列“食物调理法”一节，认为：伤寒温热愈后，宜少食而频，不可过饱，最妙以萝卜汤、陈干菜汤，疏导其胃肠，渴则饮清快露，和开水少许，或但饮细芽茶，输运其精液；病势轻减后，佐其点心，可略进流动性之滋养品，如藕粉、燕窝粥及开水冲鸡蛋等，每次之食量宜少，每日之次数宜多。杨质安先生擅用药对，根据其丰富的临床经验，参以先贤诸家学说，总结出了常用药对22个：春砂捣熟地，海石捣熟地，青盐拌生地，鲜地捣豆卷，白芥子捣蛤壳，蛤粉炒驴珠，鳖血炒柴胡，春砂拌大腹皮，吴茱萸炒川连，苏叶拌川连，秋石拌生地，蔻仁拌滑石，辰砂拌滑石，官桂拌滑石，草果拌知母，蔻末拌研瓦楞子，青蒿子拌滑石，甘松炒谷芽，桂心拌研生锦纹，鲜地拌捣生锦纹，莱菔子拌捣砂仁，小茴拌炒当归。以上所用药对或纠药性之偏，或增其疗效，或寒热兼顾，或表里同治，避其弊而取其长，用诸方中，顿显生气。

徐荣斋曾治一崩漏患者，“癸水将尽之年，陡患崩冲，此后绵延不绝，腹痛而膨，胃钝力疲，脉细，舌质淡红有裂纹。气阴俱不足，治予清滋兼和胃”。用归芍地黄丸合二至丸、震灵丹加减。处方中用春砂捣大熟地，学自于杨质安先生。又如治一倒经患者，用生地与川军同用以清降，受杨质安先生鲜地拌捣生锦纹所启发。

第二节 精医娴药 师古不泥

徐荣斋在绍兴开业行医和在绍兴市第二医院中医科工作期间，兼任绍兴中医工会（1933年加入）执行委员兼出版主任。1951年参加绍兴县卫生工作者协会，协会由曹炳章先生主持，徐荣斋担任撰述等职。因与曹炳章先生为同乡，中医临证之余与协会工作期间常问业于曹炳章先生，虚心求教，深得曹先生的赏识，遂成忘年之交。

曹炳章（1878～1956年），字赤电，又名彬章、琳笙，浙江绍兴人（原籍浙江鄞县）。曹先生曾先后问业于名医方晓安、何廉臣。他治学严谨，造诣精深，在忙于诊务的同时，毕生勤于著述，计编著、校注、增补、重订的著作达四百种以上，选编《中国医学大成》，在中医界有很大影响。其曾担任过中央国医馆名誉理事，浙江国医分馆董事，神州医药会绍兴支会主席，以及新加坡、泰国等中医师公会名誉理事，并兼任国内外二十余家中医期刊的名誉编辑和特约撰稿人。新中国成立以后，他曾任绍兴市政协委员、《浙江中医月刊》总编辑等。其治学主张博精相兼。

曹炳章先生对药品的考证、炮制、真伪辨识尤为精通。在其全部著作中除了诊断、治疗、预防卫生、医史等方面外，有很大一部分，诸如《中华药物源流考》《人参考》《麝香考》《讨论冬虫夏草之种类及效用》《增订伪药条辨》等，都是属于药物考证、辨讹、厘定方面的专著。徐荣斋称："曹炳章先生对《医医病书》与《伪药条辨》的增订和加按，是针对当时医药学方面起到补偏纠弊的两部好书。"徐荣斋认为，曹氏学术思想，当以论药及药物考证为首位。例如，对犀、羚药物的代用问题，何廉臣先生常以玳瑁、紫草代犀角，黑羖羊角代羚角；太仓王雨三氏常以石决明、钩藤、薄荷三味代羚角。徐荣斋在曹炳章先生的影响下多以丹皮、紫草、大青叶三味合用代犀角；以龙胆草、钩藤合用代羚角。有时专用紫草代犀角，把犀角地黄汤改为紫草地黄汤，随证加减，应用于妇女产后因感染而高热不退，疗效显著。

徐荣斋跟随曹炳章先生学习期间，曹炳章先生博采众长，师古而不泥的临证特点深深影响了徐荣斋，如徐荣斋在临床治疗中，凡遇虚弱患者或小孩患便泻或痢疾者，多采用疏理脾胃之药，常用徐春圃的醉乡玉屑、程杏轩的黄土稻花汤和经验方黄土汤。徐荣斋谓："以上三方，是曹炳章先生介绍给我的，曹则得自何廉臣先生。方中黄土，我在处方时用黄土砖一小块，煎汤代水煎药；稻花则用鲜稻穗两三枝（如无鲜稻穗，改用新米一撮）入药。"

徐荣斋认为，曹炳章先生评校医书成功因素主要有两点：①聚精会神，对每个医案的症因脉治和理法方药各环节，相互参证，不肯掉以轻心；②多读古书，善于分析，能使书为我用，不使我为书用。曹炳章先生尝谓："古人随证以立方，非立方以待病"，并指出"只有板方，没有板病"。据不完全统计，曹氏撰述、增订及加按的医药书籍，共34种。例如，关于预防卫生方面的1种（《家庭卫生饮食常识》）；关于脏腑考证方面1种（《三焦体用通考》）；关于辨舌方面的1种（《辨舌指南》）；关于辨证施治方面11种（《瘟疹证治要略》《秋温证治要略》《喉痧证治要略》等）；关于厘定药品及辨别药物的2种（《增订伪药条辨》《规定药品之商榷》）；关于药物考证的15种（《人参考》《桂枝考》《沉香考》等）；关于医史方面的2种（《增订历代名医传略补编》《浙江名医传略》）；关于医药论文集1种（《曹氏医药论文集》），可谓著作等身。

曹炳章先生注重舌诊研究，融会新知，如撰述《辨舌指南》，注重舌之神气，在第十二章分“淡浓”“深浅”“荣枯”“老嫩”四节以阐述之。书中所引述辨舌论据，上溯《内经》，下迄与其同时的《通俗伤寒论》，旁征资料还采摭当时新说。通过曹先生精心编撰，层次先后有序，议论穿插恰当，去粗取精；同时结合他实践经验，使舌诊的基本理论与临床应用密切配合。特别是关于舌苔图谱的着色，曹先生更是细致描摹，使学者印象加深，无异于临床目睹，曹先生亦欣赏及此，故书名冠以“彩图”二字，以示图文并重。并且，书中所引述的有不少是不经见的医籍，如郭元峰《脉如》，马氏《医悟》，虽非辨舌专书，然阐发舌象的机制极精，能从扼要的辨析中，给读者说明问题，解决问题，起到画龙点睛的作用。

曹先生擅用成药圆机活法，治疗时病、杂症、痰病、妇婴疾病等，尤其是对一些急症重病的救治，做到少而精、简而明。其治疗痰病经验更胜一筹，在《痰症要药说明》一书中指出“痰为病之标，非病之本也。善治者，治其所以生痰之源，则不消痰而痰自无矣”，并对外感痰、气郁痰、食积痰、痨瘵痰、痰塞咽喉、痰迷清窍、痰积胃肠、痰窜膜络8类痰病证按类列症，随症出方，选方则荟萃膏丹丸散之效用彰著者逐一介绍。

曹氏对时疫的预防从居住的环境卫生、饮食卫生、个人卫生方面做了较全面的论述，具有积极的意义，有些内容还具有指导性。例如，居住房屋、庭园宜洒扫，晴朗日子，宜开窗通风透入阳光，以去除湿气；注意饮食卫生，要避免暴饮暴食，讲究饮食宜忌；对时疫的护理，曹氏在医患合作、镇静、慎药、饮食、衣被等方面的论述，其观点不仅适合于时疫感证，也适合于其他疾病的护理。这些内容徐荣斋都吸收到了《重订通俗伤寒论》中。

第三节　流派传承　绍派名家

“越医”和绍派伤寒的学术思想，对出生在吴越绍兴之地的徐荣斋有巨大的影响。徐荣斋曾说：“绍兴述伤寒而能法古宜今，并足以继仲景而昭来兹者，当推会稽张景岳。”徐荣斋博览群书，勤于著述，崇尚“读书破万卷，下笔如有神”，以书为师，学习历代越医，在此基础上完成了《重订通俗伤寒论》一书。

绍派伤寒以清代俞根初《通俗伤寒论》而得名。《通俗伤寒论》何秀山序曰：“吾绍伤寒有专科，名曰绍派。”它发端于明代，成熟于清末民初，是绍兴医家创新精神的突出体现。其学术思想、学术成就反映于斯。

《通俗伤寒论》原系俞根初手稿，凡三卷。书稿由俞氏赠予何秀山，何秀山遂整理加按，何秀山之孙何廉臣再予校勘补充，于1916年首次在裘吉生主编之《绍兴医药学报》上陆续刊出，并在该社出版的“医药丛书”中以单行本出版。1929年8月何廉臣谢世，廉臣哲嗣幼廉，力请曹炳章助其整理完全。曹氏乃将前印之稿，分编、分章、分节，重为编定，卷册匀分为十二卷。其原文不删一字，原书之中、下未成二册，悉照何廉臣预定目录编次，整理残稿，依次编述，其原稿有缺失者，根据平时与何氏朝夕讨论之经验学识，为其撰补，之间有实验心得，另列“廉勘”之后，附入发明之。历时二载，始告竣工，全书增为四编十卷十二章。该书于1934年5月由上海六也堂书药局出版，卷首有曹氏所撰《通俗伤寒论诸言》，末附曹氏所编《历代伤寒书目考》。是书既出，赞誉四起。张山雷谓该书“且言虽浅近，而取之不尽，用之不竭，智者见智，仁者见仁，老医宿学，得此而且以扩充见闻，即在后生小子，又何往而不一览了解，心领神会。”

徐荣斋经常请教曹炳章先生，与曹炳章先生讨论此书之得失。于1944年起，历时11年，“推陈出新，去芜存菁”，出版《重订通俗伤寒论》。推崇的绍派伤寒包括“以六经钤百病，为确定之总诀；以三焦赅疫证，为变通之捷诀”的寒温一统观，望诊重观目，辨苔划分六经，推崇腹诊；辨证重湿，施治主化，用药轻灵，喜用质轻芳香、生品鲜汁的用药特色；专设瘥后调理诸法的诊疗规范，于仲景伤寒学派、吴门温病学派之外，独树一帜。

参考文献

华祝考. 1991. 曹炳章生平与《中国医学大成》［J］. 南京中医学院学报（自然科学版），（3）：177-178.

吕旭阳，裴静波，朱阳蓬勃. 2015. 绍派伤寒学术思想与传承思路［J］. 中华中医药杂志，30（8）：2717-2719.

沈钦荣，杨森茂. 1991. 杨质安学术经验举要［J］. 江苏中医，（11）：1-2.

徐荣斋. 1979. 曹炳章先生对中医药学的贡献［J］. 浙江中医学院学报，3（1）：42-47.

徐荣斋. 2011. 读书教学与临证［M］. 北京：中国中医药出版社.

徐荣斋. 2011. 妇科知要［M］. 北京：中国中医药出版社.

俞根初. 2011. 重订通俗伤寒论［M］. 北京：中国中医药出版社.

第三章

声名鹊起

第一节　守约自固专研《内经》　孜孜不倦数十春秋

1927年8月，徐荣斋拜入杨质安先生门下，边读书，边侍诊，打下了一些医学基础。在家养病期间，徐荣斋反复诵习《素问》重要篇章，研读多个注家的注著，找到了学习《内经》的途径。由此，开始了半个多世纪的研究《内经》之路。

一、严谨治学，先约后博

徐荣斋学习《内经》的方法总结起来主要分为以下4点。

1. 守约以自固

徐荣斋学习《内经》主张由浅入深，循序渐进，先约后博。先从李士材《内经知要》、薛生白《医经原旨》入手，再进一步学习王冰的《黄帝内经素问注》及马莳、张隐庵注的《素问》《灵枢》和张景岳的《类经》。在学习中遇到难字难句时，主要借助陆九芝《〈内经〉难字音义》、高士宗《素问直解》，以扫除文字障碍。遇到两说分歧时，参阅丹波氏父子的《素问识》《素问绍识》和《灵枢识》而取舍。徐荣斋研读《内经》，重点在《素问》，而《素问》的81篇，也不全部都作重点读，譬如“刺法”12篇、“岁运六大论”等，只作泛读。虽然研读《灵枢》次于《素问》，但如“邪气脏腑病形”“本神”“经脉”等篇，每卷里都有一两篇作为重点攻读。韩愈所谓“术业有专攻”，意味着是专精的课业，故以守约作为自固的手段。

2. 互勘以求证

经文与经文，经文与注文，这家注与另一家注，互相对照，同中辨异，异中求因，以前证后，以此例彼，反复推寻，是徐荣斋研读《内经》方法的又一步骤。互勘，即是互相印证，包括同类书与主攻书印证，也包括非同类的参考书与主攻书印证，从字、句、段落到整篇经文，发现疑难处即进行互勘。例如，1963年夏，他读到清代姚止庵《素问经注节解》（人民卫生出版社排印本），其书是《素问》之节本（节178处，6686字），并给王冰的次注以更多的补正。徐荣斋以两个寒暑，按篇按段，互勘《素问经注节解》与王冰次注的异同处。

3. 比类而索义理

徐荣斋认为，研读《内经》，既要理明心得，又要纵横联贯。每个词句，从它们的概念到具体内容，经过比同析异，探其义理，也是帮助理解《内经》的一种方法。《内经》中的有些名词就很原始，虽经王冰初雕，有的却尚未剖析，仍需后人慢慢琢磨，如《内经》中多韵文，又多对句，徐荣斋常常从对句里得到易读易懂易记的佳遇。徐荣斋把它们比类搜集起来，或许也是探索《内经》特有术语的一种途径。这种方法，比读书札记容易摘，只需把散见于各篇的同类句或连绵句汇聚起来，比类而观，义理自能体现出一部分。

4. 汇参而见源流

徐荣斋认为汇参大致有“综合汇参”与“分类汇参”两法。综合汇参，如前面所述，《黄帝内经太素》是一部学术价值高、印证意义大的必参书，每处不同字句都有它的精义。《难经》文虽平衍，然亦时见妙谛，作为综合汇参的旁考书。分类汇参，是取对《内经》某个学说或理论有所阐发的汉、晋、唐、宋有关医籍，如脉法，参证张仲景《伤寒论》《金匮要略》论脉部分及王叔和《脉经》；藏象内景，参证《中藏经》及《备急千金要方》论脏腑部分；病因、病机、病证，参证巢元方《诸病源候论》；经络针灸，参证《针灸甲乙经》《脉经》《十四经发挥》。另有《内经》所载各种病类，对某些症状有引而未发的，则参考刘守真《素问病机气宜保命集》及骆龙吉、刘浴德的《内经拾遗方论》，从而了解治宜。多方汇参，力求相得益彰，亦以概见《内经》学说分支的流派。

二、论述阴阳，强调应用

阴阳五行学说是《内经》的基本理论，是古代的一种朴素的辩证唯物主义自然观。徐荣斋强调指出，“阴阳在代表具体事物中其所指各有不同，如讲阴胜阳衰，阴胜的‘阴’，指的是阴邪，阳衰的‘阳’，指人身的阳气。讲到阴虚阳亢，阴虚的‘阴’，指的是阴液，阳亢的‘阳’，指的是阳气”“阴阳偏衰者，可以阴损及阳，阳损及阴，因为这里的阴阳，指的是人身中的阴液与阳气，两者有相互资生的关系；阴阳偏胜者，不会阴胜及阳，阳胜及阴，因为这里的阴阳是指邪气，没有相互资生的关系。必须看出它们是各有所指，而且在应用上各有特定的范围，不能执一义以印万象”。此处阐明了阴阳在不同的场合具有不同含义，对正确理解阴阳学说有重要意义。

“把经文的理论印证临床，通过临床实践体会经文”。徐荣斋把它作为研究阴阳学说乃至学习《内经》的主要方法。他曾将《内经》有关阴阳的有代表性的经文（第一条“阳气者闭塞，地气者冒明，云雾不精则上应白露不下”。第二条“清阳出上窍，浊阴出下窍”。第三条“清气在下则生飧泄，浊气在上则生䐜胀”。第四条“阴者藏精而起亟，阳者卫外而为固；阴在内，阳之守，阳在外，阴之使。”第五条“阴胜则阳病，阳胜则阴病；阳胜则热，阴胜则寒”。第六条“阳虚则外寒，阴虚则内热；阳盛则外热，阴盛则内寒。”第七条“重阴必阳，重阳必阴。”第八条“诸寒之而热者取之阴，热之而寒者取之阳，各求其属”等）进行五个方面的论述：①从自然现象的正常和反常，印证到人体生理病理方面及其治疗（第一条）；②从生理的阴阳印证到病理的阴阳（第二至四条）；③从“寒”或“热”的病理反应中分析出阴阳的偏衰和偏盛，并加以对比、互勘（第五、六条）；④阴阳偏盛而造成特殊病变时，不能只从寒热现象上，而要从寒热转化过程中勘出它的本质（第七条）；⑤阴阳偏衰的“从治法”（第八条）。据此，可从生理之常，测知病理之变，也可从治疗病变的机转中，认识经文的实践意义。

三、阐发病机，专十九条

“病机十九条”提纲挈领地指出了外感及内伤审证求因的法则，可谓《内经》所述病机之精华。因此，古往今来研究病机者无不首先研习之。惟十九条言简意深，故注释者颇多，由是初学者无所适从。徐荣斋在学习各家注释的基础上，分析了各自的特点，认为“王冰、张隐庵的解释精审而深入；马元台、张景岳能反复推勘，阐述到辨证论治的实际；李士材做了从常到变的解释，以少而精见称；刘河间则是古人中对十九条专题讨论最早、最深的人；而近人任应秋、方药中等的著述，是把理论结合实践的好资料”。前人注释虽多，但初学者精力所限，难以尽览，即使遍阅诸家，要能领悟亦属不易。

有鉴于此，徐荣斋将十九条中所列的三十个病种，结合临床，从常到变，逐一阐发。他将病机与症状和病因做必要的联系或互相推勘，甚或从主症以外追求兼症，主因以外探索兼因，这是先生对病机十九条进行阐要的方法之一。例如，“诸风掉眩，皆属于肝”，掉眩的临床表现为目昏头眩，坐立不稳，摇摇欲倒。张景岳曰：“风主动摇，木之化也，故属于肝。其虚其实，皆能致此。”病机以“风”“肝”两个方面为多；但观其症状，印证临床，先生认为尚可推出“掉眩”病机，有属于停痰、伏饮的，有属于妇女崩伤或产后出血过多的，也有因肾阳衰微、浊阴上逆所致等。这些所探索之兼因，已为临床所证。

注重实践，从治疗上来推求病机症状，这是先生阐要方法之二。例如，“诸厥固泄，皆属于下”，单就“固”而论，是大便秘结或小便癃闭。把二便固秘的病机认为属于下焦，有其指导临床的意义。徐荣斋据李东垣所述“渴而小便不利者，是热在上焦，肺之分……宜清肺而滋其化源也”，制订了清肺饮；李士材以生脉散加紫菀，治金燥不生水的溺闭；马元仪以紫菀、葛根、杏仁、苏子、薄荷、枳壳、桔梗治金被火制，气化不及膀胱的小便淋闭；李冠仙以沙参、天冬、麦冬、黄芩、知母、甘草梢、车前子治肺失清肃，小便不通；《史载之方》以一味紫菀立法治便秘；叶天士屡用开降肺气之法治便秘肠痹。因此，徐荣斋提出肺气不宣亦可致小便癃闭和大便秘结，不可拘于“皆属于下”。

比类索理，对勘求证，则为先生阐要方法之三。例如，在“诸热瞀瘛，皆属于火”及“诸禁鼓栗，如丧神守，皆属于火”中，徐荣斋认为，两条之“火”，基本上是相类的，只是所述症状在发病机制上有所不同。前条一般是先壮热烦闷，从而出现神志昏糊或目不识人，接着发生抽搐，推理病机，先为邪热蒙蔽心包，继而热极生风、风火相煽所致；而后条之证，往往是发生在伏邪暴发或进一步转向内逼的时候，常有为时极短的恶寒战栗，鼓颔口噤，神情不能自主，而这种内真热外假寒现象的发生，多由于火邪不外泻而转向内逼或郁火外发之故。至于“诸转反戾，水液浑浊，皆属于热”，通过病理、诊断的对勘，“诸病水液，澄澈清冷，皆属于寒”就不难理解了。

四、研究病证，穷源溯流

徐荣斋对《内经》病证的研究，似可概为穷源溯流。穷源，即搞清《内经》病证的真实含义；溯流，则是搞清后世的注释及对后世的影响。

“劳风”，此类病证名《内经》有述，而临床上鲜闻。徐荣斋对“劳风”的分析，有独特的见解。他认为张志聪、高世栻宗王冰从肾—膀胱—脏—腑来阐述“劳”即“肾劳”的说法是不确切的，是反客为主，把真正受病的肺忽视掉，既失病机真象，又失经文原意，主张应该是在肺而不在肾（久病及肾者例外）。而“劳风为病，使人强上冥视”的“冥视”，先生则否定“目不明”之说，而据张路玉“目半开而不能视物”之意。“救俯仰”为劳风的治则，对这一名词的注解，先生认为求其能印证临床而符合经旨者，首推张介宾《类经》，其次是姚止庵《素问经注节解》。析言之，“释病因病理，姚氏为长；疏病证治法，张氏为胜”。特别是尤在泾所言：“劳风者，既劳而又受风也。劳则火起于上，而风又乘之，风火相搏，气凑于上，故云‘法在肺下’也。肺主气而司呼吸，风热在肺，其液必结，其气必壅，是以俯仰皆不顺利，故曰‘当救俯仰’也。救俯仰者，即利肺气，散邪气之谓乎！”此处较精切地解释了“劳风”的病因病机和治法。徐荣斋随后认为，在临床上作为“救俯仰”之剂，张介宾之初起宜温散，郁久化热宜清解；张路玉之《金匮要略》桂苓五味甘草汤加姜汁竹沥；周学海的风寒型用温散，夹温型宜大青龙、越婢之意以两解之等三位医家之法，足资参考。而对曹仁伯的秦艽鳖甲散、柴前连梅煎，则考虑为善后调理方备用。

五、结合临床，归纳治则

《内经》的治则，内容丰富，是中医治则的发源地。徐荣斋尤为重视对它的研究。

徐荣斋常取《内经》某篇或某一专题来加以阐发。《〈素问·汤液醪醴论〉治则部分试析》一文就是其中的代表。该文对水胀的“平治于权衡”治则的剖析，是依靠临床研究治则的典型例子。对“平治于权衡”，历代注疏者看法不尽一致。先生则撷取张介宾之见解，“水胀一证，其本在肾，其标在肺……肺主气，气须何法以化之……肾主水，水须何法以平之？然肺金生于脾，肾水制于土，故治肿胀者必求脾肺肾三脏，随盛衰而治得其平，是谓权衡之道也”。随后先生举前人治案作印证。首举李时珍扶正祛邪标本同治一法，用千金神秘汤及胃苓汤吞深师薷术丸治风水，指出是平治权衡之侧重肺者。次举万密斋以导为主，利水、燥湿、散邪一法，以五苓散平胃散加减治肝肾之气受水湿郁滞，上午上半身肿，下午下半身肿，夜半肿尽消，惟阴肿，尿不能出之女性，十余剂愈，强调是平治权衡、肝脾肾兼顾而侧重于脾者。又举喻嘉言以理中合五苓，治水气横溢成胀，截疟后胸腹胀满、喘息、水肿，二便全无，能坐不能卧，能俯不能仰，是平治权衡而侧重于脾与膀胱者。最后举张路玉用金液丹为先，济生肾气丸温煦肾阳治水肿呕逆，溲便点滴不通，六脉沉细如丝者，此为平治权衡而侧重于肾者。

徐荣斋研究《内经》，大约有50年的光景。1935～1949年，这15年中，徐荣斋以半天门诊、半天读书为自课，读书以温习《内经》为主，泛览明清方书为辅。前者作为治学，后者便于应世。治学侧重《素问》，《灵枢》次之。新中国成立后，中医的事业和学术都有了一个大飞跃，中医学已跻于学术之林。1955年以来，西医学习中医班一次又一次地开办，在备课、讲课的过程中，徐荣斋对古典医著的探索和研究更进了一步。1965年，为了研读与教学需要，他曾仿秦伯未先生编写的《内经类证》一书著成《〈内经〉精要汇编》。徐荣斋选录《素问》和《灵枢》重要内容，以脏腑、气血形体、经脉、阴阳四时、防病、病因病机、诊法、治疗法则八个方面分类编次而成。全书共8章，27节，集经文917条。该书不仅方便读者系统学习，而且益于医者研究引用。1981年，徐荣斋打算将历年来在中医药刊物上发表的学术论文和一部分没有发表的文稿辑成一书，即《读书教学与临证》。书中专论《内经》的就有10篇，有探讨阴阳学说的，有阐发病因病机的，有研究“五郁”病证的，有剖析治疗法则的，有评述不同医家注释《内经》特点的，还有介绍学习方法的，内容相当系统详尽。

总的来说，徐荣斋先生之于医可谓始于《内经》而终于《内经》，始于《内经》者，学医从《内经》始；终于《内经》者，终生以阐释《内经》为己任，孜孜汲汲数十春秋。他不仅丰富了《内经》的理论内涵，为后人留下了宝贵的文献材料，如《〈内经〉精要汇编》《读书教学与临证》等，也极大地促进了《内经》理论的发展。

第二节　绍派伤寒一脉相承　溯本求源去芜存菁

绍派伤寒上溯明清，下逮民国，300多年来，以擅治外感时病，主张寒温统一而著称医林。其诊断重目诊、脉诊、腹诊，辨证重湿，施治主化等具有鲜明地域特色。随着历代医家对绍派伤寒理论与临证经验的不断积累，其学说不断丰富，已成为非常具有地方特色的中医外感热病的学术流派。

绍派伤寒发端于张仲景《伤寒杂病论》与张介宾《景岳全书·伤寒典》的学术观点，发扬并形成于俞根初的《通俗伤寒论》。俞根初（1734～1799年），名肇源，清末绍兴陶里乡名医。俞氏之先祖世代习医，至根初已历十数代。俞根初受前辈的影响，对《伤寒论》研究颇深。而俞氏本身专治伤寒（外感热病）40余年，日诊百数十人，大名鼎鼎，妇孺皆知。因此，他结合前人的医学理论及自己40余年的临证心得，著成《通俗伤寒论》一书。该书的问世奠定了绍派伤寒的理论基础。俞根初也被认为在绍派伤寒萌芽与奠基阶段发挥了重要作用。何秀山在《通俗伤寒论》前序中说："吾绍伤寒有专科，名曰绍派。先任沨波而负盛名者，曰俞根初。"

俞氏《通俗伤寒论》完稿后，经同邑何秀山整理加按，于清乾隆四十一年付梓。何秀山，绍兴长乐乡人，生卒不详，为绍兴一代名医，也是俞根初的挚友。何氏常与俞根初切磋医技，《通俗伤寒论》手稿即是由俞根初赠予何秀山。因此，何秀山是第一个对《通俗伤寒论》发蒙者。他在俞氏的三卷抄本上，逐段加按，并作阐发补正，使"俞氏一生辨证用药之卓识雄心昭然若发蒙"，为绍派伤寒理论体系的发展做出了一定的贡献。

何廉臣（1861～1929年），名炳元，浙江绍兴人，出身于世医家庭，祖父即何秀山，从小耳濡目染。最初，他向同邑沈兰垞、严继春、沈云臣等医家研习医理。越3年，对《内经》《伤寒论》等经旨渐有所悟，学习金元四大家之学亦有心得，继从名医樊开周临证3年，悉心汲取其丰富的临证经验，并致力于明清各家学说的研究，受益颇多。1908年6月与绍兴医界同仁一起组建绍兴医药研究社，创办《绍兴医药月报》，该刊是我国近代最早的中医药期刊，何氏任副总编。1909年4月，研究社更名为绍兴医学会，何氏担任会长。《通俗伤寒论》初稿即在《绍兴医药月报》上发表。何氏以其广博的学识，丰富的临床经验，重新增订该书。最终，"费尽心力，几易寒暑"（《通俗伤寒论》何幼廉跋），使该书内容大增，从三卷扩充到十二

卷，是绍派伤寒理论的第一次集大成。总的来说，何氏祖孙对该书的补充和发挥，交相辉映，极大发挥了绍派伤寒和寒温融合的学术思想。

然因何廉臣于1929年秋谢世，全书未竟，按照目录尚缺少三分之一左右。为了完成业师未竟之事业，曹炳章毅然自任，仿其体例，执笔补苴。曹炳章问业于越中翘楚何廉臣先生，平时研讨医学，朝夕过从，历30年如一日。1929年，何廉臣辞世后，曹炳章联合何廉臣之子何幼廉、何筱廉共同编校，由曹氏执笔，于1932年冬补苴续成，完成了未竟之书稿。1934年3月，上海六也堂书局刊出十二卷本，末附曹氏“历代伤寒书目考”一卷。是书实为绍兴几代医家之经验集成，足以代表绍派伤寒学术上的特点及治疗上的创新。

然而，由于该书稿先后由两位医家执笔，编写时间仓促，不免会出现前后章节有些重复，学说之间难以相互衔接。曹炳章欲再加整理，“奈衰年事冗，因循不果”。

二十世纪三十年代，徐荣斋在绍兴杨质安先生处学医时，于《绍兴医药月报》中偶然见到“绍派伤寒”这一名称，当时并未放在心上。1935年得读《通俗伤寒论》，何秀山序文中又提到“吾绍伤寒有专科，名曰绍派……”伤寒而冠之曰“绍派”，足见其学术精湛，影响深远。于是注意到绍兴以伤寒名家者若干辈，上溯明末清初，下逮民国，300年来，伤寒学说不断演进，学派不断光大，谓为“绍派伤寒”。徐荣斋自觉青年时代对绍派伤寒的关注稍纵即逝，现在重新回顾，有寻源溯流之必要。1944年徐荣斋在阅读曹氏《通俗伤寒论》时，潜心研究，曾做过一些初步的校勘工作。经由曹炳章先生同意后，遂开展了整理、重订的工作，将一小部分不合逻辑、不切合实际的理论文字进行了扬弃和精简。

徐荣斋先生曾说，以上扬弃和精简的标准，是经过几次的通篇阅读，用辩证唯物观点，反复证其是形而上学的、不可知论的、无用的性质以后，才予扬弃和精简。徐荣斋还将何廉臣在1916年以后所发表关于论伤寒温热的学说散见于其他书刊者，分别按类采入。每节之间，根据徐荣斋25年来在研习中所获得浅深不同的体会，著于文字以作补充。由此更增入“病中调护法”一节，以补苴原作之阙。曹炳章先生对这部原著进行总结时曾说：“先师（指何廉臣先生）考古证今，发明学理，其实验疗法，皆四十余年心血之结晶……不但四季时病无不具备，而重要杂症亦无遗漏矣。”书中除包罗伤寒温热的学说外，还概括了若干器质性疾病。徐荣斋认为俞氏的初稿已是他理论和实践相结合的作品，又加以何氏渊博的学识、熟练的技术，更采入经验而有效的药方，不但能充分认识伤寒六经的涵义，从而把看法和疗法掌握起来，而且对于伤寒本证、并发症、坏证、后遗症、续发症等，可以根据各个疾病的不同原因、发病机转、临床病象而分别诊断，进行治疗。该书的内容是丰富的，写作是成功的，所存在不可避免的某些问题，已给它做初步整理，比较纯粹。

徐荣斋治学严谨，又十分谦虚，他曾说："学无止境，真理是越钻研越显露的。这重订本究竟比原著整洁多少，我现在也不能肯定，只认为尽可能地做到初步的'去芜存菁'罢了。至于原著中有部分糟粕和精华混在一起的学说，这次尚未能作系统的、科学的彻底厘定。例如，'烧裩散'，它的疗效在医理上来说是靠不住的，但如果把它删去，则不仅影响"阴阳易"，同时也牵连到张仲景《伤寒论》。"徐荣斋遵照循序渐进的方式，把固有学说逐渐地研究、修订和提高。该书稿的重订工作历时11年，最终于1955年付梓。徐荣斋《重订通俗伤寒论》全书共分为伤寒要义、六经方药、表里寒热、气血虚实、伤寒诊法、伤寒脉舌、伤寒本证、伤寒兼证、伤寒夹证、伤寒坏证、伤寒复证、调理诸法，共计十二章。

徐荣斋先生的重订，使原著体例更合理，内容更精炼完整。曹炳章先生充分肯定了他的工作，在《重订通俗伤寒论》题词中说："今年秋，荣斋以《重订通俗伤寒论》稿本见示，嘱为鉴定；余虽老眼昏花，目睹后起者之奋发自雄，极愿勉振精神，乐予评阅！"曹炳章先生亦斟酌若干条应修订之处，从而使全书更臻完善。是书于1956年由杭州新医书局出版，上海卫生出版社再版。徐荣斋又吸收了各地读者的反馈意见，再做个别文字上的修润，1959年2月又在上海科学技术出版社出版，深受全国中医界欢迎，一时洛阳纸贵，开启了绍派研究的风气。二十世纪八九十年代，一批年轻有为的绍派后学，在徐荣斋先生的影响和直接指导下，开始把目光投向绍派研究。以陈天祥、董汉良、柴中元、陆晓东、沈元良等为代表，他们承徐老之志，开展多种学术活动，研究、弘扬绍派学术，扩大了绍派在中医学术界的影响。

总的来说，《通俗伤寒论》从成书、注释到修订，历时200余年，前后汇集了数代绍兴医家的临证经验与智慧，在绍派伤寒的形成中具有举足轻重的地位，也是绍派伤寒发展过程的一个缩影。绍派伤寒经由张景岳奠基，俞根初集成，何廉臣等补充发挥，创立了集伤寒、温病于一炉的六经辨证论治体系，扩大和充实了六经辨证的范畴，其间又吸收卫气营血辨证体系的用药

经验，创立了富有地域特色的众多新方。其理论学说和制方用药不断完善，从而更加贴近绍兴乃至华东地区外感病的临床实际。

参考文献

范永升. 2009. 浙江中医学术流派［M］. 北京：中国中医药出版社.

沈元良. 2016. 绍派伤寒名家学术精要［M］. 北京：中国中医药出版社.

徐宝尔. 1986. 皓首穷经　阐幽发微——略论徐荣斋对《内经》的研究［J］. 浙江中医学院学报，10（3）：38-41.

徐荣斋. 2011. 读书教学与临证［M］. 北京：中国中医药出版社.

俞根初. 2011. 重订通俗伤寒论［M］. 徐荣斋重订. 北京：中国中医药出版社.

第四章

高超医术

第一节 诊法承古有创新

一、望形色测知体质

《灵枢·本脏》曰："视其外应，以知其内藏，则知所病矣。"故《难经·六十一难》谓："望而知之谓之神。"医者通过敏锐观察患者的神色形态，对病情有一个基本的估计。徐荣斋对于望形色辨体质、观耳目口鼻等官窍具有丰富的经验。

中医学一直以人体作为研究对象，继《灵枢·阴阳二十五人》，张仲景、钱乙、朱丹溪、张景岳、叶天士、章楠等医家对人体体质现象均有大量论述。徐荣斋善治妇科病，对妇人常见体质的判定有助于对病情的诊断。"望而知之谓之神"，先生判定患者体质，多从望诊入手，从形色等外部表现，即身体形态和皮肤、颜面的色泽，测知内在脏腑功能及其发生的各种病象。凡妇人初次就诊，除患长期内伤疾病，严重血崩，或怀孕3个月以上的，均有特殊形态，可一望而知者外，其他的体质类型大约可以分为肥胖型、阴虚火旺型、气血虚弱型、肝气郁结型、肝热脾湿型、脾肾阳虚型和肝肾枯竭型七种。

（一）肥胖型

其人除肥胖外，肤色比一般人白润，肌肉脂肪丰满，手掌厚实，手指较短。外表看上去较年轻，有"青春常在，衰老迟来"的现象；但容易出汗，腰酸便溏，个别妇女还会由于肥胖导致内分泌失调而造成不孕症。临床上见到这一体质类型，多伴有脾湿内滞，可见头晕、肢体沉重、多痰、多白带等症；挟肝热者多见心烦、口燥；阳气虚者多见明显畏寒之象。

（二）阴虚火旺型

其人肌肉瘦削，皮下脂肪缺乏，面色似苍老，皮肤干燥或干热，目光游移，唇色鲜红，手掌心热，有时午后潮热，夜间盗汗、耳鸣、眩晕、咽干、干咳，甚至月经失调，一般多见月经先期而量少，也有先期而量多者，随着病情的进展，则见经血干涩。

（三）气血虚弱型

其人身体瘦削，肌肉不充实，面色苍白无华，皮肤枯燥不润泽，手掌肌肉菲薄，甚则掌心凹陷，指甲及口唇色淡白；伴有食欲不振或消化不良，容易疲劳，常畏寒喜暖，或有低热，这种体质极易诱发虚损、肺痨等病证。

（四）肝气郁结型

其人形体多见黄瘦，面部有青气隐隐，额颞部青筋微露，但不绽凸，或颈部两侧有淋巴结显露，精神郁闷，不喜欢活动，少食易饥，多食则中脘胀滞；有时两胁胀满，时欲太息（叹息，叹气），舌中心多现直纹一条，初起只一线，日久则纹渐深阔，至成沟形；伴有月经先后无定期、经行欠畅、经色瘀暗、腹部隐痛，脘痛、心悸、脏躁、多悲等。中年妇女多见月经前两乳胀痛，甚则手不可触，此体质类型亦多见不孕。

（五）肝热脾湿型

其人面色潮红、油腻、晦暗，容易激动，性情急躁，说话快，不耐繁劳，多动多走则可见气浮乏力。其体型较肥胖者瘦小，唇色及舌边色红，舌苔白腻或黄腻，口燥不欲饮；常自觉脘闷心烦，肢体沉重无力，带下黄白，月经先后无定期。头胀、头晕、腰酸是本体质类型最常见的症状。

（六）脾肾阳虚型

其人体胖而肌肉松弛，面色及肤色㿠白少华，或呈虚肿，眉毛稀疏，唇色及指甲不红润，舌质浮胖色淡，少气乏力，形寒或背部恶寒，衣着多于一般人；行动迟缓，快步则气浮或气促；经常腰酸背疼，食欲欠佳，大便时溏，月经后期，经量少、色淡，腹中隐隐作痛，带下清稀，亦多见不孕。

（七）肝肾枯竭型

其人身体营养不良，体力不支，饮食少，肌肉瘦削，肤色萎黄干枯，特别面部呈灰褐色，耳轮瘪薄，色黑，精神抑郁，无兴奋感，呈现特异的衰颓状态，甚则有水肿。月经多见闭止不潮，如发现阴道经常出血，白带增多，有恶臭，下腹部时痛，或颜面及下肢浮肿，应注意妇科肿瘤的可能。

以上七种体质类型，为妇科临床中所常见，特分列以作参考。传统说法，一般认为观察形色，主要从肌肤骨肉及面部色泽等方面着眼，根据肌肤的滑涩，测知津液的盛衰；肌肉之充实与松弛，知后天脾胃的强弱（脾主肌肉，食而能化则肌肉丰满，否则瘦削）；骨骼之大小，知肾精的盛衰，指甲之泽韧与枯脆，知肝血的盈亏；手掌之厚薄，知疾病的浅深（久病，如大鱼际部肌肉尚隆起，体虽瘦弱，病浅可治；若掌肉瘪薄平陷，鱼际部无肉隆起，其病必深）。至于面色，总以红润光泽为正常，灰暗枯萎为病象。感受外邪发热病，面色不妨油滞；久病正虚，只宜瘦削清癯。如果邪热炽盛，而面白少神；久病阴亏，而面色却鲜艳，都不是好气色。面色有青气隐隐，目眶上下有烟煤色，其人必患肝气郁结，气分和血分都有陈旧结滞，腹胁部必有癥瘕痃癖，月经必不调，或痛经，或经闭。面色灰暗，考虑有虚实两证：虚证多因久崩久漏，肝肾亏损，常伴有头晕、耳鸣、腿胫无力、腰酸带下等症状；实证多因燥邪所伤，干血内结，常伴有腹胀、口燥、肌肤干糙如鱼鳞状，甚则腹部有癥块，月经涩少或闭止。面色灰黑，形容枯槁，多见于久病肾气将竭，如子宫恶性肿瘤后期，肾上腺皮质功能衰退等疾病。另有面赤、唇红而出现高热，一般多是热性病进展期，如伴下腹部掣痛，要考虑急性盆腔炎或阑尾炎；如午后两颧潮红、唇红、低热、月经闭止，或经量很少，有时腹痛，应考虑生殖器结核。

二、察耳目观口鼻窍

《灵枢·邪气脏腑病形》曰："十二经脉，三百六十五络，其血气皆上于面而走空窍。"头面部的五官通过经络与脏腑相连，五官的色泽形态可以反映脏腑经络的常与变。徐荣斋先生望目从目的色泽、形态并结合五轮学说阐述病机；望鼻主要根据《金匮要略》的学术思想加以自己的临床经验进行扩展；观察口唇部位的肌肉皮肤形态、色泽的经验颇为独特；耳与肾密切相关，肾虚多表现为形色方面的异常。

（一）肝开窍于目

目为肝之窍，五脏六腑之精气皆上注于目，目系皆上入于脑，脑为髓海，髓之精为瞳子。因此，目与内脏有关，而且与脑、肾、肝的关系更加密切。儿童及青年人，脑、肝、肾精气充足，目光炯炯，眼珠与巩膜黑白分明，视物明察秋毫；老年及内伤久病者，脑、肝、肾精气衰弱，目少精光，睛珠不纯黑，多呈苍浊色，目光亦昏花。凡目无精光，主肾虚，神经衰弱及妇人脏躁证日久不愈者常见。子宫大出血或产后血崩，突然感觉目不明者，阳气脱；目昏暗者，阴气脱；均为危候。不论胎前产后，患内伤外感，目能识人者病轻，目不识人者病重。邪实证，目不识人者，可治；气血亏损，目不识人者，难治。瞳孔散大，内伤病属神气耗散，外感病属肝风热盛；瞳孔缩小，是脑部血滞或脑髓枯耗，也有属于肝肾劳损的。巩膜有赤丝，两颧潮红者，属阴虚火旺；赤丝深红，满布巩膜，为心肝两经实热；淡红为虚热，兼头目痛为肝火上炎。巩膜现青色，为肝经郁热，淡青色为虚热；巩膜呈现蓝斑，为胃肠发酵；巩膜发黄，为黄疸，主脾经湿热；眼胞肿、目睛黄，为久咳积热，或妊娠呕吐日久，脾胃虚热上冲。眼上睑有黑斑，眼眶凹陷，主肝脾有瘀血；眼胞上下有黑晕，多为血瘀、痛经、经闭，或旧有痰饮病。目珠露突，其人肝气必盛，肝阳多亢；性急心烦，两眼突出，为甲状腺功能亢进。两目斜视，为肝热动风之渐，进一步会出现四肢抽搐，妇人胎前子痫先兆期多见此现象。戴眼（两眼均向上视，不能转动），为邪热入脑，是热性病后期危重证候之一种。目睛深陷，面容黄瘦无华，多是久崩久漏，为肝、脾、肾亏损之象。

（二）肺开窍于鼻

鼻为肺窍，鼻准属脾。《金匮要略》有“鼻头色青，腹中痛……鼻头色微黑者，有水气；色黄者，胸上有寒；色白者，亡血也……又色青为痛，色黑为劳……”的记载，这是观察鼻部颜色以诊知疾病的开端。由于色青是瘀血，如果鼻梁及鼻四周出现青色（不是纯青色，而是比别处肤色隐青），兼见腹痛畏寒，则是寒气挟瘀血内结，除腹痛外，还会伴发经水后期或经闭。鼻部或鼻四周色微黑，为有痰饮停潴，与前条所说，“眼胞上下有黑晕为痰饮”，同一意义。临床上还遇到鼻梁青黑色隐隐，除痰饮、水气及腹痛外，多为脾肾虚寒，症见腰酸、带下或瘀血癥瘕。至于“色黑为劳”是说面部黑暗色，多属慢性虚劳证，主要是肾脏精气亏损，其症状初起为倦怠力弱，腰脊酸疼，食欲减退；进一步为头晕、嗜睡、失神、贫血。患者的面色，始则黄浊，继则暗滞如青铜，如黑铅，中医古书称这种病为“黑瘅”，相当于现代医学的慢性肾上腺皮质功能减退症。另外，新产妇恶露不行，或胞衣不下而瘀血上冲者，往往口鼻间起黑气，伴发喘息与鼻衄，这是气随血逆、浊阴上冒所致，多属危候。

（三）脾开窍于口

脾开窍于口，其华在唇，所以口与唇均为脾之外候。例如，脾胃运化正常之人，除了肌肉丰满和充实外，口唇是红润的；相反如肌肉消瘦，口唇淡白少华，脾胃生化之源必虚，气血必不充盛，一般会影响月经和胎孕，妇女后天失调之证，都从此而起。又冲任二脉，荣于口唇，凡妇女冲任脉气血旺盛，口唇肌肉丰腴，有的环口生毛如须状；如冲任亏损，口唇肌肉必枯萎，甚或浮肿。从口唇肌肉的健康与否，色泽的光润与否，可以测知冲任气血之盛衰，进一步测知子宫是否有病变，多数是可靠的。临床上，妇女崩漏日久，或大便泄泻日久，除出现唇色㿠白而干枯外，环口及面部都会出现浮肿，在这种情况下，病情多数不轻，还必须考虑生殖器或直肠发生癌变。另外，如环口肌肉隐隐有青色，或口唇局部出现紫暗色，多为肝脾失调、瘀血经闭，或腹部有癥瘕积块。

（四）肾开窍于耳

耳为肾之外窍，肾脏精气的盛衰，固然关系到耳的听觉；在外形的望诊中，亦多与肾脏精气有关。凡耳轮红润，耳垂肌肉丰厚，是健康表现；如耳轮小而薄，肤色㿠白，干黄而欠莹润，均为肝、脾、肾不足之征；如耳轮干瘪，呈灰黑斑多处，则为精血衰弱之候；如耳轮干焦，伴听觉失聪，则为肾精耗伤，血脱液枯，老年妇女经血淋漓不绝，病程日久者，多见此现象。

三、妇科脉诊十二类

（一）文献温习

1.《内经》的论脉和妇人妊娠脉

从《内经》里所论述的脉法来看，可以知道古人在实践中积累起来的经验是相当丰富的。《素问·脉要精微论》首先指出，“夫脉者血之府也”。《素问·五脏生成》接着说：“脉之小、大、滑、涩、浮、沉，可以指别；五脏之象，可以类推。”这两处说明脉的现实意义和脉诊的概要。在“平人气象论”“脉要精微论”“疟论”“邪气脏腑病形”等篇里，还列举脉的

主病，如浮而动数，病在阳；浮而盛，病在外；浮而散，眴仆。沉而坚，病在中；沉而喘，寒热，沉而弱，寒热疝瘕、腹痛。迟，少气；数，烦心，病温等一系列凭脉辨证的经文，从《内经》到现在，仍然继续发挥它指导临床的作用。特别关于孕脉，更反复示意。《素问·平人气象论》指出，“妇人手少阴动甚者，妊子也”。《素问·阴阳别论》指出，“阴搏阳别谓之有子”。《素问·腹中论》还补出妊娠是“身有病而无邪脉”。此处意味着经停后而出现厌食、恶阻，甚或形寒等象，如果是病，当见病脉；今脉来无邪，亦可知是有孕。通过上述三处经文，我们可以体会到，怀孕之脉，多滑动流利而带数，应指圆滑，结合从就诊者处问得的末次月经及饮食起居等情况，是有助于诊断的。这是《内经》论孕脉对我们的启示。

2. 张仲景的脉法及论妇人脉

《伤寒论》中有“辨脉法”“平脉法”两个专篇，论述脉法共79条，我们可以体会张仲景对凭脉辨证的经验。他首先把主要脉象分阴阳两大类，“凡脉浮、大、数、动、滑，此名阳也。脉沉、迟、弦、微、涩，此名阴也。阴病见阳脉者生，阳病见阴脉死”。以此为纲，随证反复推论，极大部分是精切的，一小部分属于概念性，难以征验，但只要我们善于学习，善于取舍，当然可以古为今用。例如，“寸口脉微而涩，微者卫气衰，涩者营不足，卫气衰，面色黄；营不足，面色青。营为根，卫为叶，营卫俱微，则根叶枯槁，而寒栗咳逆，唾腥，吐涎沫也”，这说明气虚则脉微，血虚则脉涩，气血俱不足而成虚劳病。

其中论述妇科方面的有，“脉弦而大，弦则为减，大则为芤，减则为寒，芤则为虚，虚寒相搏，此名为革。妇人则半产漏下，男子则亡血失精”，这一条，对妇人病的凭脉辨证，其分析是层层深入的。在《金匮要略·妇人妊娠病脉证并治》中，以阴脉小弱为妊娠，说明初孕（六十日）胎气未盛，而阳方受耗，故阴脉较阳脉为小弱；至三四个月，经血久蓄，阴脉始盛，即《内经》所谓“手少阴脉动甚者，妊子也”的互为阐述。

3.《脉经》论妇人脉证

王叔和《脉经》论妇人脉，是在《内经》的基础上有所阐述，有所发展。他论孕脉，与《内经》所说是一致的。他认为，“三部浮沉正等，按之无绝者，有娠也”又说：“妊娠初时……脉滑疾，重以手按之散者，胎已三月也；脉重手按之不散，但疾不滑者，五月也。”这些说法，无疑是源于

《内经》的。

在《脉经·卷九·平妊娠胎动血分水分吐下腹痛证》中，不少条文具有临床指导意义，后人脉书中都引用它，临床应用也对得上。如“妇人怀娠三月而渴，其脉反迟者，欲为水分，复腹痛者，必堕胎”“少阴脉沉而滑，沉则为在里，滑则为实，沉滑相搏，血结胞门，其脏不泻，经络不通，名曰血分”“妇人经自断而有躯，其脉反弦，恐其后必大下，不成躯也”。这些条文，都能征验于临床，特别是后一条，徐老在中西医结合治疗宫外孕临床中验证过许多次。

此外，《脉经》对带下绝产无子亡血居经脉证及妇人病生死脉证等论述，都有一定的临床经验，足供我们探索。

4. 明代医家论妇人脉

明代医家，研究脉学有造诣的，要推三李。第一个是《医学入门》的作者李梴，第二个是《本草纲目》及《濒湖脉学》的作者李时珍，第三个是《医宗必读》和《诊家正眼》的作者李士材。这三位医家，对脉学都有深入的研究，实事求是的阐发。对整个脉学的阐明说教，以李时珍、李士材为优，对妇人脉法的论述，以李梴为详。这里介绍李梴“妇人脉法”中几段名言，以见一斑。

先从月经病说起，“经病前后，脉软如常；寸关虽调，尺绝痛肠。沉缓下弱，来多要防……带下崩中，脉多浮动；虚迟者生，实数者重。少阴滑数，气淋阴疮；弦则阴痛，或挺出肠”。接着说到妊娠脉，“妊娠初时，寸微五至，三部平匀，久按不替。妊孕三月，阴搏于阳，气衰（弱）血旺，脉正相当。……但疾不散，五月怀耽，太缓太急，肿漏为殃。六七月孕，脉喜实长，沉迟而涩，堕胎当防”。最后谈临产与产后脉，“临产六至，脉号离经；或沉细滑，若无即生。浮大难产，寒热又频，此是凶候，急于色征。面颊唇舌，忌黑与青，……若胎在腹，子母归冥。产后缓滑，沉细亦宜；实大弦牢，涩疾皆危”。以李梴为代表，可以说是明医论妇人脉的结晶。

5. 清代医家论妇人脉

脉学到了清代，人才辈出，著作亦多。各种妇科书及脉学书里，都有论述妇人脉的专篇。其最著者，如沈金鳌之《妇科玉尺》、黄宫绣之《脉理求真》、张路玉之《诊宗三昧》等，都有妇人脉专篇，并有独特的见解和经验。其中以张路玉为代表，祖述王叔和，更有所发挥。他对月经病的脉诊，

指出，“肾脉微涩，或左手关后尺内脉浮，或肝脉沉而急，或尺脉虽滑而断续不匀，皆经闭不调之候”。他诊孕脉，认为，“体弱之妇，脉带微弱，但尺内按之不绝，使是有子；月断，呕逆不食，六脉不病，亦为有子。所以然者，体弱而脉难显也”。他还认为，“妊娠脉弱，防其胎堕，以气血无养也；若弦急亦堕，是火盛也”。最后，他概括出，“凡妊娠之脉，宜实大有力，忌沉细弦急虚涩；半产漏下，宜细小流连，忌急实断绝不匀；临产宜滑数离经，忌虚迟弦细短涩；产后宜沉小微弱，忌急实洪数不调；崩漏不止，脉宜细小芤迟，忌虚涩数实”。这些都是妇科产后及崩漏见脉的宜忌，是他几十年临床诊察经验的总结。

（二）实践验证

一般来说，内科与妇科脉诊基本相同，但同中有小异。比如，妇科有几种特见脉（弦脉、滑脉、涩脉、代脉），由于妇女特殊生理形成，其中涩、代二脉，见于妊娠早期，不一定作病脉诊，而见于内科则为病脉，即所谓“男女异诊”，所以在方法上也有些不同。一般诊脉都是使患者仰腕诊，但严重的血崩或产后晕眩患者，卧床不能起坐，则须采用覆腕诊或侧腕诊；医者的指法，也要用多种方式来适应患者的臂位和脉位。除了用举、按、推、寻等方法以外，还必须相应地采用其他诊法。例如，诊初孕妇须用“移指诊法”，即先诊三部，再略退半步，以食指按寸关之间，中指按关尺之间，然后指位复原，重新比较，以得出尺寸之有力无力、大小浮沉；诊子痫患者，须用“双手一扶一诊法”，以得出脉象的动中之静；诊产后大出血及血崩患者，体位只能侧卧不能仰卧的，须用“挽指诊法”，以适应患者覆腕或侧腕的臂位。种种不同，随宜而施，主要以能诊得真实脉象为前提。

徐荣斋先生根据临床经验，认为有三类情况应说明：①脉型类似，难以区分，前人也往往并称的，如紧之与弦，洪之与大，细之与小，弱之与虚，疾之与数，缓之与迟，伏之与沉等七组脉；②只有在少数患者中偶尔见到的，如促、结、代、芤四脉；③只能空谈，不切实际的，如长、短、动、散、革、牢六脉。这十七脉象，有难辨的，有偶见的，有不可能诊得的；古代脉学书中虽多记载，却很少体会，特别是第三类，先生当然不愿以空言代事实，来渲染它。以下扼要叙述十二种常见脉。

1. 浮脉

脉象：浮脉是轻按即得，特点在于显现的部位浅。

主病：一般属表证。妇科杂病极少诊得，只有倒经患者右寸多浮弱；严重血崩“气随血脱”的前趋期，脉象则浮而无根。

临床体会：感冒初期，恶寒严重时，脉象多不浮，到发热在一定时候，或热甚烦躁出汗之际，脉象必浮。新产后及暴崩，亦可暂见浮大脉，第二、三天必逐渐转为弦细脉，或虚数无力；这是气血在大量伤失后企图维持平衡而反映于脉搏的一种现象。如久崩久漏而见浮大脉，则为气血衰竭不能恢复的表现。

2. 沉脉

脉象：轻按不应指，重按始得，特点是显现部位深。

主病：一般属里证。病在脏者脉多沉，妇科以脏病（里证）为多，故常见沉脉。沉而有力，多为瘀血痰食内积；沉而无力，多因气滞不舒，或阳气虚陷。

临床体会：孕妇脉见沉细，胎气必弱；妇女腹腔内有陈旧性血症包块，脉必沉涩；腹痛剧烈时，脉亦沉。凭脉辨证论治，凡沉实有力，多系实证，宜消宜攻；沉虚无力，多系虚证，宜温宜补。

3. 迟脉

脉象：一呼一吸的脉搏不到四至，特点是脉搏每分钟不到60次。

主病：寒证。着重在于兼脉——迟而兼细小为气血虚寒，迟而有力为气血郁滞，迟而兼涩为虚寒性血瘀。中年妇女见迟脉，多患痛经及不孕症。

临床体会：体温低降，心搏缓慢，必见迟脉。前人认为，“阳气不足，胸中大气不能敷布”，实际是指心力衰弱。所以迟脉主寒是少数，其中真阳不足而脉迟是多数。恶阻由于食滞胃脘，脉亦迟；胎前产后泄泻日久，元气亏弱，脉亦迟；便秘患者，腑气不通，脉道壅滞，往往会出现迟脉（迟而沉有力）；又有湿浊内壅，脘闷腹胀，脉象模糊，即所谓迟滞脉；均不得诊作寒证，必须合参全身症状诊断。

4. 数脉

脉象：一呼一吸的脉搏在五至以上，特点是脉搏每分钟超过90次。

主病：热证。着重在于兼脉——实热内盛，脉数而有力；久病阴虚内热，脉必细数；如数而无力，又多见于气虚证或血虚证。

临床体会：数脉一般都认作热证，但妇女妊娠初期，多见数脉；子宫出血多而引起贫血的，脉常虚数，毫无热象。此外，子痫或胎前产后的咳嗽，脉皆数。血崩，脉见虚数者为顺，如脉数而实大弦劲，伴有腹胀者，必会有更多的出血。

5. 滑脉

脉象：搏动流利，偏浮、偏实、偏数，脉体有圆滑感。

主病：痰、食、实热。

临床体会：滑脉以流利有神为准，为气血充盛之象，属有余之象。平人见滑脉为阳气盛，不能认作病脉，但须参证于舌苔，如脉滑而舌苔黄腻，则为食滞；黄厚而燥，则为实热；滑腻带薄黄，则为热痰；滑腻而薄白，则为寒痰。脉书都说孕妇脉滑，据徐老临床诊得，凡妊娠一两个月间，滑脉多不甚明显，只见数脉；妊娠至中后期，滑脉越明显。因此，如果说以滑脉来诊断早孕，那么应加一转语——以数为前提。另外，凡停经、经闭，脉必细涩无力，如果经停脉不细涩而滑数，那么，首先考虑是孕象，其次考虑到月经将潮。

6. 涩脉

脉象：搏动不流利，无圆滑感，有迟滞感，三五不调（至数不均匀而无力）。

主病：精气不足，或气滞血瘀。

临床体会：涩脉多因气虚、血耗所致。肢体病为腰脊腿膝酸疼，内脏病为虚损劳伤及心脏疾病（心主血，凡见涩脉，不是血虚便是血瘀；气为血帅，凡见涩脉者气亦弱；脏气有权，脉亦匀整有序，故见涩脉者，又可以测知脏气之乱）。一般妇女见涩脉，必经血干少，或经闭，或患不孕症；即使有孕，胎气必不旺盛，甚则胎萎不长而堕胎。少数有因肝气郁结，或气血瘀滞而见涩脉，有因过服腻补药，或久坐久卧，气机失于流通而见涩脉。这都不能按精气不足确诊。妊娠呕吐甚者，有时也会偶见涩脉，形气不衰弱，一般不妨事，但如呕吐日久而脉涩、形气又衰，则为中虚，须防流产。

7. 大脉

脉象：搏动大而有力，应指有满溢感，偏于浮（大而数为洪脉）。

主病：热盛于内，气壅于上。实大而数，为热盛于内；浮大而数，为气壅于上。

临床体会：大脉为血管扩张的现象，有生理上脉管粗大，系体质关系，与病情无关（习惯上称为“六阳脉”）。若患病而脉大，是指实大而言。凡内伤久病，如久嗽、久泻及妇人血崩后或新产后脉见实大者，病多难愈。因气血已虚，而脉象反盛实，是脉证反常，不但要防下血多，更要防汗出上脱。只有妊娠子痫，脉见实大或弦大，却无妨；若产后痉病而仍见弦大或实大脉，则为病势盛，也不是好现象。

8. 小脉

脉象：搏动细小，应指明显而无力，偏于沉。细脉与小脉类同，微脉比小脉更细更软弱，可以理解为“特小脉”。

主病：诸虚劳损，以气血不足为主。

临床体会：小脉为血管收缩的现象，有生理上之特殊脉管细小，与病情无关（习惯上称为“六阴脉”）。如果患病而脉见细小，在体内为气血不足的表现，有外邪为病邪已退的表现。妇女一般脉多细小，如细小而弦急，主少腹部有疝瘕疼痛，这一说法，书本上与临床所见相符。孕妇脉细小，胎气多不足，服补养药后，脉渐见滑大，在门诊中常有遇到。血崩后脉宜细小，不宜实大，其理由与妊娠子痫脉多实大相对称。

9. 虚脉

脉象：举按无力，重按更软弱，脉搏之深度偏于浮，速度偏于迟，为无力脉之总称。

主病：气血不足，脉搏多虚弱。虚而浮象明显，为表虚自汗畏寒；虚而兼沉，为里虚（肝、脾、肾不足）崩中漏下。虚而兼迟为虚寒（阳虚），兼数为虚热（阴虚）；虚而兼涩为脱血，为心气衰弱或心阳不振。总之，虚脉无实证。

临床体会：气不足以运其血，则脉搏无力；血不足以充于脉，则按之空虚。凡虚脉多是营气衰弱，见于血崩后、产后、病后的气血不复等症。常见妇女脉虚细，月经必不调，久崩久漏，八脉亏损，腰脊酸疼；多由于精血衰弱，或产育频繁，精血耗损之故。中年妇女见虚脉，必体弱多病，也即是“先天不足，后天失调”之人。

10. 实脉

脉象：轻按重按都有力，脉形之体积偏于大，为有力脉之总称。

主病：一般是瘀血、实热、积滞。上焦证则见烦热面赤，头胀头痛；中焦证则见脘腹胀，或胸胁满痛；下焦证为蓄血瘀结或膀胱积热，必见腹胀痛、大便闭等腑实证。总之，实脉无虚证。

临床体会：邪盛而正气不虚，邪正相搏（病邪与正气势力相当），脉象必见应指有力。实脉的病理特征，多为腑气壅滞。腑气壅则脏气亦滞，动脉血液充盈，脉象实大。但本脉对某些病证绝不相宜，如血崩后、新产后、大汗及久泻后一切虚弱证，若见实脉，为血管变硬，后果不良。

又，脉象大小与虚实有所不同。大、小以脉管之宽窄而言，虚、实以脉搏之强弱而言；且有大而虚、小而实的脉象，临证时应当细别。

11. 弦脉

脉象：挺直而长，紧张有力，脉搏之强度偏于实。其特点是，脉的搏动力强，有绷急感。

主病：凡痉病、高血压、动脉硬化症、疟疾、痰饮、癥瘕积块及脘胁胀满的肝胆病，多见弦脉。妇女痛经、乳房小叶增生及血气郁结、少腹瘀块等症，也常见弦脉。

临床体会：弦脉的诊得，是在指下有紧张而不柔和的触觉，主要是气血郁滞或血受气迫，血行逼迫向前的一种脉象。古称弦脉为“阳中伏阴”，实际是血行虚性兴奋。凡肝气横逆、躁急忿怒，或气血受肝病影响时，脉多见弦象，妇女则以月经失调为第一步。常见到肝气郁结患者，脾胃多不和，消化受阻滞；患者往往精神紧张，易致失眠；眠食俱不足，气血运行更受影响，所以患者见弦脉，其面色多数枯燥暗滞而少红润，月经必不调；接着疝痛、带下、癥瘕或崩漏等一系列肝脾气滞血瘀的症状，先后出现，这都可以从临床时接触到。另外，凡体虚而气血瘀滞，多见弦细脉，其人必上盛下虚（肝旺于上，肾亏于下）；若脉见弦实或弦大，则不是纯虚证候或轻浅证候，应注意有无痛症或疝瘕。近十年来，诊得宫外孕患者多数见弦脉，有的弦滑，有的弦数，其机制当亦是气血郁结之故。而且宫外孕见到弦脉，越弦劲越有破裂危险，必弦劲脉转缓和，始可无虑。

12. 濡脉

脉象：浮小而细软，特点是脉位之深度浮浅，脉搏之强度虚软，脉形之体积细小。

主病：气血渐虚之候。上焦病表现为心肺之气不足，胸闷心悸；在中焦为脾胃运化力弱，食后脘胀；在下焦为崩漏、带下、白淫或泄泻。

临床体会：濡脉是虚软少力，应指虚细，不像虚脉之虚大无力，也不同于微细脉和沉细脉，而是浮、小、细、软的综合脉。濡脉为中气不足之候，故症见内伤虚弱，带多崩漏，四肢乏力，食少便溏；中气虽不足，尚是亏虚的第一步，更不到气血衰惫的严重情况。所以脉见濡象，是体虚之渐，不是体虚之极。

上述十二种脉象及主病，为临床上经常接触到的。至于古代脉学书的28脉、29脉或32脉，其实即是上述十二种脉的衍化。下面附述促、结、代三脉。促、结、代，都属于脉的至数（心律）不整齐的脉象。其中脉搏较快而有不规则的间歇者，为“促脉”，即是“数时一止，其名为促”；脉搏较慢而有不规则的间歇者，为“结脉”，即是“缓时一止，其名为结”；脉搏间歇比较规则的称为“代脉”。它们的主病，大致分为两种情况：①提示脏气衰弱，尤其是心气不足或衰竭；②提示瘀血或痰食等阻遏胸中阳气，可见于胸痹等症。但正常人或在情志抑郁时，偶然也会出现间歇脉（有一生而见结脉，此是禀赋关系，不能作病脉看）。

临床上，妊娠恶阻呕吐剧烈时，常见到促代脉（不是结代脉），这是由于食入既少，加以呕吐频繁，脉气不能接续之故。不过这一脉象，在孕期两三个月时，偶尔会出现；若三个月以上，胎已形成，气已充顺，则不会有歇止脉。宫外孕腹痛剧烈时，也曾见促代脉，此系气血暂时结塞的影响所致。另有多服烈性药而出现脉促，则是脏气暂时紊乱之故。还常见神经衰弱、惯于忧郁之人，也会有结脉，其初必先见涩脉，进一步则见结脉，而涩脉之先，又多以迟脉为前奏。实践证明，迟、涩、结三脉，是脉象随着病情的加深而加甚；如果再进一步发展为结代脉，就要考虑到心脏疾病。

以上十二种脉象及三种歇止脉，均为临床所常见，可以与望、问、闻三诊配合应用。其中迟、数、虚、实、弦、滑六脉，更为妇科病所常见，它们能反映妇科病脏腑、气血的亏损和瘀滞，或寒或热等各种各样的病况。如果把相互兼见的脉象在临床实践中不断观察，不断体验，那么这十二种脉，一定更能得心应手地掌握和运用。

四、新编妇科十问歌

1. 一问年龄二问经，期量色质要问清；前后多少色深淡，虚实寒热探此中

说明：诊妇科病首先要问年龄。因妇女有青春期、中年期、更年期和老年期四个阶段，每阶段的生理特点和患病情况各不同，诊断及治法也有些

区别。妇女年龄与生、长、衰、老的关系，《素问·上古天真论》指出“女子七岁，肾气盛，齿更发长。二七而天癸至，任脉通，太冲脉盛，月事以时下，故有子……七七，任脉虚，太冲脉衰少，天癸竭，地道不通，故形坏而无子也”。这段经文对妇女的发育、成长和衰老的生理特点，做了比较概括的描述，同时也说明了妇女的月经、胎孕，主要与天癸有密切的关系。金元时代刘守真曾说：“妇人童幼天癸未行之间，皆属少阴；天癸既行，皆从厥阴论之；天癸已绝，乃属太阴经也。”上海陈筱宝引申认为女子青春时期，正当肾气旺盛之年，冲、任两脉开始充盛而通畅，天癸至，月事以时下；如果青春期月经发生病象，治疗关键在肾，兼顾肝脾。中年时期则生育儿女，劳力操心，肝阴易伤，肝阳易动，肝气易郁；故中年以调肝为主，兼顾脾肾。老年则在绝经期后，气有余而血不足，治当益血之源；脾能藏营而统血，故治疗关键在脾，兼顾肝肾。以上这些说法，从妇女的生理、病理来分析，年龄确有一定的参考意义，故列为第一问。

月经的正常与否，是妇女是否健康的具体表现。凡女子年在十四五岁以上，必问其月经行否？经未行而肤色润泽，体力如常，无瘦怯及虚弱现象，虽在20岁左右月经不潮，亦不为病；如果面色憔悴，人不长成，则要考虑怯弱症或其他慢性病。月经已行的妇女，要问明经期之迟速，经色之深淡，经量之多少及是否夹有瘀血块？一般月经提前多属血热，但也有气虚不能摄血而先期的，应结合望色、切脉及其并发症才能决定；月经后期，多属血瘀，或气血虚寒；月经先后无定期，属心脾虚或气血郁结。月经量过多，属阴盛血热，或气虚不摄；经量涩少，属血虚，也有血瘀、痰阻等所致。月经有瘀血块，多数是气滞血瘀；挟寒的，瘀色暗淡；挟热的，瘀色深红。月经色淡为气血不足；经色紫暗，为瘀热内结。经期及经前有腹痛感，多为气血瘀滞，或寒湿凝结；经后腹痛，则多系血虚。

从月经失调中还可以问出另一个现象，那就是崩漏。忽然大下血不止者为崩，淋漓日久不止或止而又来者为漏。崩漏有属于气虚的，症见血色清淡，少腹有下坠感，无胀痛感，伴头晕力弱；如伴有畏寒现象的，那要考虑是虚寒崩漏；有属于虚热的，症见血色鲜红、量多，伴心烦少寐、口干、目眩；有属于湿热的，症见血色紫红、腥秽黏稠，面色油垢，食少脘闷，下腹痛作胀；有属于血瘀的，症见血色紫暗带小块、量涩少，腹部胀痛，甚则拒按；有属于肝气郁滞的，症见血色紫暗而量不多，精神郁闷，胸胁胀满，甚则下腹部胀痛。

另有经闭一证，也应问明不同情况。除辨别血虚或血瘀外，还有属于阴液亏损的，患者常诉入夜潮热、颧红、心烦、咽干口苦，腰酸白带多；有属于痰阻胞脉的，患者常诉脘闷腹胀、纳少、痰多、四肢酸重；有属于气郁的，患者常诉脘胁胀满，下腹部胀痛，精神抑郁多烦恼，乳膺部发胀或隐痛等症状。

又有因服辛热香辣动血的药物或饮食，或长途跋涉而月经提前来潮；有经水正行，因饮冷或冷水洗澡或因精神刺激而中止。更有患外感发热而适值经行，要防其经水有过多的现象；经水将潮而适逢性交，则会造成“兜经”情况。其他种种月经失调的原因和征象，都须通过仔细询问而获得。故将月经列为第二问。

2. 三问带下色和量，清浊腥秽辨病情

说明：带下，童年及青年期的女子有时也有，少量湿润，不是病态。已婚及经产妇女，稍多亦不为病；如绵延不已，或每天必阵下数次，则为病象。必须问明带下何色？质是清稀如水，还是浊厚如浆？或是像豆腐渣？是否有臭秽气？阴道是否有痒感等。

一般白带属湿，亦有脾虚或痰湿内滞；赤带属热，须辨其肝热、肾热或心火下移；黄带属脾经湿热；黄赤带属肝经湿热或湿毒下注。白带清稀，无腥秽气，多属脾虚；质稠量较多，考虑痰湿；带下黄稠如脓，有秽气，多属肝热挟脾湿而成湿毒。带下黄白，如泡沫状，有腥臭气，为滴虫性阴道炎；带下乳白色，作凝块状量较多，为霉菌性阴道炎；带下稠黏，黄脓样分泌液，有时夹赤带，为慢性宫颈炎。带下清稀，多属寒湿；带下稠臭，多属湿热。再问清并发症状参以脉诊、舌诊进行辨证，方更明确。

又有白带绵绵，稠黏清冷，此属下焦虚寒，或脾肾阳气不足；另有一种白浊，随小便淋漓而下，混浊如米泔水，考虑是脾肾湿浊渗入膀胱；再有一种白淫，常在尿后出白物如精之状，与欲念有关。以上一系列之白带情况都有必要在问诊中加以分析。故将带下列为第三问。

3. 四问腰酸与腹痛，气血虚实寒热斟

说明：妇女腰酸腹痛，是一比较常见的症状。不论月经病或带下病，多数会伴有腰酸腹痛；另外，从腰酸腹痛的轻重、部位及其并发症，可以测知月经或带下属于气虚、血虚、气滞、血瘀，或属于寒，或属于热的各种病机。例如，腰酸痛而有重坠感，其酸痛是经常的、悠缓的，而不是剧痛，并伴有白带清稀、则属于肾虚或气虚；腰酸痛隐隐无休止，白带清薄而量多，伴有畏寒力弱，则属于脾肾阳虚；腰酸痛伴小腹痛，甚或刺痛，带下黄白，混浊臭秽，或黄绿如脓，属肝热夹脾湿，或系湿毒下注（肾盂肾炎或盆腔炎都有此现象）；腰痛重者，不能转侧，白带时多时少，清稀或黏稠，属寒湿或痰湿。

至于腹痛，要比腰痛问得更仔细些，因它对病机的反映面较广，较切实。一般认为脘腹胀痛，多数为胃肠有积滞，其中拒按、口干、喜凉、大便秘结的，属实热；得按摩而痛减、喜热饮、大便溏薄的，属虚寒。腹痛经常无休止，痛的程度较重，有胀实感，是食积或瘀血；腹痛时作时止，痛的程度轻，喜按摩或热敷的，是气血虚寒；腹痛时有块隆起，按之痛愈剧，属气滞血瘀；腹痛沉着，按之作反跳痛，属瘀血积块化热或子宫肌瘤有感染性变，或生内痈。从腹痛的部位来分：绕脐痛，有虚寒、热积、虫积的不同，须兼问其有关的自觉症状并结合脉诊和舌诊；痛在小腹部，属瘀血积于宫腔或卵巢囊肿，前者，古医书称“热疝”，相当于现代医学的盆腔炎及附件炎（盆腔炎有急慢性之分，如只觉少腹部酸痛，痛处有包块，带下黄白色，这一般属慢性；如腹痛剧烈，发高热，黄白带多，那属于急性）；痛在两少腹（下腹部两侧）的，多为输卵管炎（包括宫腔内外的瘀血证或瘀血化热证）；如停经一两个月，突然少腹左侧或右侧剧痛，伴阴道出血瘀暗色，必须注意宫外孕。这是腰腹痛属于平时妇科病的举例，不包括妊娠期，列为第四问。

4. 二便情况列五问，关系膀胱与脾肾

说明：大便关系到脾胃与大肠，小便关系到肾与膀胱。一般伤寒或杂病，以问清大便为主，而妇科病则以问清小便为主。由于肾及膀胱与子宫位置相接壤，且与各脏腑的气化亦相关联，可以反映出内脏（包括子宫）的寒、热、虚、实。例如，早孕妇女的小便，多淡黄色，有频数感，这是一般现象，此外，脏气虚寒（心阳虚而肾气不摄），则小便清长；下焦有热或肝热下移膀胱，则小便黄赤、排尿不畅，或尿急、尿频，甚则排尿时有涩痛感；小便混浊如米泔，伴急迫感者，为湿热，表现为尿浊症（相当于肾盂肾炎）。尿色黄赤者为实热，淡黄者为虚热，深黄或带红色为肝火旺，淡红淡黄色为肾阴虚。小便短涩，尿道有痛感，多为心火盛而膀胱热结，也即是膀胱炎或尿道炎，在孕妇则称为“子淋”；尿时点滴，尿道痛感如裂，尿中有细砂粒，为砂淋，又称石淋；色赤带血者为血淋；色黄白而稠黏所下如膏脂的为膏淋；从劳役而得的为劳淋（这五种淋症，都伴有轻重不同的腰酸痛，前三种属于湿热或湿毒，后两种是肾虚而兼湿热）。孕妇在七八个月时，小便秘涩不通，小腹胀急疼痛，心烦不得卧，古称“转胞”。

关于血尿，肾结核、肾结石、膀胱炎、膀胱结石、输尿管炎、尿道炎等症均可发现，须经过尿检。肾出血、膀胱出血，则尿与血相混，尿后出血较多；尿道出血，在尿初期混血，或后期有之，而不是全程皆有，排尿时亦较困难，有涩痛感。

前面所述，妊娠在一两个月及足月时，都有尿频现象，但早孕时期的尿频是意识感，一般能忍受，孕将足月的尿频，有急迫下坠感。在询问时应注意及此，因其中也包含流产和早产的因素。

至于问大便的辨证，基本上与内科同。但在胎前产后，要注意二点：一是胎前患泻痢，防伤胎而引起流产或早产；二是产后患泻痢，会使恢复缓慢而体转虚。另有产后大便带血色，应问其会阴破裂是否愈合？并须问明是否有恶露浸润于大便，要与一般的大便带血辨别清楚。

以上对二便的询问，根据临床实践，徐老认为妇科病问小便的参考价值重于问大便，不过，大便出现异常时，也必须问清情况。一般来说，大便溏泄，多属于虚寒证；大便燥结，多数属于虚热或津液亏耗。暴泻、水泻、痢疾及粪前后便血，多关系到大肠；久泻、久痢及内伤泄泻，多关系到脾肾。这些都列为第五问。

5. 六问婚孕胎产史，崩漏宜防肿瘤症

说明：凡25岁左右的女子就诊，必须问其是否结婚？结婚年月？有否孕育？几孕几产？这与辨证与用药极有关系。例如，未婚女子的停经，首先要考虑到气血阻滞，由于女青年好喜食酸冷食物或用冷水洗脚，在月经前或月经期都不注意；其次要考虑到是否有慢性衰弱症；或者是月经初潮而“歇经”；如在已婚，就要考虑到怀孕。这些实际情况的不同，对于治疗用药是大有区别的。又如，未婚女子白带多，一般属于湿滞或脾虚；如已婚，就要考虑到宫颈或输卵管是否有炎性病灶；如系经产妇女则要考虑到子宫附件或盆腔的病变。当然，以上几种考虑，还是要结合妇科检查或其他症状，以及脉象和舌苔。

已婚妇女，若停经四五十天，有思酸作呕、口淡、饮食无味、肢体倦怠等情况，要注意早孕；若停经两三个月，乳头黑晕转深，乳房发涨，脉象滑数，这是胎孕已结；另有一种所谓“盛胎”，受孕后仍每月行经，比较难

辨，须问经行多少？腹中动否？最好做小便妊娠试验或妇科检查来决定。

此外，对初产或经产妇女的治疗，也有不同，所以问胎产史有其必要。例如，初产妇与习惯性流产的妇女患胸闷脘胀或呕吐，枳实、厚朴、腹皮等药要慎用，防其下气动胎；经产妇则无须顾虑到这些。

关于经水淋漓不止，有的妇女多不大注意，认为是一般小病。其实不然，该症状往往是大病的前奏。必须及时告知患者在生活上（特别是性生活）、行动上需注意；治疗也要采取有效措施（最好通过医院妇科内诊检查，如有癌变可疑，还需进行病理检查），勿使拖延。临床上，常见到个别妇女阴道出血不规则，或淋漓不止，或止而又漏，患者认作是月经不调，漫不经心，过了一些时日，突然出血增多，变成血崩，经医院检查发现为生殖器癌症。所以医书上有“经漏防崩”的说法，是有其临床意义的，大有及时问明的必要，作为第六问。

6. 孕期腰腹列七问，腹痛胎漏病非轻

说明：怀孕至两三个月，由于脾肾不足或其他生活因素（这里要注意：多数是性生活因素）引起，容易发生流产。流产的先兆必有不同程度的腰酸重、下腹部坠痛及阴道少量出血等现象，必须着意问明，以便及时防治。流产前期，还有“胎漏”和“胎动不安”两个症状：“胎漏”是孕后阴道不规则出血，量或少或较多，时下时止，但无腰酸、腹痛、少腹坠胀等现象；“胎动不安”是孕后某一阶段，先感胎动重坠，接着有轻微的腹酸胀不舒，或阴道出血少量，症状由轻转重，严重的可引起流产。根据临床观察，流产必腰酸、小腹坠痛及阴道出血三症俱全，才能形成；其中以腰酸为先兆，小腹坠痛为特征，至阴道出血持续增多，则胚胎快要流出。这说明“胎系于肾”，而腰腹的酸重下坠，正是肾气下陷，不能系胎的表现。所以在问得有“胎漏”及“胎动不安”现象时，急宜辨证施治，以防其流产形成。

与此同时，还必须问明腹痛的部位和痛势的缓急，以及阴道出血是鲜红还是褐色，以便与“宫外孕”区别。流产的腹痛，痛势缓而较轻，痛位在下腹中部，或伴有阵发性宫缩；宫外孕的坠痛，急性发作，局限于少腹一侧，或蔓延至全下腹，伴有休克。流产的阴道出血及排出物量较多、红色、有血块、排出物有胚胎成分；宫外孕出血褐色，量不多，仅有蜕膜组织排出。以上这些，都有赖于仔细查询，列为第七问。

7. 新产“三审”列为八，恶露、大便、乳汁情

说明：新产妇要注意“三审”，清代张路玉在《张氏医通》里提出，“凡诊新产妇，先审少腹痛与不痛，以征恶露之有无；次审大便通与不通，以征津液之盛衰；再审乳汁行与不行及乎饮食多少，以征胃气之充馁”。意思是说，对新产妇的恶露、大便、乳汁三个方面，要仔细问明，加以审察，以便推断其气血、津液的盛衰，是可取的。所谓“恶露”，即胎儿娩出后，宫腔内残留的浆水、余血和坏死的蜕膜组织及黏液等，从阴道陆续排出，20天左右排尽，个别的六七天即干净。而欲知恶露之究竟有否留着，主要还是以下腹部痛与不痛来测知。如下腹阵痛，有块隆起，按之其痛更甚，知恶露留瘀必多；如下腹已无痛感，恶露色淡量少，可以推知留瘀已渐排净。此外，如恶露过少过多，或淋漓不净，或鲜红如血，或清淡如水，或色黑如酱汁，或有臭秽气，皆非正常，必须问明情况，其辨证与月经不调同例。又如产前原有癥瘕积块，可趁恶露排泄过程，因势利导，化其癥块，也是一个治疗机会。

关于产后大便艰涩，因产妇分娩时气血津液有损耗，往往会三至五天或一星期不大便，不足为患，可多喝些咸豆浆或淡盐汤以润肠，则大便自解。如产前曾患泄泻，产后仍然未愈，那么，就要注意：第一，要防脾虚不复，中气更伤；第二，要防久泻伤及脾肾，酿成虚弱病。这时必须作为一种产后病对待。

关于产后乳汁问题，初产妇产后三天，觉有轻微发热，全身稍有不适感，乳汁开始下来，一两天后，发热除，乳汁即渐旺盛；也有不发热而乳汁畅行的，这全是正常情况。如既无发热，又无乳汁，或乳汁下而很少，那就要问饮食如何？因乳汁虽为气血所化，主要还是来源于饮食。胃纳健而乳汁少，俗称“食不引乳”；如其胃纳不旺，乳汁又少，则要考虑气血不足。此外，如果乳房胀痛有块，乳汁流出很少，则是乳滞不行，须予通乳。这里只把恶露、大便与乳汁三个方面（主要是恶露与乳汁）的询问，列为第八问。

8. 九问产后起与居，眠食状况也要紧

说明：由于产妇在产时消耗精力及产后哺乳等因素，导致产妇常有气血不足、营卫不固、汗多体虚的情况，稍有不慎，即易得病。因此，产妇的眠食起居、某些活动，临证时也应问及。一般平产的产妇，在产后两三天就能起床，适当活动，不过其肢体感到软弱无力；再过一两天，就逐渐恢复。如

果其不能起床，就要问是否有腰酸、腹痛或会阴破裂等现象，是否有头晕及体力不能支持的现象。同时，还应问到产妇的全身状况，食欲是否恢复，睡眠是否充足，因眠食对产妇营养的补给有直接关系，但新产后睡眠不好，可由于恶露停滞而腹痛干扰，或自带小孩而影响睡眠，否则要考虑到胃气不和则卧不安（属实），或心脾两虚而失眠（属虚）。至于纳食减少，也有虚实二因，虚多是脾胃运化无力，实多是胃中积滞未消，还要问到是否有大便不通而肠中有积滞。这些都须通过询问，参照旁证及脉舌。故将以上列为第九问。

9. 十问兼证与夹证，相互并发找原因。结合脉诊与舌诊，辨证用药有柢根

说明：妇科本病，只是经、带、胎、产及乳部疾病五大类，而兼证、夹证却有二三十种。除外科病不计入，其属于外感六淫的兼证，有伤风、伤暑、伤湿、伤寒，还有风湿、风温、湿温、暑温、秋温、冬温等；属于内伤杂病的夹证，有夹气、夹血、夹痰饮、夹食积、夹内热、夹泻、夹痢、夹疝痛、夹内脏的衰弱、夹内脏的劳损和肿瘤等。这一系列兼证和夹证，有兼夹在月经期的，有兼夹在妊娠期的，有兼夹在产褥期的。病机有表、有里、有虚、有实、有寒、有热，极其错综复杂。如果不仔细询问和观察，那么面对着这许多可能兼夹或已经兼夹的病症，怎样来辨别呢？辨别的方法，主要是“问”（当然有必要四诊合参）。对兼夹外感或内伤病的问诊，与单纯的妇科病问诊有所不同，一般先问其有否发冷发热，发冷的程度怎样？热型怎样？是否出汗、汗的多少？是全身还是局部？是否有头痛或身痛，疼痛的部位，轻重怎样？痛的性质如何（是阵发性还是经常性、是游走性还是固定性）？胸腹胀满是胀是痛，是喜按还是拒按？食欲怎样？有否呕吐或咳嗽，吐出物及咳出痰液怎样？口渴喜饮否，渴饮多少，喜热饮还是喜冷饮？大小便通利否？有无便闭或便泻，便泻的次数及泻出物怎样？小便清长还是热涩？一系列从上到下，从表到里的询问，尽可能从问诊中找出其主证和主因，同时也不放过并发症。另外，还必须问得兼证与夹证中对病情由此而引起的变化，提高警觉性，抓住其当前的主要矛盾，防其未来的病情演变。以发高热来说，在月经期往往会导致血热妄行；妊娠期容易伴发“子痫”，导致伤胎或流产；产后高热不退，重则引起反复感染或毒血症，轻则为产褥热。又如，剧烈的咳嗽，在月经期能引起月经过多；妊娠初期能引起胎动不安或流产，后期会导致早产；产褥期能使子宫难于恢复或下坠更甚；久嗽不愈，则有转为“褥劳”的可能。严重的便泻或痢疾也和咳嗽一样，会引起各种不良后果。其他的兼证、夹证，都能使妇科本病复杂化，特别在妊娠期与产后期变化更多。必须问得清楚，辨得明确，注意得及时；虽然列作最后的第十问，但也是重要的。

现在把“妇科十问歌”连起来抄录于后，以便诵记。一问年龄二问经，期量色质要问清；前后多少色深淡，虚实寒热探此中。三问带下色和量，清浊腥秽辨病情。四问腰酸与腹痛，气血虚实寒热斟。二便情况列五问，关系膀胱与脾肾。六问婚孕胎产史，崩漏宜防肿瘤症。孕期腰腹列七问，腹痛胎漏病非轻。新产“三审”列为八，恶露、大便、乳汁情。九问产后起与居，眠食情况也要紧。十问兼证与夹证，相互并发找原因。结合脉诊与舌诊，辨证用药有柢根。

第二节　妇科气血奇经辨

一、妇科调治奇经探要

中医妇科证治，在近30年中，有两朵“古树新花”，引人注视。一是妇科病侧重瘀血，二是妇科病注意奇经，这古树上的两朵新花，蓓蕾大放，为医坛重视。关于妇科病侧重瘀血，全国中医刊物已发表不少文章，妇科应重视奇经，15年前曾有不少学者讨论研究，奇经八脉关系到中医理论问题，由于片面强调实用，忽视理论，于是妇科治奇经，注意者少。因此有必要就妇科病的奇经调治方法加以探讨，使这朵中医学古树上的新花，开放得更鲜艳一些。

（一）妇科重视奇经的理论根据

“八脉隶于肝肾”，即奇经八脉附着于肝肾，它们之间各有直接或间接的关系。但从临床上观察病情，八脉中以冲、任、督、带四脉与肝肾关系较密切。即肝肾的盛衰，多影响冲任督带；冲任督带的病变，也离不开肝肾。妇科中常见的月经病（包括崩漏）、带下病、不孕症及某些内伤杂病，都与这四脉有关。冲任督带四脉，关系到体内的阴阳，前后纵横，与肝肾同盛衰，共休戚，特别是冲任二脉，《素问·上古天真论》指出冲任二脉与天癸的开始与终绝，人身的长成与衰老，有不可分割的生理关系与病理影响。

《灵枢·五音五味》还指出，“冲脉、任脉，皆起于胞中，上循背里，为经络之海。其浮而外者，循腹右上行，会于咽喉，别而络唇口。血气盛而充肤热肉，血独盛则澹渗皮肤，生毫毛。今妇人之生，有余于气，不足于血，以其数脱血也，冲任之脉，不荣口唇，故须不生焉”。这说明冲任与月经，月经与髭须，甚而至于月经与环口部，都有一定的关系。恽铁樵对这方面的观察及诊断，有精确论述。近人有《人中与子宫关系》的报道，未始非受《内经》冲任与天癸、冲任与月经、冲任与子宫，冲任脉绕环口部等理论的启发而获得证实。

由于冲任二脉，一为血海，一主胞胎；联系督脉，为先天精气之主，能上渗诸阳，下灌诸阴，所以有“督为阳脉之海，任为阴脉之海”的说法。张洁古认为，“督为阳脉之都纲，任为阴脉之妊养”。陈士铎更直接地说：“（任督）二脉为胞胎之主脉，无（病）则女子不受妊，男子难作强以射精。此脉宜补不宜泻，补则外肾壮大而阳旺，泻则外肾缩小而阳衰；补则子宫热而受胎，泻则子宫寒而难妊。”把冲任督三脉说成为阴阳气血（包括精气神）的总汇，生殖力有无的主宰，以事实作理论根据，可以说信其言有征，验之事不忒。至于带脉，在妇人生理方面，虽不如冲任督三脉的突出，但其功能也不容忽视。《难经》指出，“带脉起于季肋，围身一周”。滑伯仁则谓“回身一周，犹束带然”。由此，杨上善认为，“带脉总束诸脉，使不妄行，妇人恶露随带脉而下，故谓之带下”。沈芊绿对带脉的功能更做了具体分析，“一身上下，机关全在于带脉，带脉不能自持其气，其症皆陷下而不上”。这些都是前人对带脉功能的认识。徐荣斋先生认为带脉从横向，约束纵向的冲、任、督，还包括二维、二跷脉，对八脉的生理确起到加固作用。所以，后此医学家们都在这基础上审病情，辨症因，订出丰富多彩的关于治奇经的方和药。

（二）妇人奇经失调的常见病及其治法

不论五脏六腑、奇恒之府、十二经脉及奇经八脉，既有其生理功能，当然各有其病变现象。冲任督带的临床表现，《素问·骨空论》《难经·二十九难》各有简要叙述。后人从临床实践中也有所发现。生理情况既然越来越明晰，病理变化当然越观察越了解，而治疗方药亦相应地定下来。

关于证候方面，王叔和在《素问》《难经》的基础上，增为“（冲脉）苦少腹痛，上抢心，有瘕疝，遗溺，胁支满烦，女子绝孕”，王氏所说

"女子绝孕"，无疑是《素问》"太冲脉衰，天癸绝，地道不通，故形坏而无子"的落实。王氏还补出任脉的病象为，"少腹绕脐下引横骨，阴中切痛"。《黄帝明堂经》则增补带脉主病为"腰腹纵，溶溶如囊水之状，妇人少腹痛，里急后重，瘛疭，月事不调，赤白带下"。此处几乎把带脉的临床症状都列入。《诸病源候论》则把冲任的病候，又进一步地举出，把月水不利（经少）、月水来腹痛（痛经）、月水不断（淋漓）、月水不通（经闭）及各色带下、漏下、崩中等七类病证，分属于冲任损伤（风冷入侵）和冲任虚损（劳伤气血）的虚实两大纲。

到了唐代，孙思邈在《备急千金要方》和《千金翼方》里，提出不少关于奇经病崩漏带下的方治和药物。

（1）小牛角鳃散：治带下五贲。一曰热病下血；二曰寒热下血；三曰经来未断房事；四曰经来举重，伤任脉下血；五曰产后脏开经利。药用牛角鳃、鹿茸、当归、禹余粮、干姜、续断、阿胶、乌贼骨、龙骨、赤小豆。

（2）治妇人漏下不止方：鹿茸、阿胶、乌贼骨、当归、蒲黄。

（3）治漏下去白方：鹿茸、白蔹、狗脊。

（4）治女人漏下，身体羸瘦，饮食减少，使人无子者方：牡蛎、伏龙肝、白龙骨、赤石脂、桂心、乌贼骨、禹余粮。

（5）治带下漏血不止方：干地黄、当归、川芎、芍药、吴茱萸、黄芪、甘草、干姜。

（6）治妇人下血阿胶散方：阿胶、乌贼骨、当归、芍药。

（7）治妇人漏血崩中鲍鱼汤方：鲍鱼、当归、阿胶、艾叶。

上述七个方子，方名比较生疏，而用药的理法，则为我们所熟悉。①七张方中有四张用乌贼骨，一张用鲍鱼，无疑是《素问》乌鲗骨丸的移植，是孙思邈对《内经》方有效经验的吸收。②第5方则为《金匮要略》"温经汤"的变方，也是《太平惠民和剂局方》"四物汤"的初模；第5、7两方则为"芎归胶艾汤"的加减。这一系列都是不名奇经方。③这些方中药物，不但为我们临床上所习用，而且都用之有效，其实都是奇经药和奇经方。今特揭出，以供进一步研讨。

（三）叶天士用奇经药的溯源及其出新

凡是读过《临证指南医案》者都熟知叶氏善治奇经病，善用奇经药，也总还记得，徐洄溪不止一次地批评叶天士"此老专以络字欺人"。从实际

分析问题，叶氏治妇科必主奇经，陆定圃《冷庐医话》称他“能独出手眼，遵而用之，无不获效”。至于洄溪批评天士“专以络字欺人”，则是洄溪主观片面的说法。叶氏“治络法”，是他调治奇经中的一个组成部分，有其理论上和实践上的依据，并非臆说，更非欺人。他的久病治络，是从《金匮要略》旋覆花汤治肝著悟出，实践证明，凡气滞血着证投以治络法，用之多效。除此而外，叶氏还吸取许叔微《普济本事方》，以丰富其学术经验。由于许氏是主张“补脾不如补肾”论者，补肾既能调冲任，也能固冲任。例如，以熟地、当归的内补丸治妊娠冲任脉虚，补血安胎；以紫石英丸（紫石英、禹余粮、人参、龙骨、牡蛎、杜仲、远志、肉苁蓉、泽泻、石斛、川乌、桂心、桑寄生、当归、五味子、甘草、干姜），治月经或前或后，或多或少，据病机阴阳相胜而用之。这些方治，在理论上依据《素问》，在用药上脱胎于《备急千金要方》之方温养八脉、以通为补的治则。

不过，汉唐宋代的学说，对叶氏治妇人病注重奇经，用奇经方治妇人病，还只是理论上和方法上的提示，最主要的则在于实践经验的传授。叶天士常问业于苏州马元仪，马氏学术精，业务盛，门人多，流传的医案有《印机草》一卷，唐大烈称其能反映出马氏的学术经验，确是实际。叶氏受马氏之传，对其诊疗经验的化裁，颇能出于蓝而胜于蓝，特别从伤寒治例中悟出治温热病的要点，于妇科病中贯穿奇经辨证施治，都极神化。这里选录《印机草》妇科医案四则，既可以赏析马氏对妇人病调治奇经的经验，也可以观察叶氏治法怎样继承前人而有所发展。

案1

患者天癸过多，肢面微肿，热胜风旋，皆五志之阳未和，恐躁急怫郁，“冲和”颇忌，法以凉肝，调和奇脉。雄乌骨鸡一只，洗净，用青蒿汤、童便各半，醋、醇酒各一盅，煮熟拆碎，连骨炙脆用。药用生地、知母、青蒿各四两，麦冬二两，熬膏，入炼蜜为丸。

案2

先期为血热，后期为气滞。今患者脉芤、带淋、畏冷，全是体质素虚，元海气怯，奇脉不固，数年不得孕育，皆源于此。当以生气有情之属，通之补之，摄以固之，俾经调脉和，可以宜男。药用河车、人参、当归、枸杞、熟地、肉苁蓉、白芍、小茴香、桂心、牛膝、紫石英、艾炭、香附。

案3

患者寒热每来，腰脊必痛，带淋如注，督带纲维尽彻，补方必须通脉。

药用人参、当归、茯苓、鹿茸、桂心、黄芪、桑螵蛸。

案4

病是经水不调，致奇脉损伤……肤腠中忽热，气逆必泻气始安。用补仍以宣通络脉，不越调经正治。药用人参、当归、杜仲、茯苓、小茴香、鹿茸、沙蒺藜、补骨脂。蜜丸，开水送三钱。

以此四案，回顾《素问》《诸病源候论》《备急千金要方》《普济本事方》等妇人门方，对照《临证指南医案》诊治妇科各案，不难看出叶氏如何运用乌鲗骨丸于经带病，如何运用巢氏冲任学说于经带崩漏，如何把《备急千金要方》《普济本事方》方加以化裁，如何把《印机草》妇科方案用得机圆法活，好在《临证指南医案》都是人手一册，我们可以充分领会叶氏继承与创新的实际思想。

（四）叶氏妇科治奇经对后人的影响

如前所述，初步认为妇科究奇经，《素问》《诸病源候论》启其端，《备急千金要方》广其治，《普济本事方》拾其遗，《印机草》扬其波，《临证指南医案》畅其流。叶天士除了在治案中辨奇经病而施治外，还指出，“鹿茸入督，龟板走任，紫石英补冲”的用药法。龚商言加以衍化说：“冲脉为病，用紫石英以镇逆；任脉为病，用龟板以静摄；督脉为病，用鹿角以温煦，带脉为病，用当归以宣补。”后此，俞东扶、吴鞠通、王孟英等各有阐发。特别吴鞠通在《温病条辨》“解产难”中，提出“产后当究奇经论”，并按照叶氏方意，制订通补奇经丸和天根月窟膏。关于奇经药的搜采和发扬，当推清代严西亭、施澹宁、洪缉庵三人合编的《得配本草》中“奇经药考”，它列举43种奇经药，提示其作用在于某一奇经，治哪些疾病。虽不能说所举药效都是针对，但它能昭示我们在叶氏奇经治法的基础上，扩大对奇经药的认识面，确是有益的。《得配本草》这一节，不愧为集奇经药之成，可与李时珍的《奇经八脉考》相互辉映，各有特色。

此外，还有独树一帜，把叶氏医案撷其要、钩其元，用四言韵语将叶天士医案的理法方药叙述得出神入化者，则推番禺潘兰坪，他在《叶案括要》中，把叶氏奇经治案，画龙点睛地写出，有注有按，明白晓畅，使读者心领神会。其书版行不多，有必要转录几则，以资赏析。①《叶案括要》（上海科学技术出版社出版，1959年版，下同）“淋带”某案：“淋带阴耗，奇脉虚空，鹿角菀杞，桑螵蛸同；茯神参草，收固为功”。按语回顾叶案初诊用震灵丹固摄，再用收引固摄法丸方，立法最合治八脉要旨。②同页的徐案，《叶案括要》说："带伤八脉，虚损下焦（下焦畏冷，阳升眩晕）；归芍杞苑，杜仲海螵。"《叶案括要》的特点，在于突出叶天士医案理法方药的精华，对妇科医案，注重突出奇经，非常可取。更值得提出的是，潘氏还把叶天士医案经验应用到自己临床实践上去。"带下不穷，补养为宗；按则痛缓，八脉虚空。归杞沙苑，柏仁神同；乌贼紫石，杜仲奏功"。接着，他仿叶氏的辨证施治用于临床，取得疗效，以记录作按语："何香泉邀余诊其戚之内人，年四十，赤白带下，流连不已，两腿无力，少腹胀痛，按则痛减。诊其脉，浮之虚，沉之弱，左脉涩。据述前曾服地黄汤，反增脘闷懒食，更医用桂附理中，又增胁痛咽干，因停药不服。余曰：刚燥药不宜肝肾，阴柔药不达奇经，不晓八脉治法，徒以脏腑法浑治，安能取效？带久不已，腑阳脏阴俱伤，燥热难受，惟用通阳固阴，以平补剂调养乃宜。于是议用先生此方酌加分钱（原方无）；再仿先生另案法，暮服震灵丹20粒，调治十日，诸恙略可。接服方调入真鹿角霜末、熟鹿茸末各三分，间两三日服一剂。守此法调养将半载，诸恙痊，体倍健"。此类仿叶氏的治案作按语，《叶案括要》中有不少，吸取其妇科治奇经部分，值得珍视。

后此，无锡张聿青、周小农，桐乡金子久，河北张锡纯，上海丁甘仁、朱南山诸家，对妇科按奇经辨证施治，选药组方，各有妙谛。近人朱小南在《冲任探讨》一文中也有所论述。近3年来，看到各地妇科经验交流的论文，大有人注意及此。

二、崩漏五法十方

徐荣斋认为把崩漏列入月经病类与临床实际不符。虽然崩和漏都属于子宫出血，但所出的血根本不是月经；而且，崩和漏也不是月经的变态，治法和调经的方药亦有所不同。虽然闭经与崩漏是月经病态中的两个极端，但先生仍然认为把崩漏列入月经病不够恰当，崩漏应与带下一样，作为一门独立的妇科病类。

（一）崩与漏的辨别

崩与漏，同属不规则的子宫出血，量多而阵下，大下者为崩；量少而持续不止或止而又来者为漏。崩漏与月经，虽同属子宫出血，但有明显的不同点：崩漏的血色鲜红，夹有凝血血块，不时漏下或大下，血质有凝固性；

月经的血色暗赤，有子宫黏膜碎片，为周期性出血，血质不凝固。这是崩与漏、崩漏与月经的辨别。

（二）崩漏的病因

崩漏的致病因素，多数由于血热或血瘀，引起子宫内膜肥厚或充血，或发炎，或宫颈肌瘤，或子宫后屈而致出血；也有由于肝肾虚热或心脾气虚，导致冲任不固而经常出血；少数也由于肾阳虚而致。大致崩为暴病，有属实者；漏为慢病，多属虚者。

（三）辨证分型与治法方药

根据临床所见，崩漏的辨证分型，约为以下五种。

1. 实热型

症状：出血量多之崩，或量少而淋漓日久不止之漏，血色深红，有烦热感，口干燥，夜卧不安或少寐，伴胸胁胀，大便秘结。

脉舌：脉象多弦数，或滑数有力；舌质红，或黄燥。

此型即血分有热或肝经有热的实证。

方药：一般用清热固经汤加知母、元参；如兼胁胀、便秘，改用逍遥散去白术加丹皮、栀子、炒蒲黄、血余炭、制大黄、醋炒香附。

2. 虚热型

症状：出血持续、时间长、色鲜红、量时多时少，午有低热，颜面潮红，眩晕耳鸣，有时心悸，口干，唇红。

脉舌：脉搏细数，舌质红，少苔。

此型即肝肾虚热的崩漏，临床比较多见。

方药：六味地黄汤加龟板、牡蛎、龙骨、白芍、女贞子、旱莲草、枸杞、白菊花；或知柏地黄汤合左归饮加减。

3. 气虚型

症状：出血量时多时少、色淡红，面色少神采或萎黄，时觉头晕，心悸，四肢乏力，食欲不振。

脉舌：脉虚弱无力，舌质淡红浮胖，有薄苔。

此属心脾气虚的崩漏证，常见于崩漏日久或更年期妇女之气血不足者。

方药：先用固本止崩汤，或举元煎加驴皮胶、艾叶炭、海螵蛸；血止后用归脾汤或补中益气汤加减调理。

4. 阳虚型

症状：出血淋漓或大下、日久不止、血色清稀淡薄，腹部隐痛，喜热喜按，腰酸腿软，四肢及腰背部觉凉，面浮或腿肿，大便溏薄。

脉舌：脉搏沉微无力，或濡弱；舌质淡，面色皖白或晦暗。

方药：偏于肾阳虚的，金匮肾气丸（作汤）去泽泻、丹皮，加巴戟天、菟丝子、淫羊藿；近人报道，加减真武汤亦有效。偏于脾阳虚的，金匮肾气丸加党参、白术、黄芪、炮姜。

5. 瘀血型

症状：出血紫暗有小块，下腹部疼痛拒按，按之有包块，血块排出后腹痛暂时缓解，但仍胀痛。

脉舌：脉搏沉弦或有涩象，偶有歇止脉；舌边有紫斑点，唇色暗红。

方药：通用逐瘀止崩汤加三七末（分吞，药汁送）1.5g。另有积瘀生热、血热妄行而崩漏不止的，用功血汤颇有疗效。近人报道，白地汤亦有效。

（四）成方运用

1. 清热固经汤

本方药用生地、地骨皮、龟板、牡蛎、阿胶、地榆、炒山栀、黄芩、藕节、陈棕炭、生甘草。本方有清热凉血止血作用，为两地汤（熟地、地骨皮、青蒿、炙鳖甲、丹皮、麦冬、白芍、元参、阿胶）和固经丸（龟板、黄柏、樗白皮、制香附、黄芩、白芍、芡实）的加减剂。两方配合使用，更能对症有效。本方常用作实热崩漏的主要方。

2. 逍遥散

本方药用当归、白芍、白术、柴胡、茯苓、炙甘草、薄荷、生姜。本方有疏肝和血调经散郁之效，用于崩漏兼见胸胁胀者，薄荷宜少用，生姜可不用，随证加药，作为辅助方。

3. 六味地黄汤

本方药用熟地、山萸肉、山药、泽泻、茯苓、丹皮。本方为平补肝肾的调理方，原系丸方，在治疗崩漏时，改作汤剂，加重药量，以增强疗效。熟地应改为生地，并应加入龟板、牡蛎等要药。左归饮即六味地黄丸去泽泻、丹皮，加枸杞子、炙甘草等。本方功能滋阴降火，为辅助方。

4. 固本止崩汤

本方药用红参、熟地、白术、黄芪、炒当归、炮姜。本方补气以治崩漏，药力比较集中，用方时加阿胶、艾叶炭或三七粉1.5g，疗效更可靠。

5. 举元煎

本方药用熟地、党参、白术、生黄芪、当归、炮姜。本方能补气摄血，常用于气虚崩漏，如虚象显著，党参应改红参。

6. 归脾汤

本方药用党参、黄芪、白术、当归、炙甘草、茯神、远志、酸枣仁、广木香、龙眼肉、红枣、生姜。本方为补益心脾及补血养血之专剂，熟地、白芍可适当加入。

7. 补中益气汤

本方药用黄芪、白术、炙甘草、当归、党参、升麻、柴胡、陈皮、生姜、红枣。本方是一张著名的开补方，具有补气健脾、升举阳气的效用。如气虚明显，党参应改用红参。

8. 金匮肾气丸

本方即六味地黄丸加附子、肉桂，适用于肾阳不足的月经紊乱，崩中漏下，或经闭不行，伴腰酸畏寒者。一般都加重药量，作汤剂服，随证加减，疗效更好。

9. 逐瘀止崩汤

本方药用当归、川芎、三七、没药、炒蒲黄、炒五灵脂、丹皮、阿胶、艾叶炭、丹参、海螵蛸、龙骨、牡蛎。本方有祛瘀止血镇痛之效，特别是三七、没药、海螵蛸的加入，疗效更可靠。

10. 功血方

本方药用生地、旱莲草、大蓟、小蓟、炒槐花、炒蒲黄、乌贼骨、女贞子、白芍、茜草、刘寄奴、枳壳。本方为复旦大学上海医学院经验方，凡是有排卵性功能失调性子宫出血者，用之多有疗效。服法：月经前一星期开始服，至月经干净后为止。

以上10个常用方的药量，都是一般用量，故不一一注明。

（五）防治要点

血崩皆从经漏开始（其实不是经漏，而是子宫少量出血），所以防崩应先治漏，同时根据崩漏的成因（即上述五个证型的致病因素）进行防治，亦有必要。

崩漏成因，除前所提到五种外，尚有由于长期忧郁，突然大怒（怒则伤肝，肝为藏血之脏，且与冲脉有直接关系）而引起的；有由于恐惧焦虑（劳伤心神）而引起的；有因性生活不节（伤肾、伤冲任，触动血海）而引起的；有因多食辛辣（血热妄行）而引起的。这些情志及生活方面的因素，都可以导致崩或漏，必须嘱患者自己注意，这也是医生的职责之一。还有，在漏下时长途骑车，腰腹部过分着力，子宫受腹壁紧张的压迫，容易使漏下不止或转甚，亦宜注意。

崩漏的治疗大法，初起有热则清热，有瘀则消瘀，都须佐以止血，待血止热除瘀消，然后补其虚；血崩出血量多，有气血两虚现象者，则先补气血。此外，还有两个用之有效的方法。凡崩漏日久，屡治不愈，既无热象，也无瘀征，崩漏常时愈时作，不能根治者，徐荣斋先生常用两张方：一为斑龙丸（鹿角胶、鹿角霜、补骨脂、熟地、柏子仁、茯神、菟丝子）作汤服，一日一剂，往往五剂有效。但须注意无热象，无瘀征。二为炒五倍子，去杂质，洗净，研细末，每服1g，日二次，温开水送下，连服三日，见效后随证用药调理。不过五倍子味酸劣，多服伤胃，应注意剂量，药后最好吃些饼干糕点。胃酸过多者不宜用。

案1

祝某，女，19岁。初诊：1976年4月3日。主诉：十六岁上半年初潮，行经半年后便有经来先期现象，量多如崩，且淋漓不净，每次经期半月始净，净后二三天而又复行。如此病程已历3载余，曾多处投医，服药未效，观其处方用药多属归脾、益气等补摄止涩之剂，也用过西药。近月来神倦力弱，腰酸肢楚，纳谷欠香，夜卧不安，疲劳后诸症益甚，月事先期，量多色淡、淋漓不净，一月再行未瘥，故来妇科门诊。其贫血貌甚显，面色少华，口干唇淡，舌质红绛边尖尤甚。诊脉细数而弱，辨证为阴虚血热、失于固摄。治拟养阴清热法为主，方用两地汤合固经丸化裁（末次月经3月18日至今未净）。

处方：生地、熟地各15g，地骨皮9g，黑玄参9g，麦冬9g，生白芍6g，陈山萸9g，炙龟板（先煎）15g，侧柏叶9g，枸杞子9g，狗脊炭9g，生地榆9g，炒丹皮4.5g，淡条芩9g，5剂。

二诊：4月10日。前进养阴清热药，服后3天患者经净、精神渐恢复，腰酸已瘥，自觉心烦卧不安，脉细数而弱、舌质仍红，前方既见效机，再守原意出入。

处方：前方去狗脊炭、炒丹皮，加珍珠母（先煎）30g，5剂。

三诊：4月17日。服养阴清热药后，患者月经无先期现象，但贫血仍明显，舌脉同前，原方加减。

处方：上方去珍珠母、生地榆，加制首乌15g，北五味4.5g，北大枣5枚，5剂。

四至六诊：4月24日。四诊时，患者经已行（4月18～24日），量中等。月经周期及持续期已接近正常。前方加减，连进15剂。

七诊：5月15日。患者因劳倦，月事先期6天来潮，量不多，脉仍细数，舌边尖红甚，有薄白苔。治拟养阴益血法。现月经来潮第5天。

处方：细生地15g，麦冬9g，地骨皮9g，炙龟板（先煎）12g，黑玄参6g，潞党参12g，炙甘草4.5g，女贞子9g，旱莲草9g，生牡蛎（先煎）30g，珍珠母（先煎）30g，玫瑰花4.5g，5剂。

八诊：5月22日。患者月经来潮7天净，量中等，经后头昏力弱，口苦纳减，夜卧欠安，舌脉同前，面唇少华。末次月经5月11～17日。治仍养阴益血法。

处方：前方去女贞子、炙甘草、玫瑰花，加枸杞子9g，夜交藤12g，炒黄芩4.5g，5剂。

九诊：5月29日。患者连进养阴益血之剂，阴血渐复，尚感肢重力弱，舌红脉细数，再以上方出入。

处方：生地、熟地各15g，地骨皮9g，生白芍6g，陈山萸6g，麦冬9g，黑玄参4.5g，旱莲草9g，北大枣5枚，5剂。

此后患者曾复诊数次，告知月经周期及出血量均正常，接着用清滋肝肾、调理脾胃，既养阴以清虚热，又资气血之化源，以奏全功。

按　月经先期、量多而淋漓不净之病，究其因，总不外乎血热、气虚、瘀血三因。血热则迫血妄行，但血热可由外感六淫而致，也可因阴虚内热而形成，本例属于后者；气虚则“气不摄血”；血瘀则血不能循经而溢于脉道之外。论其治法：血热则“热者寒之”，再分外感、内伤之殊，佐入清凉、养阴之品，气虚者当宗“损者益之”，治用益气摄血法，瘀血者宜辨瘀之新旧，根据“以通为用”的理论，用消瘀之剂疗效亦好。

本案经来先期，量多淋漓，舌红脉数，其阴虚内热之象显然，而面色少华，唇淡脉细是气血也见不足，就是“久病必虚”之意。阴虚内热是本，气血亏损是标。一本一标，互为因果，这是疾病演变过程中的一对矛盾，此症的主要矛盾则是阴虚内热。治法也是以养阴清热为主。若辨证不明、主次不分而一概见血止血，往往徒劳无功。虽有虚象也不可蛮补、蛮涩，当辨因病致虚或因虚致病。凡因病致虚者当去其病，而因虚致病者当补其虚，此即《素问·阴阳应象大论》所谓“治病必求于本”。

《临证指南医案》有云：“久崩久带，宜清宜通。”本例病程迁延3年，治宗天士清滋之法，方则采《傅青主女科》的两地汤合《妇人大全良方》的固经丸，减去香附，是嫌其香燥走窜而动血，以侧柏叶代樗白皮，气味芳香凉涩，有清热止血之效，再加女贞子、旱莲草等清滋肝肾以止血，用陈山萸、生地榆的酸涩止血。既清滋虚热以制其漏，又养真阴填其不足，所谓“壮水之主，以制阳光”是也。3年病疾，2个月病除，全在辨证论治。

案2

金某，女，50余岁。初诊：1947年11月5日。癸水将尽之年，陡患崩冲，绵延不绝，腹痛而膨，胃钝力乏，脉细，舌质淡红而裂纹。此为气阴俱不足，治予清滋兼和胃。

处方：砂仁末2.4g，捣大熟地24g，当归身9g，白芍6g，川石斛9g，旱莲草9g，女贞子9g，橘白3g，醋炒香附9g，炒谷芽12g，震灵丹（包煎）15g，2剂。

二诊：11月8日。患者漏红已止，带下不已，脉细畏寒，胃钝力弱，气血失护，奇脉受损。治宜清滋温摄。

处方：砂仁末2.4g，捣熟地24g，炒杞子9g，炒白芍6g，当归身9g，乌贼骨9g，炒茜草6g，旱莲草9g，女贞子9g，甘松1.5g，炒谷芽12g，震灵丹（包煎）15g，2剂。

三诊：11月16日三诊。连投清滋温摄，患者漏红已除，带下时断时续，少腹尚有隐痛感，脉舌同前。治予温煦奇经、和营固带。仿麝桂丸法。

处方：紫瑶桂3g，藏红花9g，当归、炒白芍各30g，炙乳香、没药各12g，茜草炭9g，乌贼骨15g，川牛膝9g。上药研极细末，去粗渣，入麝香末0.9g，三七末9g，粥糊丸，如绿豆大，外以代赭石9g研细末为衣，每日上、下午各服6g，温开水送服。

患者服丸药一料，腹痛带下均瘥减，漏红不作，症情缓解。

按 患者就诊时人极憔悴，慢性病容，前后两诊，虽有小效，根据症情，当时医院拟诊为子宫内膜癌后期，于是予麝桂丸治疗。麝桂丸系当时上海中医界所推荐治疗子宫内膜癌比较有效的一张方子，功能理气祛瘀、和营解毒，适用于妇科生殖器癌肿、小腹间剧痛、带浊淋漓，或有脓血腥臭，据说相当有疗效，故采用之。说明麝桂丸有近期疗效和局部疗效，但完全治愈则不可靠。

案3

唐某，女，36岁。5个月来，月经提前、量多，逐月加甚，前日起骤然崩冲，血下不自知，色鲜红，少腹有胀感，心悸息促，脉象虚数，有欲脱之象。治予益气以摄血。

处方：太子参9g，党参30g，炙甘草6g，黄芪10g，当归身炭6g，熟地15g，狗脊炭9g，山萸肉9g，炒白术9g，赤石脂10g，生龙骨、牡蛎各20g，三七末（分吞）2.5g，2剂。

二诊：患者血崩大减，已同一般月经，腹胀心悸亦瘥。治予育阴潜阳、固摄下元之法。

处方：朱茯神、陈驴胶各10g，艾叶炭4.5g，炒白芍6g，生地、龟甲、生龙骨、牡蛎各15g，甘杞子、侧柏叶各9g，磁石20g，4剂。

按 本案为血崩欲脱，通过辨证，治以益气摄血，疗效明显，2剂血崩大减。离经之血，亦可阻隔冲任，瘀血不去，新血难安，故除了育阴潜阳，固摄下元外，还兼以化瘀。

案4

郑某，女，55岁。初诊：1972年8月9日。绝经7年，月前出血如崩，时多时少，迄无宁日，少腹部隐痛，头面手足心有烘热感，心悸，夜少寐，脉细数，舌质红。宜安老汤加减为治。

处方：生地24g，当归身、生白芍、荆芥炭各6g，炒黄芩、侧柏叶、蒲黄炭、炒驴胶各10g，醋炒香附、黄柏、木耳炭各6g，3剂。

二诊：8月12日。患者血崩渐止，少腹仍隐痛，须防再崩，治予前方去木耳炭加没药4.5g，三七末（分吞）2.5g，4剂。

三诊：8月16日。患者出血已除，腹部无痛感，自觉是近1个月来最清爽的几天，惟心悸、烘热、少寐仍有，再予初诊方去醋炒香附、木耳炭、荆芥炭，加朱砂安神丸（包煎）15g，珍珠粉（睡前温开水送服）1支。

按 老年经水绝而复来，傅青主认为是崩冲之渐，本例已成血崩，时多时少，40余天迄未止，妇院检查为子宫内膜炎，组织切片无癌变。脉证合

参，作冲任伏热治。初诊以安老汤加清热止血药，颇能应手；复方加没药以理气止痛，三七末以祛瘀止血，效果更佳。

三、带下病辨治经验

带下病是妇女常见病之一，寒热虚实均能导致，发病与肝、脾、肾密切相关。生殖器有异常变化时，往往发生带下。其主要原因，有的是湿热下注，多与炎症成正比，有的属肝肾不足而影响带脉失固。在持续带下的时候，多兼下腹部疼痛，外阴部受分泌物的浸润和刺激，常有痒感。凡是宫颈炎或阴道炎，都有不同程度的带下。因此，这里所述的带下病，包括一部分现代医学的生殖系统炎症。

诊察带下病，须注意询问带下的颜色、质的稀稠、量的多少和有无臭气。要与一般妇女有少量白色或淡黄色阴道分泌物，以及在青春期、月经期前、月经周期中间或妊娠期分泌物量稍增多的正常现象相区别。

无论少女或绝经期以后的妇女，都可以发生白带，未婚女子除不洁外，以阴道炎及宫颈炎为多见，老年妇女须注意有无癌变。

（一）审察病情

颜色和液质：白带呈蛋清样，质黏稠，量不多，属轻证；如带下色乳白，呈豆腐渣状，量多，伴外阴部及阴道瘙痒或刺痛感，是肝热或湿热下注，需考虑霉菌性阴道炎；如带下黄绿色呈泡沫状，量多，有臭气，稠度较弱，那是湿毒，炎症较重；如伴有外阴部及阴道瘙痒或刺痛，则湿毒蕴结，应考虑滴虫性阴道炎。如带下夹红（血性的），应考虑宫颈炎或宫颈息肉。

时间长短：白带偶有，非病态；劳动后或长途跋涉后才有，属脾虚；长期绵延不绝，应考虑脾虚湿滞、脾肾两亏或内生殖器病变。

臭气重轻：带下黄白有臭气，属湿热或湿毒，为宫颈炎或阴道炎之较重者；有严重恶臭而赤白伴发，为有瘀积，应考虑宫颈癌。

腹痛状况：胀痛、酸痛，属气血郁结；下坠痛，属瘀血或湿滞；刺痛，属瘀血化热；痛处有灼热感，系热郁血瘀，将化脓；跳痛，属瘀血形成炎性包块，按之作反跳痛；掣痛（即随着腹壁肌痉挛而作痛），多属寒气夹气血郁结，大半为慢性炎症。

腹痛部位：根据痛的部位，可以测知带下病是属于哪一器质的病变。例如，下腹痛，考虑为盆腔炎；两少腹下侧痛，考虑为输卵管或输尿管炎；腹痛窜腰，考虑为子宫内膜或附件炎。结合腹痛状况、带下颜色和质、量，有助于辨证施治。

（二）辨带下

黄白带：带下黄白相兼，两少腹痛，主要是湿热，也有属于肝热下迫的。常从侧柏樗皮汤、小蓟饮子、清带汤中，随证选用。前二方适用于湿热带下，后一方适用于脾虚夹湿带下。

黄带如脓：带下如脓，有腥臭，下腹痛，多数是湿热或肝热。初起用龙胆泻肝汤加黄柏、败酱草、连蒂菱壳、生甘草梢以清热解毒；下腹痛甚加醒消丸；腹痛而带多如脓，再加白头翁、蕺菜、槐实。如确诊为肿瘤，按肿瘤治。

赤带：赤带兼褐色，多属郁热，用丹栀逍遥散加侧柏叶炭、地榆炭、墓头回、白荚。血性分泌物多的，用棕炭10g，鸡冠花20g，炒槐花、炒红花、生三七各10g，研末，每服5g，温开水送下，一日两次，连服三日，临床效果可靠。

青黑带：带下青黑色，除湿热或郁热外，亦有肾阴或肾阳不足者，须细察脉舌及辨证施治。湿热、郁热前已有治法，这里常用野菊花、生百部、土槿皮、韭菜等煎汤外洗。肾阴不足的，用六味地黄丸法；肾阳不足的，用金匮肾气丸加狗脊、菟丝子。

白带清稀：带下色白而清稀，阴道无痒感，多属脾虚，参苓白术散合补中益气汤加五倍子（研末分吞）3g，往往在三至五剂见效。白带清稀，淋漓不断，腰酸疼，下腹隐痛，属下焦虚寒，用斑龙丸加山萸肉、山药、附子、肉桂、龙骨、牡蛎，久服有效。

崩漏后带下：先有崩漏，崩漏愈后带下白腻如脂，无臭气，常感倦怠乏力，腰酸，尿频，作督任虚亏、不能固摄治。用斑龙丸合金匮肾气丸作汤服以外，再以海螵蛸为细末，龟板胶炖烊和丸分服。对崩后带下之属于督任不摄的，疗效颇佳。

（三）辨证治疗

1. 健脾轻举法

主症：带下色白，如唾似涕，绵绵不断，多无秽气，亦无前阴瘙痒感。其人神疲少气，动则汗出，舌淡苔薄，脉来细缓。

脾主运化精微，肺能通调水道。脾肺两虚则水谷津液无力上奉君主，旁布四末，以致水液、精微混杂而下，遂成败浊下移，发为带下。是证系脾虚及肺，带脉失于固摄，治宜健脾益气，稍佐轻举以助肺气，是温病家所谓“治上焦如羽，非轻不举”之衍义。方用参苓白术散合补中益气汤加减治之。习用方为党参、茯苓、白术、炙黄芪各10g，山药15g，陈皮、霜桑叶各5g，桔梗、升麻、五倍子（研末分吞）各3g。

注：五倍子研末分吞，徐荣斋先生于此型带下症用得最多，配合他药，止带效果“屡用屡验”。

2. 健脾利湿法

主症：带下色白，量多质稠，但无秽臭，大便时溏。其人素体肥胖，头晕肢重，纳谷不香，舌淡苔薄腻，脉象多濡。

脾主运化水谷津液，脾失健运则水湿内滞而诸症百出。湿浊流注带脉，则不能约束而致精浊混下是为带症。治宜健脾利湿法，方用完带汤加减为治。习用方为苍术、白术各10g，党参10g，山药12g，藿香、佩兰各5g，车前子（包煎）10g，荆芥穗3g，白芷10g。

3. 清肝扶中法

主症：带下赤白或黄白相间，质黏稠而稍有秽气，时断时续，少腹作痛，或有经漏血崩，面带暗色，性急语快，情绪易激动，舌红苔薄黄，脉弦数。

大凡肝热化火多横逆侵脾，令脾失健运。肝热挟脾湿下行，则带下黄白或赤白相兼。经漏血崩、情绪激昂者一派肝热显然之象。治宜清泄肝热，佐以扶中止带，方用丹栀逍遥散加减。习用方为丹皮10g，焦山栀10g，柴胡6g，生白术10g，白芍10g，侧柏叶10g，樗白皮15g，白芷10g，木香5g，薏苡仁12g。

4. 清滋肝肾法

主症：带下赤白相兼或带血丝，量不多无秽臭，平时腰疼头晕，经来先期量少，甚则经血干涩。其人消瘦，唇红咽干，五心烦热，夜卧多梦或夜间盗汗，舌红苔薄，脉细数。

肝肾两亏，阴不制阳而虚阳独亢。虚火窜入带脉发为赤白带下。其人消瘦、烦热、多梦、盗汗，阴虚内热之象显然。肝肾两亏，理当滋养，即王冰所谓“壮水之主，以制阳光”是也。然虚火过甚亦宜佐清，否则病盛药弱，见效太远。故主张融清、滋二法于一方，验之临床，每多良效，方用六味地黄汤加味。习用方为生地20g，丹皮10g，山栀10g，山药12g，茯苓12g，泽泻10g，青蒿5g，地骨皮10g，地榆炭10g，鸡冠花12g，玄参6g。

5. 清肝泻火法

主症：带下色黄而浊且夹血丝，秽气甚浓，下腹作痛，外阴瘙痒，大便干结，或伴有发热、胁痛、口苦等症。其人多为炎性感染，舌红苔黄燥，脉弦数或洪数。这种肝郁化火挟湿热互结之症，若蕴于下焦累及带脉则带下黄浊秽臭，治宜清肝泻火，以冀祛病之根本，方用龙胆泻肝汤化裁为治。习用方为龙胆草6g，焦山栀10g，黄芩10g，柴胡6g，车前草15g，木通5g，野菊花15g，连蒂菱壳12g，红藤12g。若大便秘结可酌加生大黄、玄明粉。

6. 清热利湿法

主症：带下色黄或黄白相兼，伴有秽气，量多而绵绵不绝，溲短赤，脘胀满，大便溏薄等。其人自觉肢困体重，呕恶厌食，舌红苔黄腻，脉濡或滑而数。

湿热蕴结脾胃则腹胀厌食，下流带脉则带下黄浊、秽臭，湿胜则带下量多而绵绵不断。治宜清热利湿法，方用钱氏黄带汤加味。习用方为绵茵陈12g，茯苓10g，生黄芪10g，黄柏6g，车前子（包煎）10g，生白果5枚，芡实12g，墓头回12g。

7. 温肾壮阳法

主症：带下清澈或黑色，淋漓不断，腰痛、膝酸软，经迟色暗。其人精神不振，面白少华，形寒肢冷或婚后不孕，舌形胖色淡，或见水滑苔，脉来沉细无力，两尺尤甚。

师云：“带下清澈色黑，为肾阳至亏。”肾主一身之真阳，虚极之症必一派全身功能衰退之寒象，治宜温肾中之阳、壮命门之火，即“益火之源，以消阴翳”之谓，方用金匮肾气丸加减为治。习用方为熟地20g，山药12g，山萸肉10g，茯苓10g，枸杞子10g，肉桂6g，淡附子10g，淫羊藿12g，菟丝子10g，金毛狗脊12g。

注：肾虚带下，必见腰际酸痛，每以狗脊治肾虚带下，屡用屡验，此徐荣斋先生50年阅历之经验也。

8. 调补奇经法

主症：经漏血崩后，带下白腻如脂，量多质稀，无秽气。其人倦怠乏力，腰酸背冷，小便清长频多，不堪久忍，但无急重感，舌淡苔薄润，脉来细软。

大凡崩漏之后，八脉空虚。腰酸背冷为督脉之损；溲清长频多难忍属任脉虚寒；带下如脂为带脉之亏。虽诸症丛生，治疗应从奇经求之，以血肉有情之品调补，方用斑龙丸加减。习用方为鹿角胶（烊化）10g，鹿角霜12g，菟丝子10g，巴戟肉10g，熟地20g，紫河车12g，枸杞10g，海螵蛸12g，桑螵蛸6g。

附单方一则：猪脊髓（以雄者为佳）一副，与桂圆肉炖煮，随意少量频服，一周一剂。

9. 疏肝健脾法

主症：带下色青，其量不多，时续时休，无秽气。前阴或有胀重感，经行先后无定期，经前乳膺作胀。其人面部青气隐隐，情绪抑郁，时时太息，平素少餐易饥，多食则满，舌中心多现一条直纹（先生谓此系肝郁证之特有舌象），脉弦。

肝气郁结则气聚血结，横逆则犯脾生湿，下窜则累及冲任督带。肝气携脾湿下走带脉，必发带下，其色青者，盖肝之本色也。青带临证固不多见，然为医者亦不可不知，宜疏肝健脾法，方用钱氏青带方加减治之。习用方为白槿花6g，绿梅花5g，代代花5g，白芷10g，苍术、白术各10g，山药15g，芡实10g，莲蕊须6g，鸡冠花15g。

注：上方专治肝郁带下，虽名曰青带方，可不必拘泥于带之青色，但见肝郁而有带下者即可用之，临床验证十分有效。

10. 逐毒（虫）外治法

主症：带下黄浊如脓，或白如豆渣，前阴瘙痒难忍，内治诸法多不见效，舌红苔黄腻，脉滑数。

是证多因湿毒外感，辨证多属湿毒带下。借助实验室检查，常可确诊为滴虫或白色念珠菌及其他霉菌的炎症。单以内治法往往罔效，宜配合外治逐毒法。习用外洗方为野菊花30g，苦参15g，蛇床子30g，生百部15g，枯矾末12g。

以纱布包装后入水煎，取药液趁热熏洗，每天3～4次，每次15～30分钟，每剂可用二天。

11. 豁痰消癥法（试治肿瘤法）

主症：带下青褐如膏或黄浊如脓而量多恶臭，抑或老人经断复行，随之带下量多奇臭。且起病急骤、病情进展疾速者，首先宜考虑生殖器肿瘤，一经确诊，当从肿瘤治。宜在中西医综合治疗的前提下，标本兼顾，以豁痰消癥法治之，或有见功者。试用方为浙贝母、石见穿、鬼箭羽、刘寄奴、半枝莲、山慈菇、龙葵、七叶一枝花、白花蛇舌草、墓头回。

12. 类症分治法

治带之法详于上，另有白浊、白淫、白崩为带下之类症。虽为同类者，但治则却有所异。诚如张景岳所云："淫浊与带下之不同者，盖白带出于胞宫，精之余也，淫浊出于膀胱，水之浊也。"兹按浊、淫、崩之别，概述于后。

（1）白浊：也有称白淋者，为尿道流出白液，混浊如米泔水，或混有血液，排尿时或有涩滞感，现代医学谓之乳糜尿，多为湿热感染，宜五苓散合程氏萆薢分清饮清热利湿。但也有中虚、肾虚者，临床可辨证分究之。

（2）白淫：外阴部时流白液，常在小便之后淋漓而出，此属肝热挟脾湿，治用丹栀逍遥散合参苓白术散加减。

（3）白崩：外阴部流出白物，稠黏如薄浆，或如黏糊，量极多，日久不止。此症应分虚实两型：属虚的是心脾气虚或肾精滑泄，治用景岳秘元煎或固阴煎，肾阳虚的加鹿角霜、狗脊、杜仲、山药、五味子、陈艾叶炭，属实的是湿浊下注，治同白浊。秘元煎：远志、山药、芡实、枣仁（各炒）、金樱子各6g，白术、茯苓各4.5g，炙甘草、人参各3g，五味子40粒，水煎服。

案1

盛某，女，39岁。初诊：1972年8月3日。经停5个月，妇科尿检阴性，白带清稀时下已半年，近见腹隐痛，大便溏，情绪消极，有衰惫感，脉弦细，舌质淡而不红活。证系木郁土中，而失滋荣，治宜培土疏土以荣木。

处方：党参、炒白术、茯苓、枸杞子、芡实各10g，当归9g，煨葛根、炒白芍、煨防风、玫瑰花、炙甘草各6g，5剂。

二诊：8月9日。原方去煨防风，加驴皮胶、卷柏各10g。

按　一般内、妇杂症的病机，以土壅木郁或土虚木贼为多见。本例则是脾土不足而致肝木不荣。故先则带多而经少，甚则以带代经而月事不以时下，所谓"妇女以肝为先天"，从本例得到一个佐证。初诊用归芍六君加枸杞子以培土荣木；玫瑰花、煨葛根、煨防风，使肝气条达、肝木扶疏，兼能悦脾和胃、止带止泻。合而成方，通调月经亦惟此是赖。二诊方加驴皮胶、卷柏，使起到养血通经作用，未终剂而月经来潮，色如酱汁，患者心情非常喜悦，有转衰惫为蓬勃的感觉。

案2

樊某，女，成年。初诊：1972年5月12日。带下1年余，绵延时多，清爽时少。最近经来周身筋骨疼痛，经净后则继以白带，有时憎寒，有时烘热，神疲力弱，食欲缺乏，脉濡细，舌质淡。治予温煦奇经。

处方：鹿角霜、补骨脂、桑螵蛸、龙骨各9g，砂仁末3g，拌熟地20g，茯神、山萸肉、当归、菟丝子各9g，炒白芍6g，煅牡蛎30g，5剂。

二诊：5月19日。原方去炒白芍，续服5剂。

三诊：5月26日。患者带下因月经将至而减少，周身筋骨已开始酸痛，治予斑龙合虎潜法。

处方：鹿角霜、补骨脂、龟板、茯神、菟丝子、锁阳、虎骨、当归、酒炒牛膝各9g，砂仁末3g，拌熟地20g，炒白芍6g，5剂。

四诊：6月2日。患者经期骨节痛减轻，憎寒烘热已除，经行3天净，再予第一诊方服5剂。

按 带下骨痛，萧山绍兴民间称之为“走骨髓”，意思是说骨髓随着白带下走，骨髓走空，所以作痛，是妇科疾病中的一种慢性消耗病。自从马元仪《印机草》医案里，治疗妇科病侧重用奇经药，到了叶天士更有所发展，有所推广，于是奇经的治法，奇经的药用，医者都非常注意。本例患者主要是督、带二脉为病，故初诊即以斑龙丸加当归以宣补督带，龙骨以静摄带脉，并以山萸肉、桑螵蛸为之佐。二诊方复以虎潜丸法，作为阴中求阳、阳中求阴之偶方，终于取得疗效。

四、经闭不闭因势导

经闭，是以症状而作病名。《内经》名“不月”“月事不以时下”，《金匮要略》作“经水闭不利”。现在通称“经闭”，西医《妇科学》作闭经。

引起经闭的原因很多，归纳有虚实两大类。虚为气血不足，肝肾（或脾肾）两亏；实为气滞血瘀，寒湿凝滞。这四种证型是比较常见的。另有属虚一类的“血枯”，属实一类的“痰阻”和“热结”，虽不常见，但亦有一定比例，其中“热结经闭”较少见。

这里要讲的，并不是上述几个证型，也不是危重症，而是在历年诊疗中通过多次观察和总结，得出“经闭不闭”的特异现象和治疗方法，并把它分析讨论。

（一）临床实际

“经闭不闭”的提出，因其外证表现为“经闭”，根据病理分析是“不闭”。近30年来，徐先生常遇到若干例或虚或实的经闭症患者，其中有一类型名为“有月经征的经闭”。患者都是已婚的中年妇女，经闭都在3个月以上到1年，症状除月经不潮外，身无寒热，腹无癥块，眠食起居无病态，脉舌也无殊。特异的是每月必有一次来就诊，主诉为乳膺部发胀或疼，有的下腹部胀或痛，有的头额胀疼，有的皮肤肌肉间发红色斑点，情绪多郁闷感，起居眠食多不适，总之有一系列的月经症状，脉象呈弦数或弦细。平时所谓“无殊”者，这时都起了变化。细审病情，有的是虚中夹实，有的实中见虚，相应的治法为，无虚象的以疏调气血为主，有虚象的则亦补亦疏，虚象明显的则补中兼疏（方药详后）。往往服药三五剂，症状逐渐消失，但月经仍不潮。次月同时期，同样疾病又复作，又来就诊，又予原法加减治疗，三五剂又愈。如此每月作止，患者都以现症来就诊，现症的实际都是月经症状，而总的病证是经闭。这些患者，每天穿插在整个门诊中，不在少数。使我受之有愧的是，患者都认为药有疗效，能解除疾苦，交相称誉，并辗转介绍同病患者来诊治。其实此类有月经症状的经闭症，药后之症状缓解，仅是初步见效的苗头，距真正治愈尚有时日。从生理上分析，可以说是月经症状的消长进退，药效仅为下一次月经做了一些催进工作。

治疗方法：“经闭”，仍会出现月经症状，说明外闭而内行，名之以“有月经症状的经闭”，是从实际出发。对这些有月经症状的经闭症，“因势利导”是切要的。《素问·至真要大论》有“逸者行之”一法，先生认为“经闭”也属于“逸者”一类，“行之”的治法，也是必要的。使有月经症状的经闭，转为有月经症状而经行。针对病因，治以疏调气血，以疏为主，以调为辅，见虚象则调理为主，疏导为辅。古今验方甚多，先生常对证选用，随宜加药或减药，不固执成方，也不自拟新法。

选方：膈下逐瘀汤（桃仁、红花、当归、川芎、赤芍、丹皮、延胡索、五灵脂、乌药、香附、枳壳、甘草），常用于气滞血瘀，月经症状明显的经闭，脉舌神气无不足征象者。其方系王清任三逐瘀汤之一，近人用于妇科血瘀证多效。因其调气活血、化瘀止痛，专消中焦之瘀，与少腹逐瘀汤消下焦的瘀积，病位不同，药性的温清也有别，取上下交病治其中之意。徐荣斋先生用此方时，取红花减去桃仁，以丹参代丹皮，以红枣代甘草，五灵脂用量不超过9g，炒用包煎，避免秽浊，食欲不振者以鸡血藤15g代之。一般服5～7剂，先服5剂，月经症状缓解有的消失，隔两天再服2剂。其时患者月经症状的痛感已除，续服原方3～5剂，能使下次月经症状减轻，并促使月经的排泄。

参香八珍膏（做汤）：丹参、制香附、熟地、炙黄芪、炒白芍、白术、炒当归、茯苓，用于气血失调、经闭，月经症状不重而见虚弱者。其方为薛生白制订（见“膏丸档子”未刊稿，王秉衡《重庆堂随笔》及魏玉璜《续名医类案》），他说：“此女科调理方之首选，气味平和，功能相称，周行脏腑，灌注血脉，虚人可以久服。”方在八珍汤的基础上去甘草之甘缓，以丹参易人参入血导滞，协同炒当归、炒白芍以流通血行；加黄芪益气滋液，与炒当归合用，极能补血；加制香附以承炒黄芪、白术之宣化，能于血中导达气滞，并使熟地补而不腻。原方无川芎，据说嫌其温窜，徐荣斋先生用此方时特加入，借其温行之性能以疏导气血。服法与膈下逐瘀汤同，并嘱使多服五七剂，以促进月经。

以上两方，前方侧重于疏导，后方侧重于调理，按照症情随宜而投，多数在两三个月中，各取得自然经行的疗效。

（二）病机的探索和治法的获得

该病的诊治需着意观察患者的病情。当接触的部分患者，在月经乍闭的一两个月与发生乳膺部、下腹部或头额部胀痛的时间，往往相对；而经闭后每月所患疾苦与来就诊的时间，也往往相对。从每个月就诊时间与之前经水来潮的时间多数相对中，初步得出病情能反映病机，即月经症状之所以发展为病态，都是从经闭而来的。由于乍闭的月经，往往随着生理上的惯性，能自己寻找出路，但因气滞、血瘀或寒凝等关系，不得出，于是下循故道而不得，则少腹部胀痛，上郁于肝经则乳膺部胀痛，郁于阳明经则头额部胀痛或肌肉局部见紫斑点。这些症状的发生，都属于月经乍闭自找出路的几种表现。治法采用因势利导，条达疏畅，使郁者疏，结者通，这是势所必然的。每月所出现的疾苦因服药而减轻，不等于月经病解决，亦不等于经闭即行。所谓“仅见效果的苗头，整个效果尚须再接再厉者”在此；然而，经闭之所以能通调者，其见机亦在于此。

膈下逐瘀汤虽是成方，而认识到“经闭不闭”的病机，则是从喻嘉言

《寓意草》治杨季登女一案中悟出。杨女因经闭年余，发热食少，肌削多汗，而成劳怯。喻诊为“可疗处全在有汗”，因经血内闭，只有从皮毛间透出一路，以汗亦血也。于是用当归龙荟丸治愈。杨女经闭，从自汗中找得出路，喻氏认为即是可治处。徐荣斋先生则根据经闭患者中每月有月经症状者，认为是月经向下找出路，就在出现月经症状时，用膈下逐瘀汤加减因势利导，还实验了治虚中夹实的调理方——参香八珍膏。

通过历年临证，先生进一步认清经闭之所以按月出现乳膺部胀痛等症，正是月经自己找出路的信号，过此则旋被吸收，次月经水再形成，经潮再起，再被阻郁，再找出路，月经症再现，再次被吸收，如此消长起伏，成为有月经症状的闭经。

“膈下逐瘀”在疏调气血中，能使留阻的经水加速吸收，能使欲行未行的经水得到排泄，这是取得疗效的基本方。“参香八珍”则寓疏于补，着重在调理，其疗效与张锡纯“资生通脉饮”各有所长。

最后，应得说明：经闭有自找出路的见症者，按照上法治之多效；无自找出路的见症而反见虚象或癥积者，疗效较慢。又，经闭有自找出路的见症者，多属气血瘀滞，无自找出路的见症者，多属气血亏虚。无论属虚属实，腹内无癥块者容易治愈，有癥块者治愈较慢；至于癥块的大小坚软，更与治愈率成正比。

五、虚实两端治不孕

不孕症有属于先天性（生理缺陷），有属于后天性（病理变化），临床中以病理变化的不孕症为常见。病理变化不孕症的原因，沈又彭《女科辑要》把它概括为两种：一是本体虚而不受胎；二是本体不虚而不受胎。所谓“本体不虚而不受胎”，王孟英申述为“有病而碍于孕育”。根据临证所见，体虚不受胎的，多属于肝肾阴虚或脾肾阳虚二因，有病而碍于胎孕的多属于寒客胞宫、痰湿凝聚、肝气郁滞及瘀血留着四因。分述如下。

（1）肝肾阴虚：头晕耳鸣，腰腿酸软，咽干，颧红，有时盗汗，五心烦热，两少腹时作酸疼，月经不调，脉象细数，舌红少苔或无苔。治宜左归丸做汤服。

（2）脾肾阳虚：四肢欠温，腰腿部觉冷感，身体倦怠，食少腹胀，便溏，月经后期、色淡量少，清稀的白带时下，脉象细弱，舌质淡，边有齿

印，苔薄润。治宜右归丸合斑龙丸加减。

（3）寒客胞宫：平时少腹冷痛，月经将潮时腹痛更剧，经期错后、色淡量不多，腰腿酸疼或筋掣，全身有畏寒感，脉象沉弱或沉细，舌质淡，苔薄润，治疗常用艾附暖宫丸合温胞饮。

（4）痰湿凝聚：多见于体胖湿滞之体，白带稠黏、绵绵不已，月经后期、色淡，腹胀，脉象濡缓。治疗常用启宫丸加白术、当归。

（5）肝气郁滞：主要证候为经前胸胁胀闷不舒，乳房胀痛更甚，心烦易怒，性情急躁，精神多抑郁；经期过后，这些症状逐渐减退或消失，下次月经前又规律性地发作，脉象多弦细而数。治疗常用疏肝理脾汤加减。

（6）瘀血留着：下腹部常隐痛，经行时腹痛更甚，经色紫暗瘀滞，排泄不畅，眼眶周围呈暗黑晕，舌边或舌面有紫斑块，脉象弦细而涩，或沉弦有力。治疗常用少腹逐瘀汤合香草汤，每逢月经期服5～7剂，连服三个月经周期。

以上虚实两类，六个证因，辨证施治一般有效。如本体既虚又有病而碍于孕育的患者，病因虚实夹杂，治疗效果较缓慢。这类虚实夹杂的不孕症，多数反映为子宫内膜结核，用药必须治病与补虚统筹并顾，同时又要分清主次，按照上述治法随证加减。连服三个月，第一个月每天服药一剂，第二、三个月隔天服药一剂，以渐取效。

第三节　杂病辨治有特色

一、中风防治气火辨

中风这一病类，历来医书都各有专题讨论，且都把它放在首位，可见自古至今都把本病看作是一个大病、重病。张仲景《金匮要略》载有“侯氏黑散”，为我们从文献上所见到治疗中风的第一张方，其作用是扶正祛邪、散风蠲痹、补气血、通阳气。其适应证据《金匮要略》原书所载，“治大风，四肢烦重，心中恶寒不足者”，好像浑无边际，不着实际。先生认为“侯氏黑散”治半身不遂有良效。后来的“再造丸”“活络丹”，都是从此方衍化而来。此处，还有一张“风引汤”，功能清热祛风，兼有镇静作用，可以治虚风内动及癫痫。这两张《金匮要略》方，治疗虽如上述，但后人照方应用的不多。自从宋代许叔微创立治肝阳化风的“真珠丸”；金代刘完素发明心火暴甚，肾水虚衰，主以地黄饮子；明末喻嘉言提出“池中有龟鳖，虽天地晦暝而鱼不飞跃”的见解和治法，医风为之一变。至山东蓬莱张士骧《雪雅堂医案》一书出现，援引中风即西医所谓“血冲脑”，并以刀针刺兔的前后脑做试验。而江苏嘉定张山雷又以士骧之说为依据，在《中风斠诠》里诠释而发明之。遥指数千年前《内经》“诸逆冲上，皆属于火”“血菀于上，使人薄厥”及“气血并走于上则为大厥”等一系列经文，使我们得以从实践印证到理论，并以这些医学理论来指导临床实践。

徐荣斋先生在临床观察所得，中风患者，多数是由肝阳偏亢，精神张而不弛，日积月累而导致。凡年过五十，血压偏高，再加之饮酒食肉，积而生热，精液暗耗，形成水不涵木，木火内燃，肾阴一耗再耗，肝阳“飞扬跋扈”而上亢，气血被激，直走巅顶，亢阳窜于脑部，达于高峰，当然具一触即发之势，故多于大怒或醉饱之后，突然发作。

中风有“预见证”“已成证”和“垂危证”。预见证，王清任《医林改错》中言之较详。当气血并走于上，内风始萌，患者感觉头目眩晕，步履浮松不实，有时筋惕肉瞤（特别是眼上下胞及颧颊部肌肉跳动），口常干燥，耳鸣或重听，指麻，记忆力大减，上盛下虚的征象从各方面显露出来。若头痛剧烈，则中风证急发，这时患者口眼㖞斜，舌謇语涩，甚或痰涎壅盛。古人谓之类中风，也即现代医学之“脑出血”或“脑梗死”。轻者肢体痿废，陷于瘫痪，重则患者立即口吐沫，目直视，面赤头摇，汗出如珠，或口开、手撒、眼合、鼻鼾，遗尿，五绝证俱，不语不动；这是中风“脑出血”的证候，抢救也来不及。因此必须在预见证出现时早为防治。防治之方，徐荣斋先生常用清人陆九芝所传的“延寿丹方”，随证加减，多收到防患未然之效。其药物组成：制何首乌、豨莶草、菟丝子、杜仲、牛膝、女贞子、旱莲草、霜桑叶、忍冬藤、生地、桑椹、金樱子、黑芝麻。药用量可按证情决定，但须以制何首乌为主。制剂及服法：可以作煎剂，隔日服1剂，半个月后（即7剂），停5天，再服7剂（亦即半个月），两个月为一疗程；也可以作丸剂服，但须嚼碎后用温开水分送，或布包捣碎，既便于消化，更能发挥药效；在冬春季，可以加白砂糖、龟板胶适量，作膏滋药服，效更好。原方及方解见《世补斋医书》。陆氏还认为其方有滋阴退热之功，法本于《素问·生气通天论》“阴平阳秘，精神乃治”之旨。

至于治疗已成证，如患者猝然仆倒，牙关紧闭，可急用乌梅擦牙关，俟口开，如有痰涎上涌，酌用程钟龄法，煎半夏、橘红各30g，灌服药汁，降其痰涎（无痰涎壅盛者不用）。接着用《医学衷中参西录》之建瓴汤（生地、生山药、柏子仁、生白芍、生牛膝、生赭石、生龙骨、生牡蛎，磨取铁锈水煎药），本方潜阳养血、滋阴降火，有一定疗效。此外，潜阳摄纳清泻化痰之药如珍珠母、石决明、磁石、铁落、黄芩、黄连、菖蒲、郁金、胆南星、紫草、麦冬、钩藤、桑叶、菊花、夏枯草、四竹（竹沥、竹叶、竹茹、竹黄）、二甲（鳖甲、龟板）等，均可选用。如肝阳上亢明显，可再加龙胆草少许，直折逆上之火，或酌用大黄开水泡绞汁服，能抑气回血、暂降暴冲。至于冰片、麝香、安息香等辛散走窜之药，此时固然不能用；王清任之补阳还五汤，也不宜早用。必待气火平、血压降，才可用补阳还五汤加桃仁、红花、当归、三七、丹参等活血流动之品，治中风后的偏瘫，确有一定疗效。并常服生地、何首乌、玉竹、驴皮胶、胡麻、桑叶、菊花；胃纳健，用大、小定风珠调理；胃纳差，药也难用，先生采取以食饵代药饵的方法，以黑木耳加白砂糖适量炖服，当点心，宁稀薄，勿稠厚，每日服一小杯，有滋水涵木之功。另教患者常服鸡蛋粥（鸡蛋1～2个，视胃纳而定，冲入热滚粥一小杯，咸甜随意），有大、小定风珠之功，无腥腻伤胃之弊，用作调理中风后的食养疗法，既配患者口味，又可常服无患。不药之药，附介于此。

二、术后腹痛行气血

妇科的腹部手术，主要为剖宫产、子宫或卵巢因肿瘤而切除、宫外孕及输卵管结扎等。由于腹部手术时，机体全身或局部受到麻醉，子宫或附件受到手术的刺激，冲、任、督、带脉也受到不同程度的影响。青壮年体质较好的，大部分能够适应，恢复也比较快；少数中年以上体质较差的，或内脏气血方面原有某些疾病的，就会出现这样或那样的征象。其症状首先为胃肠气滞，脘腹胀满；接着由气滞而影响到血郁，气血郁滞，势必导致某一经络壅阻，进一步使有关脏腑功能失调，从而出现轻重不同的所谓“后遗症”。常见的为下列两种。

（一）腹胀

据妇产科病房会诊观察所得，凡剖宫产、子宫或卵巢切除及宫外孕等手术后，患者多出现轻重不同的腹胀。其病因已如上述，治疗一般采用排气汤或扶正理气汤。排气汤是宁波慈城镇医院的协定经验方，由苍术、陈皮、麦芽、广木香、乌药、沉香、川朴、甘草组成，即平胃散合四磨汤之意。本方用于腹部大手术后腹胀不舒、气滞不行。为治疗胃肠气结、腹胀的方剂，着眼于疏气导滞，从而加强了胃肠道和整个机体的功能，变滞为通，使消化功能得到加强。一般服药5～10小时即能排气，腹胀消除，1～3剂即能自行排便。本方可酌加党参、当归、芍药、红枣，以照顾气血的不足。

还可选用扶正理气汤，该方是绍兴市上虞人民医院的协定经验方，由党参、枳壳、青皮、陈皮、广木香、谷芽、延胡索、蒲公英、大黄组成。本方适用于腹部大手术后腹胀不舒、气滞不行、大便秘结。本方在理气消滞的药剂中，加党参健脾，大便不通，协同蒲公英则有清热消炎作用。本方主要是消补兼施，以消为主，以通为辅，使运化功能得到恢复。另外，还需要根据患者大便秘结程度，斟酌生军及番泻叶的全用或只用其一，或适当减其剂量。

（二）腰酸、少腹掣痛

本证多见于原来气血失调的患者，不过手术后更明显。患者常觉少腹部有掣痛感，伴腰酸，时轻时重，食欲减少，体力易疲；轻者逐渐缓和而消失，也有持续两三个月或半年才消失的。其病因多数是气滞血郁，有偏于气滞的，有偏于血郁的，日久则往往伴发脾胃虚弱或肝肾不足等兼证。

治法：以病因疗法为主，对症疗法为辅。①偏于气滞的酌用六磨饮。②偏于血郁的酌用琥珀散。③日久脾胃虚弱的，用香砂六君汤合归脾汤。④肝肾不足的，用左归饮合斑龙丸。⑤伴发慢性炎症的用扶正理气方加黄芩、当归、白芍。其中食欲不振的加檀香片、炒谷芽、红枣；腰酸明显的加鸡血藤、川断、补骨脂；有月经不畅现象的照血瘀用药，月经过多或白带多的，各按本证施治。

三、“五郁”证治从《内经》

“五郁”一词，见于《素问·六元正纪大论》，首先叙述“五郁之发”影响着自然界气候的剧变，其次联系到人体的发病，叙证扼要，反映出岁气太过的多种病变，最后指出“五郁”的治法，作为这一节条文的结束，也就是文中所要讨论的中心。本篇最后部分的经文可分作两大段。第一大段可分作五小段，说明五郁之发的病证。第二大段可分作三小段，从“郁之甚者”至“水郁折之”为一段，是治五郁法的问答，词简义广，王履所谓“可扩焉而充之”的经文；“然调其气”一句为一段，是补充治郁的另一法则，是

“达”“发”“夺”“泄”“折”之后的调理法（按照临床治疗，“五法”是治疗五郁的实证，“调其气”是治五郁邪去正未复的善后法）；“过者折之，以其畏也，所谓泻之”三句为一段，是说淫胜之气经治疗而尚未折服，当益其所不胜以制之（这是五行相制的治法）。

整节经文，从五郁的病机、病证和治法，有条理地指出，特别是善后法的治实又治虚，耐人寻味。

（一）理论探索

《内经》“五郁”的证治，主要从运气立说，它和“病机十九条”一样，都以五运六气为理论基础。但在临床应用中，多以五运联系到五脏。后人的注释，也从联系到五脏为说理中心。王冰阐述“五郁”的治法，认为木郁达之，谓吐之令其条达；火郁发之，谓汗之令其疏散；土郁夺之，谓下之令无壅碍；金郁泄之，谓渗利，解表，利小便；水郁折之，谓抑制其冲逆。由于他是第一个注释《素问》的医家，从散乱的篇文披荆斩棘，边整理，边次注，当然有他创见的极大部分，但也有局限或偏隘的见解。此后，王履在《医经溯洄集》中王冰注释里做了大量补充，其阐发确较详明，从王冰只言片语中反复推演，在医学理论探讨方面来说，真是后来居上。现在引述王履的阐述，略附浅见，分析如下。

“木郁达之”。达，有通畅之意。如肝性急，怒气逆，胁或胀，火时上炎，治以苦寒辛散而不愈者，则用升发之药，加以厥阴报使而从治之；又如久风之中为飧泄，或不因外风之入，而清气在下为飧泄，则以清扬之剂举而散之。接着举出肺、脾、胃两脏一腑的病机，纠正王冰“吐之令其条达”的偏颇。他强调王冰以吐法来解释达字，不够恰当。如果木郁的病机是由于肺金盛所引起，则用泻肺气、举肝气的方法即可，不必用吐法；如果木郁由于脾胃浊气下流而少阳清气不升，则用益胃升阳之法即可，也不必用吐法。这样反复说明，既富于推理，又符合事实，确能补充王冰的注说。

“火郁发之”。发，包括发汗和升举。如腠理外闭，邪热怫郁，则解表取汗以散之；又如火郁于内，非苦寒沉降之剂可治，则用升浮之药佐以甘温，顺其性而从治，如东垣升阳散火汤。这样对火郁的病机作了外闭和内郁的分析，治法有散有收，显然比王冰只讲“汗之令其疏散”，全面得多。

“金郁泄之”，王履侧重于渗泄而利小便，举例为肺金为肾水上源，金受火烁，其令不行，源郁而渗道闭，宜肃清金化，滋以利之；又如肺气膹满，胸膹盈仰息，非利肺气之剂不足以疏通之。他认为王冰所注的“解表”非泻肺之法。徐荣斋先生则认为王冰所注无可非议，倒是王履失之于偏。实践证明，肺闭证用麻黄、三拗、大青龙等解表法有效，其机制还是要从“莫晓其意”的肺主皮毛的角度上解释。

“水郁折之”，王冰解谓“抑制其冲逆”。王履的补充是折，制御也，伐而挫之，渐杀其势。如肿胀之病，水气淫溢而渗道以塞，治当实其脾土，资其运化，使制水而不敢犯，则渗道达而后愈。如病势既旺，非上法所能遽制，则用泻水之药伐而挫之，或去菀陈莝，开鬼门，洁净府，三治备举，迭用以渐平。说理明确，举例恰当，使经义也明畅易懂。

关于“土郁夺之”，王履据王冰说稍作充实，无创见，无异议。

“五郁治法”通过二王先后串解，阐幽发微，从而使张景岳、孙一奎两家在二王串解的基础上进一步发挥经旨，议论更精切，解说更详明。其中，张以推理胜，孙以联系实际胜；张注从五脏阐明其所属、所主、所伤，拟治重视表里、上下及有关脏腑，孙论多结合到相应的病证和方药。可以看出，张注关于木、火、土、金四郁的治法，对二王的注释又有所发挥；在“水郁折之”一条，更补出王冰所未曾提到的议论，足与王履之说相拮抗。详见其所著的《类经》一书，在探索“五郁”分的治法方面，本书可以作次于王履的参考资料。

（二）临床印证

1. 木郁达之

“木郁”的病理机制，应该从风淫所胜的风木之郁贯穿到内脏的肝胆之郁来理解。经文所指出的病证，前四句是木郁而土虚之病，后三句是风淫而肝经自病。“达之”的方法，包括清宣和解、疏气、行血。张景岳所谓“郁在表者，当疏其经，郁在里者，当疏其脏；但使气得通行，皆谓之达”。临床常见的证治举例如下。

（1）少阳热郁

病因：少阳风热内郁。

症状：额胀耳鸣，头目眩晕，甚或耳聋及耳内流脓。

治法：清疏少阳。

方药：柴胡、薄荷、连翘、甘菊、黄芩、白芍、白蒺藜、竹茹、山栀、丹皮。

（2）木郁土中

病因：邪从少阳郁入厥阴，复从厥阴逆攻阳明。

症状：憎寒发热无定时，伴有胸胁满，脘胀痛，吐酸，不思食。

治法：疏肝和胃。

方药：柴胡、党参、吴茱萸、川连、半夏、陈皮、黄芩、茯苓、延胡索、金铃子。

（3）肝著

病因：肝脏血气郁滞、着而不行。

症状：胸胁满痛，心中懊侬，甚则坐卧不安。

治法：舒肝通络，宣阳散结。

方药：旋覆花汤（旋覆花、新绛、葱管）。

以上所举三例证治，古人各有治验，我们在临床中也经常看到。前两例的病机是由浅入深，由风淫而热化成木郁。其中风热内郁的，治用疏而兼清；木郁土中的，治用疏中兼和，都不离乎“达之”的方法。还体会到“飧泄”也是木郁土中，刘草窗的痛泻要方，雷少逸的培土泻木法，也不外乎“达”的方法。至于“肝著”，病名和方治见于《金匮要略》，原书肝症状不明显，秦伯未认为应有胁肋部痞满和胀痛现象。附述于此，提供讨论。

2. 火郁发之

“火郁”的病理，是寒水之气抑遏了火的本能，火不得发越，致邪热怫郁于腠理、肌肉，甚或内郁于筋骨脏腑间。经文指出它的病症，有属于火热之症上冲肺胃，有属火热之邪内淫于筋骨，有属于伏热内扰，经络脏腑受伤而动血耗精，有属于伏火窜扰内脏。“发之”，是指发散。凡火邪郁勃，如果纠聚于中，窜扰于内，浮游于外，治疗多因其势而升散之宣发之。临床治证，举例如下。

（1）客寒包火

病因：伏温内发，新寒外束。

症状：初起身热头痛，怕风恶寒，咳嗽，继则不恶寒而恶热，心烦、口渴、胸闷。

治法：辛凉发表，苦辛开泻。

方药：葱豉桔梗汤（葱白、淡豆豉、桔梗、山栀、薄荷、连翘、甘草、竹叶）。

（2）阳为阴遏

病因：素有郁热，偶伤生冷，抑遏阳气于脾土中。

症状：心烦胸闷，不思饮食，神倦懒言，四肢发热。

治法：升阳散火。

方药：东垣火郁汤（升麻、葛根、白芍、柴胡、甘草、防风、葱白）。

（3）阳陷于阴

病因：火郁于内，不得发泻。

症状：夜热晨退，五心烦热无休时，口渴喜冷饮，六脉沉数，浮取不应。

治法：先升散，后苦泻。

方药：先用升阳散火汤，接用四物汤加黄柏，少佐炒干姜。

上述第一例证治，是乡先辈俞根初先生所提出，见于《通俗伤寒论》，病属外感；二、三两例则属外感转内伤。“阳为阴遏”是阳热为阴寒所郁，病仍在阳分，故孙一奎认为用东垣火郁汤可以取效。《蒲辅周治疗经验》也指出，“外感治疗不当，犯凉遏、误补，热郁于内，以致长期低热，头晕，口苦，或见热如火燎，扪之灼手，宜升阳散火汤或火郁汤”。这都是从升麻葛根汤化裁出来的，有升有散，升的是脾阳，散的是郁热，本“火郁发之”的理论。“阳陷入阴”则是阳热陷入阴中，病已涉及阴分、血分，所以虞花溪先用升阳散火汤，后用四物汤加黄柏，清血分阴分之热，并略佐炒干姜从治。王孟英认为，“初用升阳散火，所谓‘火郁发之’；后以炒干姜佐四物知柏收功，乃血分受病之专剂”。这一证候，陆定圃认为，“用孙真人柴胡梅连散亦效。盖以梅连引柴胡入阴分而出之阳，其邪乃得去也”。此外，徐荣斋先生还见到《慎斋遗书》中有用白蒺藜之治心经火郁之阳痿证，也属于“火郁发之”的治例。

3. 土郁夺之

“土郁”，指脾胃壅滞，即“土太过曰敦阜”的实证。凡食滞胃肠、痰凝脾脏、湿阻中焦皆是。经文所指“土郁”的病症，前四句是水湿食滞郁于上中下三焦，后二句是水湿伤脾。“夺之”，原则上是指攻下法，具体来说，凡消食、去积、导痰、蠲饮、行湿、导滞，使痰食湿浊从里而出者，都属于“夺之”的范畴。临床证治，举例如下。

（1）伤食

病因：食滞肠胃。

症状：胸脘满闷，嗳腐吞酸，或脘腹胀痛，欲便不便。

治法：消食导滞。

方药：陆氏润字丸（酒大黄、陈皮、前胡、山楂、天花粉、白术、半夏、枳实、槟榔、六神曲）。

（2）痰积

病因：脾运失健，湿聚成痰。

症状：咳嗽胸闷，吐痰或呕涎，四肢倦怠，眩晕寒热。

治法：祛痰化湿。

方药：导痰汤（半夏、橘红、茯苓、枳实、胆南星、甘草）或指迷茯苓丸（茯苓、枳壳、半夏、风化朴硝）。

（3）湿郁膜原

病因：湿邪盘踞三焦（特别是中焦膜原部分）。

症状：头胀身重，寒热如疟，胸膈满闷，甚或沉困嗜睡，舌苔白腻，或厚如积粉。

治法：辛开苦降。

方药：达原饮（槟榔、知母、黄芩、川朴、草果、芍药、甘草）。

陆九芝《内经运气病释》认为，“土性畏滞，凡滞在上者可吐，滞在下者可泻，而皆不外直取其中，以安其上下也”。因此，体会到“伤食”和“痰积”这些病，如果郁在膈上的用吐法，郁在下焦的用泻法，而郁在中焦的除以消导法直取其中外，还倾向于下夺。陆氏润字丸之用大黄，导痰汤之用枳实，指迷茯苓丸之用玄明粉，即是此意。至于“湿郁膜原”之用达原饮辛开苦降，吴又可早有治验；石芾南《医原》补充出“湿郁脾经而成霍乱或痎疟，治宜五苓散化膀胱之气以导下流，尤须加辛通下达之品以开气闭，选药无过细辛，辛润开达。杭州塘栖痧药之所以灵效者，皆细辛之力居多”。这更是“土郁夺之”在临床上的推广运用。

4. 金郁泄之

“金郁”，理解作肺气郁滞或燥邪郁结。导致肺气郁滞的原因，多数由于外感六淫侵扰，而痰浊阻肺，水饮客肺也占着不少比重。经文所指出“金郁”的病证，前二句体会是燥气胜而本经自病，后二句是肺气郁而伤肝。由于肺气以清肃为顺，宣发通调为职，如有膹郁，一般多采取疏泄的治法。凡解表、利气、豁痰、清肺、通二便等，都可属于“泄之”的范畴。临床证治，举例如下。

（1）风寒郁肺

病因：风寒外袭，肺气失宣。

症状：咳嗽上气，痰吐不利，呀呷有声，伴形寒发热。

治法：宣肺平喘止咳。

方药：三拗汤（麻黄、杏仁、甘草）或华盖散（上方加苏子、陈皮、茯苓、桑白皮）。

（2）痰浊闭肺

病因：痰浊阻滞肺气。

症状：咳痰不爽，呼吸壅滞，喘息胸闷，背胁引痛。

治法：宣肺化痰。

方药：济生瓜蒌实丸（瓜蒌实、枳实、桔梗、半夏，加杏仁、川贝、橘络、蛤粉）。

（3）湿温喉痹

病因：温邪阻遏肺气。

症状：咽喉不利、肿痛。

治法：轻药开之。

方药：银翘马勃散（银花、连翘、马勃、牛蒡子、射干）。

“金郁”之为病，表现为敛、为闭、为燥、为寒；“泄”的含义是疏利。临床举例如上述三个证治外，还有水饮射肺而作喘咳之用射干麻黄汤；肺痈吐脓如米粥之用桔梗白散；燥伤本脏，恶寒，鼻塞，咳嗽之用杏苏散，水液聚于胸膈为痰，阻结气分，心下硬痛，治用苦辛通降之小陷胸汤等。这些都是由于肺气膹郁（或因风寒，或因痰浊，或因燥气，或因水邪）而采用温宣、温疏，或苦辛通降的方法，都属于“金郁泄之”的治例。

5. 水郁折之

“水郁”之病，多数为痰饮及水肿。由于水湿郁而不行，势必潴留而为饮为肿，治疗当然以消饮逐水为主。水饮在膈上者涌而去之，在皮肤及四肢者汗而泄之，在经络脏腑者消而逐之。因此，“折之”的含义，意味着表里上下随宜分消，使“水郁”有出路，主要包括发汗、涌吐、利小便、通大便等几个方面。临床证治举例如下。

（1）痰涎上涌

病因：水饮痰涎，壅阻膈间。

症状：头痛胸满，涎潮壅盛，喉不得息，口吐清稀涎沫。

治法：高者越之。

方药：三圣散（瓜蒂、防风、藜芦）。

（2）悬饮

病因：水饮留滞胁下。

症状：咳嗽吐稀痰涎沫，痛引两胁，甚则喘息不得平卧，目窝浮肿，大小便不利。

治法：泻水逐饮。

方药：先服十枣汤（大戟、甘遂、芫花、大枣），接用半夏、木香、槟榔、旋覆花、皂角、姜汁。

（3）水湿浸渍

病因：寒湿困脾，脾不利水。

症状：下肢及腹部水肿，胸闷腹胀，身重困倦，尿短小。

治法：通阳化湿利水。

方药：胃苓汤、五皮饮加减。

“水郁”致病的两种涵义，前已提明：一为寒水之气外郁于太阳经；一为阴寒胜而阳气不伸。在这些病机的影响下，导致肾、膀胱气化郁滞而聚水成肿，肺脾宣化失司而为痰为饮。王安道侧重于水肿，以“泄”来“挫折其泛滥之势”，提出实土、泻水及去菀陈莝、开鬼门、洁净府等法。孙一奎侧重于冷涎积饮，所以提出通阳温化、降逆渗泄等法，可称各尽其用。张景岳在实脾土、利膀胱的基础上，又补出“养肺金”“壮命火”二法，立足于治本，充分体现出《难经》《金匮要略》“隔二”“隔三”的治法。这是张景岳、赵养葵学说的特点。

以上五组治例，原则上是“因其屈而直之”的治法，徐荣斋先生体会，似可与《素问·至真要大论》所谓“结者散之”，《素问·阴阳应象大论》所谓“其实者，散而泻之”等治则，相互印证。不过这里分列“五郁”的病证论治，说理更具体一些。

（三）小结

“五郁”在人体的病理变化，首先影响到有关脏腑和经络，及其既久，或在气分，或在血分，或郁于上，或郁于下，或归于阴，或归于阳。见证各有不同，主要在于不同的病因和病机。所以经文针对“五郁”而提出达、发、夺、泄、折五个治法。后人经验积累，在这五法的基础上扩充，以适应不同的证候。据初步的研索，徐荣斋先生认为王履的分析较王冰为全面，张景岳的分析体现着理论联系实际，明白晓畅，孙一奎结合证治较多，但有不切合处。此外，李惺庵、陆九芝之辈也各有阐发，足资参考。

此处把“五郁”的病证及治法，从理论研究及临床应用出发，做进一步的印证和推勘，力求理论联系实际。在举例论证时，体会到“五郁”之病，多数是实证，惟其是实证，所以适用达、发、夺、泄、折等法。如果属于体虚病郁或因郁致虚，则上述五法的使用，就要相应地加以考虑。必须采取疏补兼施以治“木郁”，甘温升发以治“火郁”，消补兼施以治“土郁”，轻清辛润以治“金郁”，温煦渗泄以治“水郁”。经文后段所谓“然调其气”，是指“五郁”挟虚的治法；所谓“过者折之”，是指“五郁”实证的治法。能从有余或不足的角度上进行分析，那么对“五郁”的辨证施治，自然更能深入一些。

第四节　诊余医话十五则

一、用药制方要讲究配伍

用药必须讲究配伍，不但能提高疗效，相得益彰，而且还能从这一疗效发展为另一疗效。例如，大黄本为通大便药，但与甘草同用或制用，则能利小便；用少量麻黄伍多量熟地，则但开腠理而麻黄不汗、熟地不滞（阳和汤是一个明显的药用例）；木鳖子制尽油，能化骨节间风痰而无毒；甘遂制去黑水，能化痰核及积饮积水；茯苓得白术则补脾，得车前子则利水，得泽泻则渗湿；青皮得白芥子，治右胁痛；附子不配干姜，虽通经络而不热，附子一钱与磁石八钱同用，能温养下元并使附子热性不致上扰。这是用药配伍的举例，制方亦然。例如，六味丸中的熟地能湿脾土，以茯苓、白术制之；左金丸中的吴茱萸性燥，以黄连制之；四君子汤一般用作健脾补气方，如气虚应重用人参，脾虚应重用白术，水湿内滞应重用茯苓；四物汤一般认为是血分方，在使用时，当归多则重点在温血，白芍多则重点在平肝，地黄多则重点在凉血，川芎多则重点在升散。此外，又如，牛膝能引热下行，亦能引其他药性下行，但如果脾经有湿，则反引湿下行而发生腿肿；若肝经有热，也能引热下行而发生遗精。这是从配伍而联系到的另一个方面。

二、痧瘖

痧瘖系一种流行性之风温时毒（相当于麻疹一类的传染病），往往在几年内流行一次，其季节多在晚春，只要不是逆证（“闷痧”及“白面痧”），调治得法，可以无死亡；如果是顺证（无合并症、不是幼婴），可以不药自愈。这和卫生防疫部门大力贯彻以预防为主的方证是分不开的。

痧瘖的治疗，目前已有许多好经验、好方法，一般常用药如荆、防、桑、薄、银、翘、牛蒡、甘、桔、僵蚕、地肤子、芦根等，均可随证选用。血热火盛的，加丹皮、紫草、鲜生地；痧瘖成斑块的，再加大青叶、石膏；咽喉红痛，加射干、元参、山豆根、马勃；狂乱躁扰，加地龙捣汁冲服，并要重用大青叶。

痧瘖初发时以透解为主，并须严格忌口，猪肉油腻之品、鸡蛋鸭蛋黄、糯米糕饼等不容易消化的食品，都不能吃，以防其滞胃肠、郁热毒、坚大便，致气机壅遏，痧瘖难以疏透，轻证转重，重证转逆。这一忌口问题，不仅痧瘖要注意，凡各种热性病都是同样。《素问·热论》有“病热少愈，食肉则复”。张仲景“损谷则愈”的提出，是有一定理由的。

三、“有形之病”疗效差

徐荣斋先生在几十年临床实践中，体会到癥瘕痞块、息肉肿瘤，以及流注之酸疼麻木，治疗有难有易。往往初起的积聚，软小易愈，久则坚硬难愈；壮年体实能受攻消药的易愈，年老体衰不能用攻消药的难愈。因此，《内经》对五脏风寒积聚的疾病，一再强调它的证因，可能古人也感觉到了这一点。

由于风、寒、水、湿、痰、食、气、血等积聚、凝结在某一部位，初起轻浅时，还没有固着胶结，只于对证方中酌加稀释散积等药，使气血通调、经络疏畅，收效较易。如因循失治，固着已深，或半愈停药，本病未除，兼风则引窜作麻，兼寒则凝滞作痛，兼水则流溢作肿，兼痰则郁而化脓，兼食则停滞为积，气聚则成瘕，血瘀则为癥。虽然治积之药不少，如气郁有香附、延胡索、枳壳、槟榔、广木香；血积有桃仁、红花、三棱、莪术、夜明砂、山甲、䗪虫；痰积有海石、半夏、枳实、胆南星、白芥子、竹沥、姜汁、风化朴硝；水积有甘遂、大戟、芫花、二丑（黑丑、白丑）、千金霜；

消食积有厚朴、神曲、谷芽、麦芽、鸡内金；消肉积有山楂、莱菔子、朴硝、毛栗壳等。但人体有虚实，病程有久暂，在对证发药中还必须注意配伍、剂量和服法，才能日计不足、月计有余地逐渐磨化。医书里以肾气丸、阳和汤治疗痔漏、冷脓流注及顽癣，子龙丸消瘰疬痰核，是促使我们运用方药的化裁通变。徐荣斋先生曾以玉枢丹加香附、橘核、木通、马鞭草治疗输卵管积水症，因玉枢丹方内有许多导水利气药，导水如山慈菇、大戟、千金霜、琥珀；行气如苏合油、檀香、安息香、麝香、冰片等；其他如文蛤、雄黄则为佐辅药。

四、《医医小草》中的警句

宝辉的《医医小草》，裘吉生先生辑入《珍本医书集成》中，页数不多，其集锦式的医学警句，颇足玩味。例如，滋腻妨中运，刚躁动内风。辛热耗营血，温补实隧络。苦寒伤生气，咸润蔽太阳。外感忌酸收，内伤戒消导。二妙不尽妙，四神亦非神。理中伤胃脂，逍遥劫肝阴。牛黄损离火，黑锡夺坎水。温养须行气，清热要活血。命方良有以，制剂岂徒然。这些名言警句，各有深浅不同的理致，其中大部分是采集《临证指南医案》的语句锤炼而成，有精粹处，也有片面处，须细致全面地去分别领会它，不能胶着，胶着会有片面性。例如，“苦寒伤生气，咸润蔽太阳”“理中伤胃脂，逍遥劫肝阴”等语，就应从药病是否对应，是否过剂的角度上理解。理中汤之温中益气、健脾和胃，逍遥散之疏肝解郁，均为临床上常用而有效的方子，所谓“伤胃脂”和“劫肝阴”是用方不恰当的后果，是药不对证的反映，绝非原方或药物的弊病，这些必须先弄清楚，不能含糊。如果方证不合，任何特效药或经验方，都有流弊或后患，岂止苦寒药、咸润药或理中汤与逍遥散而已。“警句”对药和方的评议，徐荣斋先生认为都要从适应与不适应两个方面来看，不能只强调一面，反而造成错觉。

五、精、气、神的生成及其脱泄

精、气、神为人身三宝，据说是道家语。但是《素问》首三篇，张志聪点出“上古天真论”论精，“四气调神论”论神，“生气通天论”论气，则医家也讲究它，并且分析讨论它。气有三：宗气、卫气、荣气；精有四：精、血、津、液；神有五：神、魂、魄、意与志。

三气为阳，宗气即大气，积于胸中，充于周身，其功罕匹，喻嘉言、张锡纯各有专论，其体其用，当然属阳；卫气慓悍滑利，行于周身，亦为阳；荣为阳之阴，以气与津并，不同于卫气之慓悍滑利。四精为阴，体用为人所共知，而津为阴之阳，随气以行，《存存斋医话稿》有“津虽阴类而犹未离于阳气也”之说；液为津之属，淖泽注骨，补益脑髓；精与血同类，都赖气以温存，如果精中无气，血中无气，则精是冷精，血是死血，等于一般水液，就会失去活力和作用。五神即五脏之神，又称“五神藏”，表现于情志活动方面为喜、怒、思、忧、恐。五神的活动寄托于五志，焕发于人身，成为万物之灵。

因此，精、气、神三者为人身之至宝。证之临床所见，精虚则足痿、耳聋、脑鸣；气虚则懒于言语和活动，甚或少气不足以息；神虚则头倾（头重）、视深（睁眼不起）、脑昏，神散则痛痒不知，不识人。临床还看到，患者脱精多数从小便，常见下元不足的老年人，小便后或小便时陡呈脱象者；也有利尿过剂而出现危象者，联系到某些记载上的“男脱阳”“女脱阴”，其原因在于纵欲，而其危机也在于脱精。至于脱气多数从大便，常见于久泻、久痢，滑泄过度，特别在衰弱患者及老年患者；还可以见于大喜后之一笑而脱，喻氏《寓意草》中有“论金道宾真阳上脱之证”，亦是显例。脱神多数从汗孔，误汗或大汗亡阳，元气元神随阳气外脱，在重危病最后关头，所见实多，往往神随汗散，阳随阴绝，生命就此告终。无论脱精、脱气、脱神，必从小便、大便、汗孔这三个渠道走失。所以衰老患者之日久不愈者，如果见到大便泄泻，要防元气下脱，若经常汗出或小便次数增多，都是元气外泄或下泄的征兆。为了防微杜渐，必须随时对精、气、神三者给以调摄和补养。《素问》中“上古天真论”“生气通天论”和“四气调神论”这三篇，是古代论述调摄精、气、神的方法，现代大力推广的气功，对精、气、神的调摄与补益，亦多有好处，不要仅仅依赖食物和药物的补养，顺此附及。

六、奇经药

自从李时珍作《奇经脉考》以来，叶天士常按照奇经治病以善用奇经药见称于后世。他曾提出，“鹿茸入督，龟板走任。紫石英补冲”，龚商年加以具体化说：“冲脉为病，用紫石以镇逆；任脉为病，用龟板以静摄；督脉为病，用鹿角以温煦；带脉为病，用当归以宣补。”后此，俞东扶、王孟英之辈各提出若干奇经药更有所增益。

徐荣斋先生认为叶氏以鹿茸、龟板、紫石英作为督、任、冲三经专药，是取其有促进各经脉功能的作用。由于督为阳脉，行于背部；任为阴脉，行于腹部；冲为阴阳间之脉，行于中。而鹿为阳兽，茸生于头，居最高部分，乃精气所聚，有补阳益气的作用；龟系甲壳动物，属阴，板藏于腹，居极低部位，乃精血所孕，为益阴填精之品；紫石英属矿物质，能宁心定悸、温精血，其功用在煦养阴阳。对照叶氏医案用这些药所治疗的疾病，大致类似。

清代严西亭、施澹宁、洪缉庵三人合编的《得配本草》中也注意到奇经药，附有“奇经药考”一篇，列举42种药品为入奇经的药物，虽不能每味药都针对，以明其用，但能使我们扩大对奇经药的认识和临床应用。摘录于下，以资证验：①茴香、秋葵子、马鞭草入奇经；②巴戟天、香附入冲脉；③川芎、黄芩、鳖甲行冲脉；④木香、当归、黄柏、白术、芦荟、槟榔、吴茱萸主冲脉为病，逆气里急；其中当归主带脉为病，腹满，腰溶溶如坐水中；⑤苍耳子走督脉；⑥羊脊骨、白果通督脉；⑦细辛、附子、藁本主督脉为病，脊强而厥；⑧鹿角霜通督脉之气舍，鹿角胶温督脉之血，鹿茸通督脉之精室；⑨龟板通任脉；⑩鹿含草、枸杞子补冲、督之精血；⑪黄芪主阳维为病苦寒热，兼治督脉为病，逆气里急；⑫白芍主阳维寒热，带脉腹痛；⑬桂枝走阳维，防己入阳跷；⑭肉桂通阴跷、督脉；⑮穿山甲、虎骨入阴阳二跷；⑯川续断、艾、龙骨主带脉为病，其中艾治带脉病、腹满、腰溶溶如坐水中；⑰升麻、甘草缓带脉之急，其中甘草兼和冲脉之逆；⑱王不留行通冲任二脉；⑲丹参益冲任；⑳泽兰调病伤八脉。

近人朱小南在《冲任探讨》一文中，也引述若干种治疗冲任病的药物。

七、犀羚的代用

药物的代用，自古有之，但意图各不同，如“升麻代犀角”“香薷代麻黄”之类。前者由于看法片面，实际效用有差距，用之者少，后者则是体现着因时制宜的合理性。近百年来，因犀羚两角药源少，价格贵，临床应用多代以他药。乡先辈何廉臣先生常以玳瑁、紫草代犀角，黑羚羊角代羚角。他一再强调功用是相同的。太仓王雨三氏以石决明、钩藤、薄荷三味代羚角，认为疗效亦可靠。徐荣斋先生则以丹皮、紫草、大青叶三味合用代犀角；以龙胆草、钩藤合用代羚角。近年来专用紫草代犀角，把犀角地黄汤为紫草地黄汤，应用于妇科产后因感染而致高热不退；地黄用鲜生地或细生地，丹皮、芍药照用，随证加用药品，疗效也很满意。由此可见犀羚等角质药，代以适当的草药，同样能够治好病，何必搜罗犀羚于难得的珍贵药中。

八、胎动不安

朱丹溪治因虚热而胎动不安者，用黄芩、白术；因此后人有“芩、术为安胎圣药”之说。其实安胎无一定之药，当随证使用。张飞畴认为，古今用条芩安胎，惟形瘦血热，营行过度，胎常上逼者宜之。若形胖而中气不足，胎常下坠者，非参芪举之不安；形实气盛，胎气不运者，非香砂散之不安；血虚火旺，腹常急痛者，非归芍养之不安；体肥痰盛，呕逆眩晕者，非二陈豁之不安。徐荣斋先生治孕妇胎动不安，除按照张氏对证投药外，常配合陈修园的“所以载丸”（党参、白术、茯苓、杜仲、桑寄生），并参入王孟英作为清热安胎药用的淡竹茹、桑叶、丝瓜络，效果亦佳。

九、亡阴、亡阳辨证

徐洄溪在《医学源流论》中对亡阴亡阳的辨证，既细致，又精辟，确是学术经验贯穿在一起的名作。洄溪的原文是“亡阴之汗，身畏热，手足温，肌热，汗亦热，而味咸，口渴喜凉饮，气粗，脉洪实；亡阳之汗，身反恶寒，手足冷，肌凉，汗冷而味淡微黏，口不渴而喜热饮，气微，脉浮数而空”。他先从症状、体征、脉象做了分析，还从汗液的咸、淡辨别。300多年前的中医书有这样的鉴别诊断法，确值得我们景仰。他还提到“阳最怕散，阴最怕竭”，说明亡阳必大汗淋漓，气散于外而告终；亡阴必久泻、久痢或过利小便，气脱于下而告终。这是比较常见的。在临床时，遇到老年人久病衰颓，若见便泻，要防元气下脱；若无故汗出或大小便次数增多，都是恶化的先兆。回顾洄溪“阳最怕散，阴最怕竭”的提示，我们有必要做到预先防治。

十、治小孩泻痢三方

徐荣斋先生在临床治疗中，凡遇虚弱患者或小孩患便泻或痢疾者，多采用疏理脾胃之药。常用方有如下三个。

（1）徐春圃的醉乡玉屑：治儿多食瓜果致久痢不愈，或大人血痢。药为苍术、厚朴、陈皮、甘草、砂仁壳、鸡内金、丁香。

（2）程杏轩的黄土稻花汤：治婴儿腹泻伴呕吐因于暑者。药为黄土、稻花、沙参、茯苓、甘草、制半夏、木瓜、乌梅、扁豆叶，热甚加炒川连。

（3）经验方黄土汤：治小孩腹泻、痢疾。药为黄土、扁豆花、茯苓、炒豆芽、黑豆、甘草、炒银花、炒白芍、生姜。

以上三方，是曹炳章先生介绍给徐荣斋先生的，曹氏则得自何廉臣先生。方意清灵活泼，配伍精密有序。效用醒脾和胃，疏补兼施，适宜于体虚小孩或老年人。方中"黄土"，徐荣斋先生在处方时用黄土砖一小块，煎汤代水煎药，"稻花"则用鲜稻穗两三支（如无鲜稻穗，改用新米一撮）。

十一、王孟英的小方小药

清代医生治病用药，能真正做到清、轻、灵境界的，叶天士以后，要推王孟英。徐荣斋先生在初学医时（1930～1932年）开始读他的《温热经纬》，颇有所得，以其援古证今，文笔晓畅，无艰涩难懂之处，而后买得王氏医书五种（《温热经纬》《王氏医案》《王氏医案续编》《随息居饮食谱》及《霍乱论》），用朱笔、墨笔分别圈点阅读，其心得处至今尚能记忆。1933年春节又购读《潜斋医学丛书十四种》，至此，基本上已全部获读王孟英所撰著、所校编的医籍。认识到王氏对古医书的分析和理解，确是精辟，所以王孟英的友人有"双眼自将秋水洗，一生不受古人欺"的赠言。王氏诊疗疑难大症，方药的配伍，精心组织，往往举重落轻，取得疗效。在绝大多数的医案里，可以看到他议论切中病情，药投而沉疴顿起。因此，他的《医案》一、二、三编及《归砚录》中部分治验，江都石蓝孙首先译注于前，上海陆士谔分类编印于后，颇能从不同角度上阐发王孟英的学术经验。徐荣斋先生在治医经历中，除服膺他论医议病的大案以外，对其部分小方小药，感到药简而效确，特介绍几则，以饷同道。

王氏以独味元参治阴虚火炎，头面烘热；治任脉虚而患带下，以海螵蛸一味研末，广鱼胶煮烂捣丸，如绿豆大，淡菜汤送，每服三钱（9g），日二次，连服半个月有效。以上两法，徐荣斋先生曾试验多次，并以元参合石斛煎汁代饮，用于某些癌症患者接受"化疗"后见阴液亏耗、舌红如柿作辅助治疗，颇有裨益。王孟英还治"沥浆生"胎儿未下，胞衣先破，用肥猪肉四五斤，加水适量，急火煎，吹去沫及浮油，使产妇饮服而获效。这一方法，在治疗上既能起到滑润作用，又能起到补液作用；徐荣斋先生虽未曾试用，但认为其疗效是符合学理的。王孟英还治疗“心风”病，用犀、连、丹、栀、朱砂、青黛、黄柏，有痰加竹沥、菖蒲。其他如治血虚用生地，精虚用枸杞，面色少华用葡萄干，舒肝用橘饼，治下焦虚寒用紫石英，膈间老痰用海浮石等。至于治温热病及霍乱症，则其专著中各列效法验方，足供借鉴，兹不赘录。

十二、攻下药和润肠药的区别

凡热性病大便秘结或热结旁流应用下法的，三承气汤选用，这是大法，也是常法；体虚而大便干结者，用增液汤，是吴鞠通化裁叶氏的方法；另有攻润两用而不甚伤元气者，则用芒硝（或玄明粉）9g，蜂蜜30g冲服。其他如郁李仁、冬葵子、火麻仁、更衣丸等，都可斟酌应用。此外，如老年人大便数日不解的，只能用濡润药，不能用攻下药，一般为生首乌、生玉竹、山海螺之类，用量都是9～15g。临床体会，生首乌或山海螺用量超过20g以上，都能发现轻泻作用，是由润而转下了。魏念庭说：“润者，徐而滋之；下者，攻而除之；泄者，就势而推致之。”从这里，可以领会出通便药有轻重不同的区别。

王子接在《绛雪园古方选注》中提到，以海蛇一两（30g），大荸荠4个，水煎服，名雪羹汤。治肝经热厥，少腹攻冲作痛，用之泄热止痛，效果良好。王孟英常用它，在《潜斋医话》里，还提出“质弱之人以海蛇加枳、朴，可代硝黄”，这是润肠和攻下结合在一起的润下法。

十三、一贯煎的加味应用

一贯煎为魏玉璜之经验方，药只用生地、沙参、麦冬、当归、枸杞子、川楝子六味，而有滋阴养血清肝之效。其方从高鼓峰之滋水清肝饮化裁而来，凡遇肾阴不足，肝阳横扰的脘腹䐜胀、胁肋攻痛，而不适宜用逍遥散者，用此方往往多验。其主要适应证是脘痛胁胀，呕吐酸水，舌红少津，脉弦细带数。张山雷认为在原方再加一两味流动之品，如延胡索或金橘饼等，当受益更佳。经验上这是对此方的画龙点睛，颇得到临床常用。记得张锡纯《医学衷中参西录》称延胡索能疏理气血，性平不克，治脘腹胁痛有卓效。

徐荣斋先生在许多次临床应用中感觉延胡索一药，煎服不如研末服有速效，联想到古人延胡金铃子散之所以用“散”，是有一定的道理的。用一贯煎时，常加延胡索3g，研末，以药汁送服，同时用糖拌的金橘饼30g，缓缓含嚼咽下。往往在药后半小时嗳气数声，脘腹胁胀痛随着瘥减，真有“一剂知，二剂已”的疗效。

十四、食物偏嗜致病

在伤食而致病的因素中，有偏嗜致病者，医家亦所当知，便于防治。一般常见的：肥胖人多食油腻肉类，易患痰湿阻中，喘嗽胸闷，发热，大便溏泄；嗜酒之人，多气浮于上，湿热郁蒸于肺胃肝脾，易患鼻塞头晕、痰嗽、脘胁痛；夜坐劳心，烟酒杂进，多致咳嗽、纳减、舌现裂纹，或苔垢厚；喜吃辣椒的，胃肠燥热，常患脘痛、便秘，妇女嗜食胡椒辣味，或因跌仆闪伤，过服活血药（如小活络丸之类），每致月经提前、量多，或淋漓不断；小孩多吃糕饼糖食，易患疳疾生虫；冠状动脉粥样硬化性心脏病患者，饱食糯米糕粽或肉类，固然容易引起心肌缺血的心绞痛，在夏月骤进冷饮，也容易导致发病。这些都应该注意，最好使患者和患者家属也懂得，那么对于医疗和预防，自然有一定的好处。

十五、六淫在肌肉筋骨间的病象和治法

最早的六淫病变，见于《左传》，“阴淫寒疾，阳淫热疾，风淫末疾，雨淫湿疾，明淫心疾，晦淫惑疾”，开《内经》风、寒、暑、湿、燥、火六淫病的先河。通过历代医家不断阐发，使我们对六淫病的辨证施治大有进展，加上近人治案报道，可以取法的更多。不过，关于六淫在肌肉筋骨的病变，论者较少。清人王燕昌所述，由表及里，颇有理致，且觉新鲜。徐荣斋先生常辑其语意，并益以用之有效的经验方治，作为详人所略、略人所详的一则医语。

（一）风

风在皮肤发疹，在肌肉作痒：风疹在皮肤肌肉间，有瘙痒感，治从四物消风散：生地、当归、赤芍、川芎、荆芥、防风、白鲜皮、蝉衣、薄荷、独活、柴胡、红枣，去独活，加桑叶，禁寒凉及辛热药；在筋作搐：风胜则

动，风在筋则抽搐，是病理变化的必然现象。此病理现象有风寒、风热二型，风寒的搐以拘急为主，风热的搐以抽动为主，两者均可用天麻钩藤饮：天麻、钩藤、栀子、黄芩、石决明、杜仲、牛膝、桑寄生、夏枯草、夜交藤、茯苓。风寒去栀子、黄芩、牛膝，加桂枝、羌活；风热去杜仲、牛膝，加羚角、桑枝；在骨作响：风在骨关节间，能使关节活动时作响，医书中有提到，据说白附子可疗。徐荣斋先生认为自己无经验，不妄议。

（二）寒

寒在皮肤作慓：慓为寒战有冷感。寒和慓往往同见。轻则苏叶、防风，重则麻黄、羌活，颇有顿挫之效，如不除，当考虑其他。在肌肉作木：寒在肌肉间，觉局部肌肉发木，常用麻黄、附子、细辛，驱除寒邪、温通气血，日久不愈，用大活络丸。但局部肌肉作木，也有属于顽痰及血者，须辨。在筋作酸：酸在筋肉间，用桂枝、羌活、防风、秦艽、白芷、络石藤、西河柳，一般有效，若能结合自我按摩，疗效更好。在骨作痛：寒邪为患的痛痹，常用小活络丸镇痛散寒，效果极佳，后以史国公药酒调治，作为不药之药。

（三）暑

暑在皮肤则灼热无汗：鸡苏散加青蒿、香薷、连翘壳、竹叶、荷叶。在肌肉则烦热有汗：白虎汤加北沙参、芦根、西瓜汁、绿豆衣。在筋则缓：暑必挟湿，此症是痿之渐，用吴氏清络饮（银花、扁豆花、丝瓜络、竹叶、荷叶、西瓜翠衣）加钩藤、桑枝。在骨则软弱无力：本证为上证之由浅入深，由渐而甚。治分两步，先用苍术白虎汤加黄柏，续用虎潜丸作汤服，但须加陈皮以疏化。

（四）湿

湿在皮肤则发黄：阳黄用茵陈蒿汤；阴黄用茵陈术附汤或茵陈五苓散。按照临床治验，黄退后必须用归芍六君汤或补中益气汤调理；在肌肉作肿：上半身肿，发汗以去湿，麻黄连翘赤小豆汤为主；下半身肿，利小便以去湿，胃苓汤为主；在筋作痿：湿痿与暑痿病因不同，治法各异，本条属于湿滞筋络，常用独活寄生汤（独活、桑寄生、防风、秦艽、细辛、川芎、甘草、肉桂、当归、熟地、白芍、茯苓、牛膝、党参），去肉桂、熟地，适当加入二妙丸；在骨作重：重，主要指动作重滞，不轻便，是湿邪内着的特征。一般用平胃散合术附汤，日久不愈，加川续断、狗脊、豨莶草。

（五）燥

燥在皮肤作干，在肌肉则柴：秋燥证一般先伤肺津，次伤胃液，最后伤及肝血、肾阴。肺津伤则皮肤发干，胃液耗则肌肉瘦削如柴；前者用生血润肤饮：二地、二冬、当归、黄芪、桃仁、红花、黄芩、瓜蒌、五味子，去黄芩、五味子，加柏子仁、麻子仁；后者除参照上药外，每日早晨饮牛乳一杯，白蜜一汤匙。在筋则拘急：湿缓疭，燥拘急，病后之常，本症当用滋燥养荣汤：生地熟地、当归、芍药、黄芩、甘草、秦艽、防风，加桑枝、瓜蒌根，清和濡润、以柔化刚，颇有疗效。如已发展为痉挛，用阿胶鸡子黄汤为主方，酌加枸杞子、肉苁蓉、熟地、鹿角胶；在骨则楚：楚，酸疼感，宜养血益精。养血如生地、当归、芍药、鸡血藤胶；益精为熟地、枸杞子、龟板、鱼鳔、猪或羊脊髓。

（六）火

火在皮肤作燎：燎，干燥灼热，有毛发枯焦的感觉，治从清心汤之意：连翘、栀子、生甘草、薄荷、黄芩、黄连、竹叶、大黄、芒硝，去芒硝、大黄，加鲜生地、石膏。在肌肉作痛：此痛应从局部和全身肌腱部观察，如局部作痛，考虑疮疡热疖的初萌，治予《医宗金鉴》五味消毒饮：银花、野菊花、蒲公英、紫花地丁、紫背天葵；如全身肌腱部作痛，考虑热痹发作，治予生地、石膏、知母、黄芩、芍药、虎杖根、西河柳、大青叶、寻骨风。在筋作疼：疼，酸痛感，治从热痹法，日久防病情由实转虚，治用清养通络：生地、白芍、玉竹、天冬、麦冬、桑寄生、伸筋草、钩藤、竹沥。在骨作蒸：火在骨间，多属虚火或伏热，热从里发，名之曰“蒸”，极切症状。治以五蒸丸：青蒿、地骨皮、生地、当归、石膏、胡连、鳖甲，或大补阴丸：知母、黄柏、熟地、龟板、猪脊髓。随宜选用，作汤服。本症已由六淫而转属内伤，用药宜以渐取效。

参考文献

陈天祥. 1983. 徐荣斋治带下病经验十二法[J]. 湖北中医杂志.（1）：8-10.

徐荣斋. 1976. 妇科望诊心得[J]. 新中医，5（1）：25-29.

徐荣斋. 1977. 功能性子宫出血治验[J]. 新中医，6（6）：20-21.

徐荣斋. 1978. 读书与临症（二）[J]. 广西中医药，1（2）：33-35.

徐荣斋. 1978. 读书与临症（一）[J]. 广西中医药，1（1）：42-43.

徐荣斋. 1978. 妇科问诊心得[J]. 新中医，7（4）：6-10.

徐荣斋. 1979. 读书与临症（三）[J]. 广西中医药，2（1）：49-51.

徐荣斋. 1980.《内经》“五郁”证治探讨[J]. 浙江中医学院学报，4（1）：1-5.

徐荣斋. 1980. 医案七则[J]. 浙江中医药大学学报，4（1）：51-52.

徐荣斋. 1981. 读书与临症[J]. 辽宁中医杂志，8（6）：37-38.

徐荣斋. 1982. “经闭不闭”的病机及临证体会[J]. 广西中医药，5（4）：32-33.

第五章 学术成就

第一节 研经典勤读苦攻 重内经剖析探索

一、以治学三境界的精神学习《内经》

行年七十，治医近五十岁月，似乎天天在学习，读书临证，互相促进，扪心自问，确有阶段性的提高。但新中国成立前的二十年，学医初得门径，徘徊的时间多，摸索的功夫费时，事倍功半，二十年只能算十年；新中国成立后的十七年，学习方向明确，才有目的、有系统地进行学习，自己也抓紧了些，这是最实际的十七年；在“四人帮”横行的十年里，随着动乱的岁月，大半时间被蹉跎过去了。这将近五十年的光阴，仔细算来，扎扎实实地学习的时间，实际只有30多年。回顾这三个阶段，随着学习的深入，精力的支付是艰辛的，学问的收获是甘腴的。

清人王国维《人间词话》里，说到治学要经过三个境界，我极有同感。他提出，第一境界是“昨夜西风凋碧树，独上高楼，望尽天涯路”（意味着做学问要目中无半点尘，胸中无半点尘，静志澄虑地勤读苦攻，搜集资料）；第二境界是“衣带渐宽终不悔，为伊消得人憔悴”（是说为了探求学问，苦思力索，不怕人消瘦，只要能够理明心得）；第三个境界是“众里寻他千百度，蓦然回首，那人却在灯火阑珊处”（这是说通过不断地辛勤探索，一旦有所发现，解决了问题后的喜悦心情）。这种从心灵上模拟性的点出，颇具感染力，就文论医，有助我们学习医学的回顾，并借以谈谈我学习《内经》的过程。

（一）第一境界

我祖父是个儒而医者，但去世较早，我不曾见面，当然非祖传；父亲也早死，那时我只九岁，也不是父传。我只读到祖父遗留下来的半柜木刻本和手抄本医书。从业老师是撰《存存斋医话稿》的作者赵晴初老先生的弟子杨质安先生，有学问，有临床经验，我跟了三年，边读书，边侍诊（相当于现在的见习和实习），打下了一些医学基础。不过对《内经》的知识是很贫乏的，所读只两本李士材的《内经知要》、六本薛生白的《医经原旨》，加上"一知半解九不懂"的《黄帝内经素问注》。实际还得用雷公对黄帝的话来自我解嘲，"诵而未能解，解而未能别，别而未能明，明而未能彰……"真惭愧！

满师回家，肺病缠身，在两年养病期中，先后购读张介宾的《类经》、马莳、张志聪注的《素问》《灵枢》。一方面，把《素问》论述精、气、神等篇的经文和注文反复诵习，感到古文气氛浓郁，养生义理亦跃然纸上，遂作为病中修养；另一方面，却找到学习《内经》的途径，由浅入深，由此例彼，从而引起探索的兴趣，同时也开拓了诵习秦汉医文的眼界。

1935～1949年的十五年中，恒以半天门诊、半天读书为自课，读书以温习《内经》为主，泛览明清方书为辅。前者作为治学，后者便于应世。治学侧重《素问》，《灵枢》次之。主要原因有二：第一，《素问》注疏多，便于对勘，易于读懂，《灵枢》仅马、张两家；第二，《素问》论阴阳四时、脏腑、经络、诊法、病因病机、治则等，言之有物，可以仰观，可以俯察（其中五运六气部分未理解），《灵枢》的腧穴、针刺，由于不懂而至今仍未认真学习。

读《内经》从选文到原篇，是一个由浅入深、由易到难的过程。选文从《内经知要》之约，到《类经》之博，虽不能全部理明心得，但基础总算由此而奠定。一般主张读书由博返约，我因身体弱、资质笨，无一目十行的快速领会进度，只能以蚂蚁啃骨头的笨劲，锲而不舍，循序渐进，主张先约后博。"博"，先从《内经》本课博起，然后向外发展，张介宾《类经》后三卷"会通类"是触类旁通的博，引而申之的博，我把它看作《内经》主要词汇的索引，颇有受益。

至于读原篇，障碍较多，难字难句每篇有，字典、《辞源》也解决不了问题，再加上文字和语法的古今不同，错简时出，不仅仅是文辞古奥难懂而已。关于这些，我常借助陆九芝的《〈内经〉难字音义》，高士宗的《素问直解》也有比较明白晓畅的字解和词解，再参阅马莳、张介宾、张志聪三家注释，扫除阅读时的不少文字障碍。其间口诵、心维、手检，可云劳矣！然犹未也，检阅注家多，有得力处，但有时也会带来影响，遇到两说分歧时，就莫衷一是了。找不着解释，感到望洋兴叹，有不同观点，又感到无所适从。怎么办？丹波氏父子的《素问识》《素问绍识》和《灵枢识》，他们在引述各家注文时，往往做出比较精切的分析，我把他们作为学习《内经》的“辅导员”。

初读原篇，我感到《素问》比《灵枢》难读，幸而有选文作基础，半数文句，还觉得似曾相识，但总不得不依靠注释，来帮助解决理解上的困难。过去有人提出先读无注的白文，我却没有试读过，不知读得通否？以俟贤者。

前人还有“读书千遍，其义自见”一说，这句话有一定道理，但不能只读不想。孔子有“学而不思则罔，思而不学则殆”的名言，意味着学习离不开思考，所以还是要边读边想。不懂的古奥文句，多读多思，贯穿它的上下文，逐渐领会其语法及意义，随着读的遍数的增多，思考次数的增加，全篇也能逐渐弄通。当然，这是相对而不是绝对的。

我读《内经》的方法是：①原文注文，边读边想边记，有时连贯读，有时分段读；②已懂的篇文，读到成诵（成诵的意义后详）；③不懂的篇文，检阅注疏及工具书，从字到句细细读；④精短的文句，抄且读（读后抄，能加强记忆，抄后再读，能加深理解）。

不要以为朗诵是没有意义的事，无论是《内经》篇文或医论、脉诀、药性赋及方歌，多读才能成诵，口诵心维，才能牢记。这些事例，凡是中医同志，不论老年的、中年或青年的，都有不同程度的亲身感受。朗诵也要下功夫，要由读到诵，诵出原文的问答段落和句（句号）读（逗号），诵出原文的音和义；有几段经文是韵文，读起来音调铿然，通过诵，还可以调剂苦读苦记的紧张心情，得到舒松和愉悦，更有助于对经文记忆的巩固。

以上是攻读《内经》的第一关，也是王国维所谓治学第一个境界。事实证明，研究学问，都需要经历一番苦功，“不经寒彻骨，哪有暗香来”我们口头常说的“书山有路勤为径，学海无涯苦作舟”，以勤苦二字作为求学方法，舍此实无捷径。我们前人研读《内经》的精神，亦有坚韧不拔的楷模，王冰次注《素问》，“精勤博访，历十二年，方臻理要”；滑伯仁创《读素问钞》，汪机作《续素问钞》，丁瓒作《素问钞补正》，皆穷治一经，跟

着前人足迹而攀登。“独上高楼，望尽天涯路”，情景是逼真的。至于我，尚在初学，当然拟非其俦，回忆当年攻读《内经》时的困惑，倒不在于勤学苦练地下功夫，而是下了苦工仍无多收获，尚有待于再接再厉地摸索。

（二）第二境界

新中国成立后，中医的事业和学术都来了一个大飞跃，中医学已跻于学术之林，对古典医著的探索和研究，当然更萦回于我们脑际，形势逼人又喜人，学习《内经》第二境界就此进入。如实地说，这个再接再厉的探索，包含着“为人”“为我”两者：“为人”，是为了适应教学需要，想把知识灌输给人家；“为我”，是适应提高要求，想把《内经》再搞懂搞通一些。两者都需要再学习。

1955年以来，西医学习中医班一次一次地开办，中医学院本科班一届一届地开学，在备课讲课过程中，诚有如《礼记·学记》所说“学然后知不足，教然后知困”的真实感觉。由于前面的“不足”，引起后面的“困”，教的“困”由学的不足而来。什么是“教然后知困”的“困”？给《礼记》作疏解的孔颖达回答得很好：“不教之时，谓己诸事皆通；若其教人，则知己有不通，而事有困弊，困则甚于不足矣”。我的亲身感受，这个“不足”和“困”，主要是对《内经》理论理解不深，印证缺乏，只能自喻，不能喻人，窘状是可想而知的。既呈困惑，再学习当然是个前提。尽管古人认为“困而学之，又其次也”，我想总比“困而不学”要好得多。

怎样再接再厉？方法仍然是拙笨，还是主攻《素问》，选读《灵枢》，力求在会通中理解，并阅读同类书和参考资料，摘录笔记，反复写教案及讲稿。韩愈所谓“焚膏油以继晷，恒兀兀以穷年”，殆近似之。实际做法，主要为以下四点。

1. 守约以自固

研究学问，一般有专精与博览两个步骤。读医书下手之初，是先约后博还是由博返约？是个值得讨论的问题。我认为，先约后博，循序渐进，不能躐等，这是根据我的精力和学力而择定的。我研读《内经》，重点在《素问》，而《素问》的81篇，也不全部都作重点读，譬如讲“刺法”12篇，讲“岁运六大论”及文理浓于医理的“著至教论”“方盛衰论”等6篇，只泛读。反过来说，研读《灵枢》虽次于《素问》，但如卷一的“邪气脏腑病形”、卷二的“本神”、卷三的“经脉”等篇，每卷里都有一两篇作为重点攻读。韩愈所谓“术业有专攻”，意味着是专精的课业，我当然不敢妄想专精，但以守约作为自固的手段。

其实，《素问》中关于论述阴阳变化之旨，脏腑、经脉、病、治之要，应为精读深研的对象；而针灸如“离合真邪”等篇，岁运如“至真要大论”、“天元纪大论”等篇，亦各有丰富内容可供探索。《周礼》“疾医以五气、五声、五色，视其生死”，这十三个字，包括《素问》诊法精义，亦是扼要之言。至于各家注解，除前述七家（王、马、二张、李、吴、高）外，原则上亦少旁骛，既防涉猎不精，更防泛而无适。1959年我执教中医学院，始泛览诸家，以应备课讲课需要，这已是第二学程的事了。

我体会到，《内经》本身的内容确实够博大了，光是几个浩瀚渊深的阴阳、藏象、经络等学说，选择其中一段半节进行研究，已非短时期可能穷其精粹。退一步说，如五脏中的某一脏、病因中的某一因……也足够探索它一年半载。小而至于《内经》中的须、发、唾、嚏等小事物，如果把它们从散在的经文里集中起来研究，也可以小中见大，想“约”也约不了。

就“病机十九条”来说，它原是《素问·至真要大论》中的一个内容，仅176字，刘守真演为277字以为纲领，反复辩论以申之，凡二万余言，成《素问玄机原病式》，完全是由约到博的专著。近人任应秋编著《病机临证分析》，根据“病机十九条”所提到的30个病证，进行阐述，着重在辨证审治，并强调理、法、方、药的建立和运用。这两本书，都是从约而进入到专，发展到博。前者给我们提供了研究病机的启示，后者给我们提出研究病机的方法，可作为专精与博览的参证。

1961年，我试写《“病机十九条”临床应用》（内部资料）；次年，写《〈内经〉阴阳理论的实践应用》；后又写《〈内经〉“五郁”证治探讨》。这些短篇，可算是“守约以自固”的试作。

2. 互勘以求证

从“守约”到“互勘”，我眼界又开拓一步，功夫又花了一番。经文与经文，经文与注文，这家注与另一家注，互相对照，同中辨异，异中求因，以前证后，以此例彼，反复推寻，的确另有新的悟境。这是我研读《内经》方法的又一步骤。“互勘”的实际，即是互相印证，包括同类书与主攻书印证，也包括非同类的参考书与主攻书印证，从字、句、段落到整篇经文，发现疑难处即进行“互勘”，借以扩聪明而练识力。古人所谓“读书三到”的心到、眼到、口到，此时都须全部投入，而且要发挥主动作用，一处疏忽，等于放弃一个“攻读阵地”。分析思考，要齐头并进，既要求证于对勘书，更要全神贯注于主攻书，切磋琢磨，才能磨出心灵的火花。

互勘的书，我首先阅读杨上善的《黄帝内经太素》。其书上足以证皇甫谧，下足以订王冰，确是互勘《内经》的最佳文献，后人崇之为“医家鸿宝”，洵非过誉。注文虽是隋唐文字，但语气明白晓畅，并不难读。其特点在于改编经文各归其类，取法于皇甫谧之《针灸甲乙经》，而无其破碎大义之失；其文先载篇幅之长者，而以所移之短章碎文附于其后，不使原文糅杂；其相承旧本有可疑者，于注中破其字、定其读，亦不辄改经文，以视王冰之率意窜改，不存本字，任意移徙，不顾经趣者，大相径庭。如《素问·痹论》的编次，胜于王冰注本甚多，其他各类各篇，都可以从互勘中获得新证，我是颇受其益的。

其次，我还把《难经》作为同类书互勘。《难经》这本书，文气卑弱，理境不高，实不足以羽翼《内经》。但其阐发经络流注、奇经八脉的作用，“七冲门”为人身资生之门，以及诊候、病能、针刺、腧穴等；有未曾见于《内经》，而实能显《内经》之奥义者。滑寿《难经本义》，更能注胜于《内经》，作为对勘，不是劳而无获的。

1963年夏，读到清代姚止庵《素问经注节解》（人民卫生出版社排印本），其书是《素问》之节本（节178处，6686字），并给王冰的次注以更多的补正。我常以两个寒暑，按篇按段，互勘《素问经注节解》与王冰次注的异同处，勘出后人对王冰编次《素问》之所以不满，主要在于经文有重出者，王冰存之而未去；残缺赝作者，王冰仍存之而不删；再如脱误舛讹、颠倒错杂之文，王冰则聊且顺文而无所发明，或旁引滥收而安于简陋。这些都由于王冰编次时对经文不加细揣，任意移掇，有难解处，又“逢疑则默”，以致所编所注，功过参半。姚氏的重修，撷经文之精要，订王冰之罅漏，作为《素问》之互勘，也是一部值得参阅的书。

3. 比类而索义理

研读《内经》，既要理明心得，又要纵横联贯。每个词句，从它们的概念到具体内容，经过比同析异，探其义理，也是帮助理解《内经》的一种方法。这种方法，比读书札记容易实施，只需把散见于各篇的同类句或连绵句汇聚起来，比类而观，义理自能体现出一部分。这个方法，我从《类经》“会通”中悟出，现正在继续留意摘录。

举例说，《素问·上古天真论》“虚邪贼风”，此四字，可以连称为一个名词，也可以分称为“虚邪”“贼风”，作为两个名词。一般解释是邪气乘虚而入，叫“虚邪”；四季不正常的风，叫“贼风”。“虚邪贼风”连称的，见“上古天真论”“太阴阳明论”，而“移精变气论”把这个名词分成对句，为“贼风数至，虚邪朝夕”，意义就更明显。单称“虚邪”者，“八正神明论”凡三见：①“八正者，所以候八风之虚邪以时至者也”。②“虚邪者，八正之虚邪气也”。③“八正之虚邪而避之勿犯也”。《灵枢·九宫八风》则谓：“谨候虚风而避之，故圣人曰避虚邪之道，如避矢石然……”这几段所指俱欠明朗，意味着虚邪即虚风，也即邪气乘虚而入，所以《难经·五十难》以五行生克来推，“从后来者为虚邪”。“八正神明论”中另有一段文字，作为“虚邪”的解释，“以身之虚，而逢天之虚，两虚相感，其气至骨，入则伤五脏”，颇能言之有物，后人对“虚邪”二字的定义，想是从此得来。

“贼风”这一名词，《素问·四气调神大论》义明词显地指出，本无烦赘述，可是对照《灵枢·贼风》，岐伯答非所问，好像“舟欲近而风引之使远”，或许也是错简，志以存疑。

再如“阴阳应象大论”，是《素问》81篇中的“皇冠”，理论性强，应用面广，每一句、每一段都有它的丰富内容和指导意义。通过比类对勘，知篇文中有错入文字“在天为玄，在人为道，在地为化，化生五味，道生智，玄生神”。此段系“天元纪大论”文，见于此篇“东方生风”段中，文气不类。下文“神在天为风”的“神”字伪，当与前文“其在天为玄”的其字联成一句，律以后文“其在天为热”等四段可证。像这种错简文句，《内经》里所见甚多，前人已通过比类考订方法，给我们指出不少，一经复按，更觉了然。

又如《内经》中多韵文，又多对句，我常从对句里得到易读、易懂、易记的佳遇。“生气通天论”中“阳气者，精则养神，柔则养筋”这一句，在阳气功能某一方面，做了细腻熨帖的点出，极想关于阴气的阐述也能发现同样的名隽对句。后读“痹论”，得“阴气者，静则神藏，躁则消亡”句，感到虽非浑然一体，已觉无独有偶。另外，还有分散在各篇常见和不常见的某些名词，如“奇恒”“气立”等，词简而义或难明。特别像“气立”这一名词，“生气通天论”一见，“六微旨大论”多见，究竟何所指？尚少明确印证。我已把它们比类搜集起来，或许也是探索《内经》特有术语的一个

途径。

4. 汇参而见源流

从“守约”到“汇参”，在研读《内经》过程中，确是迈开了一大步，近于由“约”而向“博”进军。其实犹未也，只不过根据需要阅读一些同类书而已。

怎样汇参呢？大致有“综合汇参”与“分类汇参”两法。综合汇参，如前面所述，《黄帝内经太素》是一部学术价值高、印证意义大的必参书，每处不同字句都有它的精义；《难经》文虽平衍，然亦时见妙谛，作为综合汇参的旁考书。分类汇参，是取对《内经》某个学说或理论有所阐发的汉、晋、唐、宋有关医籍，如“脉法”参证张仲景《伤寒论》、《金匮要略》论脉部分及王叔和《脉经》；藏象内景，参证《中藏经》及《备急千金要方》论脏腑部分；病因、病机、病证，参证巢元方《诸病源候论》及刘守真《素问玄机原病式》；经络针灸，参证《针灸甲乙经》、《脉经》及《十四经发挥》（《脉经》所载十二经脉循行文句，与《灵枢·经脉》有出入，通过校勘，《脉经》为胜）。另有《内经》所载各种病类，对某些症状有引而未发的，则参考刘守真《素问病机气宜保命集》及骆龙吉、刘浴德的《内经拾遗方论》，从而了解治宜。多方汇参，力求相得益彰，亦以概见《内经》学说分支的流派。

“学问之道无他，求其放心而已矣”。所谓“放心”，意味着把读书方法开拓到一定的范围。我这样地“汇参”，是否符合古人所说的“放心”？不能说，但那时却感觉有收获。因为这些汇参书，用以印证《内经》学说，除了相得益彰以外，还具有三种现实意义。

首先，引作汇参的几部书（特别是汉、晋、唐三代的书），去古未远，他们肯定是见到古本《内经》，所引述和阐发的，在一定程度上，多能反映出《内经》的原文原义，字体的假借、文句的异同、术语的变化，都可以作为可靠的校勘本。

其次，医学流派，虽说肇自宋元，其实古已有之。所谓“三世医”之黄帝针灸、神农本草、素女脉诀，是最古的医学派别，《汉书·艺文志》所说的“医经”和“经方”，更是古医学派之见于记载的。通过汇参，既得以印证《内经》，并得觇出古医学派源流之一角。

最后，汇参察流的方法，除互勘互证外，还足以启迪心灵，收到触类旁通之益，比读各家注解另有一番佳境。因其著述自成一家，与注解之随文释训、强为凑合不同，汇参时可获得分析思考的锻炼。

以上这些，是我第二阶段对《内经》“困而学之”的纪实。虽已成明日黄花，不适于今用，其中有的还是作为自励法门，并述于此。

（三）第三境界

通过一、二两个阶段的研读，功夫花了一些，收获得了一些，但在“十年浩劫”中，生活蹭蹬，学业未竟，衰老已侵，计唯抓紧“三补”（前十年蹉跎后十年补，白天时间紧迫晚上补，两耳失聪勤学勤问补），夺些回来。回顾在第二个阶段中，用去的时间最多，学习方法也采用这样或那样，对《内经》主要理论的探索和寻求，虽不是“千百度”，然而九十度次总是有的，但发现的不多，有了一些也不敢自信。为了要在“灯火阑珊处”发现它、认识它、研究它，特在这里谈一下想做而没有做和正在做而尚未完成的几件事。

（1）仍然要回顾第二个阶段中，那是1965年，为了研读与教学需要，我曾仿秦伯未先生编写的《内经类证》（此书秦氏初稿于1933年，与《读内经记》同为当时上海中医书局新出版研究《内经》的读物；1961年，《内经类证》由余瀛鳌氏重订，条文后补列《素问》《灵枢》篇名，每类加按语，比原编醒目）一书，续辑关于阴阳四时（五行）、经络、脏腑身形、诊法、病因、病机、治则、预防等九百多条，分八章，二十七节，名《内经精要》，不辑病证条文，因已有秦氏之书在，足资参考。编写动机与方式，主要围绕当时《内经讲义》，作为备课时分类引申之助。十五年来，旧稿自珍，看来还是有些用处，现拟再行增删，分节加按，参以近来研究所得，使旧稿有所出新。

（2）《内经》理论蕴藏之富，真如一座“宝山”，经过古今学者的勘探和发掘，各有所得，足证“矿源”是丰富的。如何继续发掘？如何扬长避短、取精去粗地古为今用？确是摆在我们面前急需去做的实际工作。我想应该在过去一系列的成就上，不断创新。例如，对某一理论加以剖析探索者，最好印证临床（包括古人或今人的治验或科学实验），不论是一个学说、一个名词、一个物体，都可以作为探索课题。我准备与青年教师合作，即小就大，做到知和行的统一。

以上两项，作为研读《内经》第三境界的内容，虽不相称，窃愿比拟。自知学识浅薄，方法粗陋，因而所得不多，可以介绍于读者之前的当然更少

了。这也是收获与耕耘的辩证关系，懒汉是种不出好庄稼的。今后要继续努力，有一个好收成，争取达到新境界！

徐荣斋教授接到山东中医学院学报“名老中医之路”的约稿，遂成此文，后又被辑录于《名老中医之路》（第一辑）中，本文是先生一生学习研究《内经》的真实写照。

二、学习《内经》八要

我通过多年来的治医和教学，深知《内经》之必须学到手，但又不是很容易地能够学到手。在教学相长的过程中，尝找寻读《内经》法门，便于自喻，兼以喻人，岁积月累，得如下八点。

（一）要了解古文字义

读书以识字为入门基本功，读《内经》以了解古字音义为入门的基本功。由于《内经》是秦、汉书籍，当时的语言文字与现在有些不同，这就是古文和今文的关系（马莳、张隐庵的注及黄元御的《素问悬解》《灵枢悬解》都把古体字改作今字，是不符合注释古书的体例的）。《内经》里往往把脏腑的“脏”字写作“藏”，“腑”字写作“府”。纳入的“纳”字写作“内”，孔隙的“孔”字写作“空”。同时还把“写”“泻”“泄”，三个字都作泻字用；“腧”“输”“俞”三个字都作腧字用。又如“营”和“荣”，“泣”和“涩”，“卒”和“猝”，“侠”和“挟”等字，由于音近义通，是相互交替使用的。又如“能”字，《内经》中有些地方作“态”字使用，有些地方作“耐”字使用；“罢”字常作“疲”字使用。以上这些字，都关系到一字一生理，一字一病理，甚或一字一治法，我们必须充分认识它、了解它。要了解《内经》中较难字义，最好参考陆九芝的《内经难字音义》。这本书辑录在《世补斋医书》里，他把《灵枢》《素问》各篇中部分难字的读音和意义，进行了比较正确的解释，引证亦简而明，可以作为读《内经》的小字典。另外，还可参阅南京中医药大学编的《黄帝内经素问译释》和山东中医药大学编的《灵枢经语译》“词解”和“词释”部分，加上阅读时的勤学苦记，以逐步解决《内经》的“难字关”。

（二）要掌握基本语汇

《内经》是古医书，除了部分古汉字以外，还包含着不少专门术语，那就是医经的语汇。医经里的语汇一般可分为单词和复词两种。单词，大部分见于陆九芝《内经难字音义》。复词，则从两字到五至七字。例如，“作强之官”的“作强”；“大气乃去”和“大气搏于胸中”的“大气”；“奇恒之腑”与“揆度奇恒”的“奇恒”等语句都很费解，用意前后也不一致，且为《内经》某些篇章中所一再互见。从隋唐的杨上善及王冰到现在，对《内经》这些语汇，有过不少注释，都可作为学习《内经》练好基本功的可靠资料。他们不仅说明了每个语汇的含义，还连贯地阐述了整段经文。不过由于理解角度不同，因之对某些语汇的注释也有差异。学习《内经》时遇到这种莫衷一是的情况，的确是个“拦路虎”，对经文上下句的贯穿和整段的理解，都会受到限制。要扫除这些障碍，掌握基本语汇，我认为最好参考日本丹波元简的《素问识》和《灵枢识》。这两部书，是辑录清以前注释《内经》公认为比较正确的，加上他自己的意见而写成；对历来说解不一致的，也有比较客观的看法和精当的厘定。以这两部书作为认识《内经》基本语汇的主要参考书，按篇、按句地对勘，一定能够解决不少难以领会的语汇，从而达到循序渐进地融会贯通的目的。

（三）要明确每篇主题

“主题”，是主要问题，也即是中心内容。《内经》里每篇有一个中心内容，也有两个或三个以上中心内容的，都应分别认清。举《素问》来说，一个主题的，如“四气调神大论”“阴阳应象大论”“灵兰秘典论”及“热论”“疟论”“风论”“痹论”“咳论”等篇；两个主题的，如“上古天真论”“六节藏象论”“标本病传论”及“举痛论”等篇；三个主题或三个以上的，如“诊要经终论”“腹中论”等篇，都是根据篇名的主题，进行有重点的论述。例如“四气调神大论”，通篇是讲述如何适应四时气候来调养精神，以“养”字为主，以“逆”字反证；“阴阳应象大论”，论述范围虽广，然总不外以天地的阴阳来应象人身的脏腑、经络、肢体、九窍；“灵兰秘典论”则专门论述脏腑的主要功能，这是属于一篇一个内容的。至于一篇论述两个内容的，如“上古天真论”前半篇强调摄生之所以长寿，反之则导致早衰；后半篇指出男女的生长衰老决定于肾气和血脉的盛衰。“六节藏象论”上半篇说明天度和气数，下半篇说明藏象功能。三个以上内容的，如“诊要经终论”的首段说明逐月人气之所在，次段说明刺法的宜忌，末段列举十二经将终的证候。此外如“腹中论”“奇病论”“逆调论”“病能论”

等篇，则都是汇叙三五以上的病种。不论每篇一个内容或多个内容，学习时只要先认清节段层次，其中的大小内容便能豁然呈露。我认为周学海的《内经评文》和张隐庵的《素问集注》《灵枢集注》，分析每节每段的内容极清楚，最便阅读。

（四）要探索经文内在联系

在明确主论的基础上，已认识到每篇的中心内容。但是每个中心内容里，必有若干小内容，它们之间，往往是通过问答，逐层提出问题，逐层有所发挥，其前后呼应的内在联系，是可以探索的，而且也比较显明。例如《素问·热论》是叙述热病（伤寒病）的一篇专题论文，但其中是逐段分析的：首先指出热病的病因由于伤寒，接着说明伤寒六经症状的次第出现和次第痊愈，再次指出治疗的原则及遗症、复症的病理和治法，最后指出两感伤寒的病象及其危害性。这种叙述方法，凡属于论病各篇，如“疟论”“咳论”“风论”“痹论”“痿论”“厥论”等篇，大致都是同一文法。说明病因，胪列证候，分析病理，指出治则，有的还兼及脉象和预后。其实全部《内经》162篇，每篇中的文句和内容，或前后都各有一定关联，或前段启发后段，或下文回顾前文（不是答问，便是补充）。我们学习时，应该对经文先做一般性的领会，然后再反复思考，从文字的表面找到它的内部联系，那么对经文意义的纵横离合，自然有线索可寻。马莳注解《内经》，于每节经文必先提出简明扼要的提示，使读者心中有比较清楚的概念，按照提示找内在联系，便不致茫然无绪（马莳所注《内经》为《素问注证发微》和《灵枢注证发微》，与张隐庵的《素问集注》《灵枢集注》合刻。人民卫生出版社出版的《古今图书集成·医部》第一、二分册中有其注）。不过探索经文，必须发挥自己独立思考的能力。不能完全依傍古人，到处都趁现成。须知前人注解，只是一枚开锁的“钥匙”，对经文认识要想全面和深化，主要还在于自己去探索。

（五）要对照上下文相互印证

对经文某些字句之难于领会，甚或值得怀疑的，必须从它的上下文中求得正确理解。清人姚止庵及胡荾甫曾指出：①“金匮真言论”的“病在肾，俞在腰股……”，王冰从“腰为肾府”来解释，不合经意。“腰股”应是“髀股”，代表四肢，因下文有“冬气者，病在四肢”，下文还有“冬善病痹厥”，也反证了痹厥多数是病在肢股间的。②“六节藏象论”的“心者，生之本，神之变也”，“神之变”的变字，与下文字义不符。全元起本及杨氏《黄帝内经太素》都作“神之处”，那就对了。因下文有“魄之处”“精之处”，同时还有“魂之居”“营之居”。居和处字义可通，从而证明“神之变”的变字是错的。③“玉机真脏论”“怒则肝气乘矣，悲则肺气乘矣……”，经文原意是说相克而使人大病。根据上文“因而喜，大虚则肾气乘矣，恐则脾气乘矣”，则“怒则肝气乘矣……”两句，应作“怒则肺气乘矣，悲则心气乘矣”，意义才合。否则怒本肝志，悲本肺志，绝无自乘之理。④“逆调论”“人有四肢热，逢风寒，如炙如火……”后句经文也比较难懂，《黄帝内经太素》作“如炙于火”，诚然。其实，“寒”字是多余的，下文有“逢风而如炙如火”，证明上句应当没有“寒”字。下面经文还指出“四肢者阳也，两阳相得”，更说明上文是只有“风”字没有“寒”字的。由于四肢属阳，风为阳邪，是为两阳。如果夹寒，则杂入阴邪，而不是两阳相得了。《内经》原文字句的错讹是较多的，我们只要细心地从它的上下文或问答语中去体会、去印证，不难找出正确的理路而求得义明词畅。

（六）要考虑经文的反面和侧面

《内经》里有不少经文，词句简括，含义深广。学习时不但要理解它字面上已经指出的问题，也要反复思考它侧面和对面的问题。前人所谓读经文要从字里行间，甚或在无字处去探索，是有其一定理由的。例如“调经论”中“阳虚则外寒，阴虚则内热，阳盛生外热，阴盛生内寒”这四句经文：第一句是指卫阳虚而体表恶寒，但要理解到阳气虚而内寒胜于外寒，同时也要和第四句“阴盛生内寒”相联系；第二句是指营阴虚（或真阴虚）而发生内热，但要考虑到阴虚而阳亢会出现内外皆热；第三句是卫阳被寒邪所郁而发热，但要推想到阳热内盛的内热甚于外热，也要考虑到虚阳外越的内真寒而外假热；第四句是指阴寒之气内盛而恶寒，但要推想到阴寒既盛而元阳必虚，势必出现内外皆寒，不仅仅是内寒。又如“病机十九条”的经文，概括性也很强。其前五条“诸风掉眩，皆属于肝”等所指肝、心、脾、肺、肾的五脏病机，首先应从风木、君火、湿土、燥金、寒水等五气上考虑，然后联系到相关脏器。如果印定于五脏，则感觉非常局限，且在临床实践时会发生扞格。其他属于上，属于下，属于热，属于火，属于寒，属于风各条，也都应从它们的反面或侧面推敲，才能不受言简意赅的经文所局限。尤其对所举病证，更应举一反三地推勘，甚或要从主证以外追寻兼证，主因以外探索兼因。例如第十九条“诸病水液，澄澈清冷，皆属于寒”的“水液”，不仅要从吐出物或二便排出物着想，也可以推广到咳、唾痰方面（痰液浓稠黏韧属热，稀薄如唾沫属寒），还可应用到疮疡出脓及妇女带下等方面（疮脓或带下稠黏浊臭属热，清稀腥冷属寒）。这样从应该推勘的多方面推勘，既丰富了经文内容，又开拓了自己的思路，受用不尽。

（七）要利用同类字句分析对比

在第二则“要掌握基本语汇”里曾提到《内经》中同一语汇彼此互用得较多，因之同类字句，相互对勘，从彼此字句间的含义中进一步明确它们的共同性和特异性。例如“虚邪”和“贼风”，《内经》中有分用的，有合用的，后人注解，也不一致。其实，这一语句的解释，可以从经文中取得印证。“上古天真论”的“虚邪贼风，避之有时”，“太阴阳明论”的“故犯贼风虚邪者，阳受之”，“移精变气论”的“贼风数至，虚邪朝夕”，是贼风虚邪并称。“八正神明论”的“虚邪者，八正之虚邪也”“八正之虚邪，而避之勿犯也”，“百病始生”的“此必因虚邪之风，与其身形，两虚相得，乃客其形……”是单称虚邪。“四气调神大论”的“贼风数至，暴雨数起”，则单称贼风。通过彼此互证，我们可以在前后经文中理解所谓“虚邪贼风”，是指反常的气候和不正的季节风。又如“不得隐曲”及“隐曲不利”句，“阴阳别论”“风论”及“至真要大论”篇都有引用，究竟“隐曲”两字，应作阳道解、隐事解或小便解呢？从各篇所举出的病证中找到解答，作“小便”解较为适当。再如“淫气”二字，“生气通天论”有“风客淫气，精乃亡，邪伤肝也”之句，“经脉别论”有“淫气病肺”“淫气害脾”“淫气伤心”等句，“痹论”有“淫气喘息”“淫气忧思”“淫气遗溺”“淫气乏竭”“淫气肌绝”等句，说明“淫气”是病气的浸淫。但“经脉别论”又有“淫气于筋”“淫精于脉”等句。则淫气也可以作为精气的浸润解。这样，“淫气”二字两种不同用法，在经文本意中，作“病气”用的有九处，作“精气”用的仅一处。是否“经脉别论”“淫气于筋”的气是精字之误，应作“淫精于筋”，与下句“淫精于脉”同一语意，与上面所述九句“淫气”是不同字句、不同意义，那是值得深思的。既能求其同，更能别其异。不引用各家注解、朴素地以经证经，也是学习《内经》的一种方法。

（八）要参考晋唐医书以校勘经文错简

《内经》文字，除原来的古奥外，由于当时没有印刷事业，书籍都是手抄本，不可避免地会产生错字、脱文，甚或把旁注抄入而造成衍文。这样，文字的古奥和错讹交织在一起，更给初学者带来了困难。虽然前人已经通过考证途径，对经文做了一番训解和推理工作，但剩余的还有，需要我们在可能的范围内，跟着前人足迹再做下去。比较简易的方法，是从晋唐医书中校勘经文字句的出入。因晋唐去秦汉不远，字义和文法有共同之处，可以互相参证，俱须在同类书籍中求之。例如，关于经络及针灸方面的经文，当与皇甫谧《针灸甲乙经》校勘；关于脏腑方面和诊法方面的经文，当与孙思邈《备急千金要方》、华元化《中藏经》及王叔和《脉经》校勘；病证方面，当与巢元方《诸病源候论》校勘；其他一般篇文，还可以从杨上善《黄帝内经太素》分类内容中校勘。这样彼此印证，往往能够收到相得益彰的效果。但必须说明，我们取晋唐医书来校勘《内经》错简，不是为了校勘而校勘，目的是要把《内经》的基本理论学懂、学到手，带着问题进行校勘和印证，通过校勘印证而解决存在的问题，这是应该明确的。

三、《内经》识小录

我研读《内经》虽有年，以资质鲁钝，所识不广，所得也不多，录出可记者若干则，以资自课，冀能由此而见其大者远者，则是今后的收获，现在还不可能，先从零碎谈起。

（一）《内经》与诸子百家

《内经》，古称“三坟”之书，然杳不可考。见于记载的，从汉迄今，垂1800多年，《汉书》入“艺文志”，《隋书》入“经籍志”……至清《古今图书集成》列入“艺术典”的“医部”。特别的是，晚清浙江官书局编印的《子书二十二种》，则与《老子》《庄子》《荀子》《韩非子》《管子》等列在一起，作为“子书”及“杂家”了。推编书者之意，可能认为《内经》成书年代，与诸子同属于战国秦汉之际；或者《内经》中某些文气和笔法，与诸子中《淮南子》《荀子》《韩非子》有类似处，由此而书以类聚了。丹波元简《素问识·素问汇考》引朗瑛《七修类稿》认为，“鸿烈（《淮南子》又名《淮南鸿烈》）解中内编文义，实似之矣”。祝文彦《庆符堂集》也认为：“《内经》一书，文气坚峭，如先秦诸子；而言赅博，绝似管、荀，造词质奥，又类鬼谷，非秦时人书而何？”不管怎样，我们可以看出，《内经》一书，从“三坟”而“艺文志”，而“经籍志”，而“艺术

典”，而“子书”，而“杂家”，都是随着当时文人学者的意趣而编入这，移入那，原无定评，现在是一致认作是古典医著了。杜甫诗有云，“不废江河万古流”，我以为《内经》实近似之。

（二）篇次和解题

《素问》篇目次序，我见到三种。首为梁代全元起的《素问训解》，书未见，篇目次序曾见于丹波元简《素问识》；其次为唐代王冰的《黄帝内经素问》，为我们现在所常习，亦为唐以后许多注家所沿循而未之或易的篇次，经宋、元、明、清四代；其三为清康熙丁巳（1677年）姚止庵的《素问经注节解》，篇目次序与王编有所更易，主要以篇文内容的“理”“数”分内外编。研索这三种篇次，我认为王胜于全，胜在便于从篇次中见经义；王与姚则各具理致，未能以姚的分篇明晰（分理、数两类）而无视王冰之“究尾明首”（见王冰自序）之苦心。古人所谓“莫为之先，虽美勿彰；莫为之后，虽圣勿传”。我对王、姚两书编次《素问》篇目的评议，也作如是观。

至于解题，王冰未尝及此。首见者为明代马莳、吴鹤皋，继述者清代张志聪等。每篇题后，缀以简明扼要的解说。如《素问》首三篇，张解为，“所生之来为之精，故首论精（第一篇）；两精相搏为之神，故次论神（第二篇）；气乃精水中之生阳，故后论气（第三篇）”。这一提，真如画龙点睛，鳞甲毕现，把精、神、气三篇，列在《素问》篇首，具见王冰编次之精，非全元起所能及。这类解题，一点睛而通体灵活。但也有点儿不活的，《灵枢》卷一卷二的九篇，不知谁人（可能是史崧？）旁注“法天”“法地”“法人”“法时”等字眼，所法何在？百思莫解。这个睛，不点倒还能认识，一点反而模糊，所谓求明反晦者，此九篇的点题是也。无怪马莳说它“无理”而削去之。

（三）经世鸿文

《内经》162篇中，不可能篇篇都是精华，也不是语语都有深意，其间精粗纯驳，并见杂出者尽多。但也有整篇闪耀着古代医学灿烂的光辉，名言至理汇集在一起的。这些篇，我把它看作《内经》中的鸿文。举例两篇。

一为《素问·阴阳应象大论》。本篇是《素问》81篇中提纲挈领的一篇大文章，涉及面广，理论性强，其他各篇都不能与之相比。它包含着阴阳四时五行、脏腑、病因、病证、诊法、治则（包括针刺）等各方面，是全部《素问》要义的发凡和结晶，理论都是集古医之精华，能够细心领会，真是取之不尽、用之不竭的源泉。如果说《素问》是古典医著的皇冠，那么本篇应是这个皇冠上的明珠了。我们只撷取篇中的一个词，印证有关学说，就可以由此及彼，得到广阔的悟境。我曾写过《阴阳学说应用于临床》一文，取材即“阴阳应象大论”中三五语，觉得很具深入探讨的兴趣，今后还想继续研索。

一为《灵枢·经脉》。其文所述虽以经脉为主题，内容不如《阴阳应象大论》的丰富广博，但对经脉的分布和循行，脏腑互相之间的络属，周身上下表里的部位，肌肉筋骨的名称，以及其脏腑发病情况、治疗方法（特别是针刺）等；如此错综繁复的生理和病象，如此系统详细的文字描述，“经脉”之前无此详载，之后未见更替（只有在这基础上稍作补充），可见篇中各条经脉的发现，都有其实践验证的。王冰所谓“信其言有征，验之事不忒”，虽不指“经脉”，我认为用于“经脉”也非常确切。于是针灸由此奠基，内、外、妇、儿、五官等科，也得由此而推求病位和病变。通篇精切，在《灵枢》中也是仅见的。

（四）没识透的名词

中医学的名词术语，来源有二：①出自古医典籍（包括《内经》《难经》《伤寒论》《金匮要略》及《神农本草经》）；②摭拾历代各家学说。其中以出自《内经》的为最古老，词意朴素，理论性强，它们都是古代医学家口耳相传的术语（少数的是民间口语升华），从漫长的时间，从各个区域汇集而得，非出一人一时之手。词句有精湛的，也有比较原始的，正如璞玉浑金，未必一见即能识透，其中有些原始名词，虽经王冰初雕，有的尚未剖析，仍需后人仔细琢磨，所以有少数词的意义，确未能全部认识，这也是事实。

例如：“神机”“气立”两个词，《素问·五常政大论》首先提到它，并指出这个词的内涵及其盛衰关系，“根于中者命曰神机，神去则机息；根于外者命曰气立，气止则化绝”。“六微旨大论”又指出，“出入废则神机化灭，升降息则气立孤危”。再通过王冰、马莳的注释，认为，“动物皆生气根于身中，以神为动静之主，故曰神机；矿植物皆生气根于外，假气以成立，故曰气立。动物非息出入，则无以生长壮老已；植物非化升降，则无以生长化收藏”。经文注文对这两个名词，作了反复解说，可以认为基本明确，问题在于“生气通天论”中却有“内外调和，邪不能害，耳目聪明，气

立如故”的指出，则“气立”的对象不是矿植物，而是人体了。

此外，有“奇恒”这一名词，《素问·五脏别论》扼要地叙述说：“脑髓骨脉胆女子胞，此六者，地气之所生也，皆藏于阴而象于地，故藏而不泻，名曰奇恒之府。”王冰解为“作用有殊于六府，称‘奇恒之府’”。经注一致，似可作为定论矣。然而《素问·玉版论要》说：“揆度奇恒……奇恒者，言奇病也。”两篇名词同一，所指各异。而且《素问·病能论》还提到古医经的《奇恒阴阳》，可见“奇恒”二字，其来甚古，《奇恒阴阳》书虽不见，从“病能论”上文推勘，估计也是讲病因病机的。诸如这些名词，前后说理有差异的，在没有完全识透以前，当然还是按照原来的理解，第一是“遵前”，第二是“从众”，之所以在此提出者，仅作为再认识的参证。

（五）阴阳的所指

《内经》这部书里，关于阴阳二字的运用，所指者广，含义亦是多方面。如上下之升降浮沉，前后之向背表里，性别之牝牡雌雄，以及病情之虚实寒热，药性之温凉，凡属对待之象，皆可命以阴阳之名。我初读时感觉漫无边际，通过长时间的细心体认，觉得它是有一定的界限，不过所指各有不同。清人周学海提示我们说：“……有体之阴阳，有性之阴阳，有气之阴阳，有象之阴阳，有数之阴阳，有部位之阴阳，有功用之阴阳，有相生之阴阳，有角立（对立）之阴阳，有交复杂错之阴阳。”正由于阴阳在代表具体事物中，其所指各有不同，如讲阴胜阳衰，阴胜的“阴”指的阴邪，阳衰的“阳”指人身的阳气；讲到阴虚阳亢，阴虚的“阴”，指的是阴液，阳亢的阳，指的是阳气，都是人身固有的东西。又如阴阳偏衰者，可以阴损及阳，阳损及阴，因为这里的阴阳，指的是人身中的阴液与阳气，两者有相互资生的关系；阴阳偏胜者，不会阴胜及阳、阳胜及阴，因为这里的阴阳是指邪气，没有相互资生的关系。必须看出它们是各有所指，而且在应用上各有特定范围，不能执一义以印万象。在某些章句里，阴阳是指寒和热，在另一些章句里，阴阳却是指精和气，而且各有不同的规律。要辨识阴和阳所指的不同法义，唯一的方法，是反复体会经义的上下文，彼此对勘，前后印证，懂得它们的内在联系，就能恰如其分地认识它、分析它。

（六）“神机”“气立”的实际

第四则“没识透的名词”中，提到“神机”与“气立”两个名词。这两个词，我在初读《内经》时，确实无法理解，而且无从联系实际。以后旁证各家注文，也是一知半解，似懂非懂，到现在也非全懂，所以作为没识透的名词提出。不过，既然是一知半解，那就应该谈谈我所认识的一知与半解。认识从何而来？开始是感性的，认为马莳《素问注证发微》中的解释，比较有理明心得处，颇受启发。他对“六微旨大论”“出入废则神机化灭，升降息则气立孤危”的解释是：“动物非息出入，则无以生长壮老已；植物非化升降，则无以生长化收藏。故动物静，则以口鼻出入之息废，而神机化灭为期；植物静，则以根柯升降之化已，而气立孤危为期也”。这解释是明朗的，是符合经旨的。由此而程云来《医暇卮言》作了进一步阐述，他说：“动物本诸天，所以头顺天而呼吸以气；植物本诸地，所以根顺地而升降以津。”这当然是在马注上加以推勘，更精切的是，程氏解释“五常政大论”“根于中者命曰神机，神去则机息；根于外者命曰气立，气止则化绝”，指出“动物伤内则死，神在中也；植物去皮则死，气在外也。”此解则骎骎乎进入理性矣。现在我从“神机”的角度上（当然“气立”也不放弃，但重点是阐述动物的“神机”）来议论人体的生理和病理机制。清·高学山在《伤寒尚论辨似》中说：“人身内外作两层，上下作两截，而内外上下，每加呼吸而动相牵引。譬如攻下而利，是泄其在内之下截，而上截之气即陷；内上既空，其外层之表气连邪内入，此结胸之根也。譬如发表而汗，是疏其在外之上截，而在内之气跟出；内上既空，其内下之阴气上塞，此痞闷之根也。”从高氏这段精辟言词中，我推悟到“神机”和“气立”初步失常的机制。再从实际方面体验，人身的健康、发病、死亡，总不外乎阴阳升降盈虚消长之理，也即是马莳所谓“动物非息出入，则无以生长壮老已；植物非化升降，则无以生长化收藏”。因而出入升降，确是“神机”“气立”的基本形式和必要保证。顺则生，逆则病，废止则死亡。证之临床，喘息、关格、吐逆、煎厥、薄厥、癃闭以及阳明病的痞、满、燥、实、坚，霍乱病的上吐下泻、挥霍撩乱，噤口痢的米浆不入、下痢无度，更有应汗而汗不出、不应出汗而汗大出等，都由于出入升降失常，而呈现各种各样的严重病象，如果出入升降废息，当然是死亡。

这里，有必要联系《素问·玉机真脏论》所说的五实死，五虚死。“脉盛，皮热，腹胀，前后不通，闷瞀，此谓五实；脉细，皮寒，气少，泄利前后，饮食不入，此谓五虚”。可认为“出入废，升降息”的前趋。因为“五实”是有入无出、有升无降；“五虚”是有出无入，有降无升，已濒于神机化灭、气立孤危的险境。后四语指出“浆粥入胃，泄注止，则虚者活；

身汗，得后利，则实者活”，因出入升降的障碍情况得到纠正，故能转危为安。

“神机”和“气立”由此参证，由此理解，似乎感觉到理明心得了。

（七）“阴阳交”析义

《素问·评热病论》中“黄帝问曰：有病温者，汗出辄复热，而脉躁疾不为汗衰，狂言不能食，病名为何？岐伯对曰：名阴阳交，交者死也”。文中“阴阳交”一语，词意不明。王冰注：“交，谓交合，阴阳之气不分别也。”意味着邪正交争，病机是阳热之邪灼烁了阴精，释义较明，可以取则。后此，元、明、清各注家多尊王说，主要都是指病不是指脉。唯汪昂以“五运行大论”“阴阳交者死”上文有“尺寸反者死”一语，由彼例此，遂认为“评热病论”的“阴阳交”也是指脉。浙西莫枚士《研经言》中有“阴阳交并论”文，同意汪说，认为“阴阳交并者乃热病表里俱实者之诊法也”。他是根据《史记·仓公传》“脉法曰：热病阴阳交者死”而立言的。莫氏研经，我所信服，但此说词义未明，脉义更难于索解，如何来决诊“阴阳交”或求得病名的实际？只有从经文的上下文及字里行间去探索。我尝细勘“评热病论”与“五运行大论”两篇经文所提出的“阴阳交”，感觉到名词虽同一，实际含义不相同。由于主题各异，所论述的内容也就不同。前篇是评热病，后篇是讲岁运。“评热病论”的经文，一问一答，把病情、脉象、诊断、预后，都顺序说清楚。何况“阴阳交”答语之上，是紧跟“病名为何”的问语，可以推知，此篇的“阴阳交”，是分析病理、确定病名，极为明显。至于“五运行大论”的“阴阳交”，主要是从岁气角度上候脉诊、决死生，所以说：“从其气则和，违其气则病，不当其位者病，迭移其位者病，失守其位者危，尺寸反者死，阴阳交者死。”其实际意义若何，临床少所征验，我认为比“评热病论”的“阴阳交”隐晦得多。

通过分析对比，我认为这两个“阴阳交”，前者有所得，后者无体会，有所得者，因共“验之事不忒”（王冰叙《素问》语）；无体会者，临床少所征。前者，在温热病中确有如“评热病论”所谓“阴阳交”的病情、脉象及预后，其病名解释，叶天士要言不烦地说：“交者，阴液外泄，阳邪内陷也。”章虚谷进一步阐述说：“阴阳之气，本来相交而相生者，今因邪热弥漫，外感阳分之邪，与内发阴分之邪交合为一，而本元正气绝矣。故病名‘阴阳交’。”至此，我对“阴阳交”的认识，述其所知，略其所未知，不敢强作解人，按照“评热病论”经义，倾向于叶、章两氏之说。

（八）大筋、小筋，拘和痿

读《内经》要多看注文，也要多阅读旁参书。仅仅阅读注文，会局限于一个独立王国，多找旁参资料，会从独立王国进入自由王国，从而达到“万物皆备于我”的境界。《素问·生气通天论》曰：“湿热不攘，大筋软短，小筋弛长，软短为拘，弛长为痿。”这段经文，与《灵枢·经脉》“筋寒则收引，热则纵弛”有不合处。诸家注解，当然都忠于本文，各是其是，欲求其两经融会贯通者不多见。于此，邹润庵《本经疏证》的解释，足资启悟。他指出，“筋之为物，寒则坚劲，坚劲则短缩，热则软缓，软缓则弛长，此为不夹湿者言也。若挟湿，则大筋横胀，横胀则软短，小筋纵伸，纵伸则弛长。遇湿遂胀，凡物皆然，特能短而不能劲，此所以与因寒而缩者异”。这一解说，从筋的生理特点及寒和湿的病因上，分析出拘和痿的病理，可认为义理兼赅，举《素问》《灵枢》之说一以贯之，不仅仅以精细见长。微觉不足的是，对同一湿热为病，大筋小筋何以有拘、痿之别？邹氏未提，吾浙会稽姚止庵《素问经注节解》中又有所阐述。他说：“盖筋大则粗而有力，故见拘挛；筋小则柔而无力，故见痿弱。”至此，对《素问·生气通天论》的“湿热不攘，大筋软短，小筋弛长，软短为拘，弛长为痿”与《灵枢·经脉》“筋寒则收引，热则纵弛”两处经文，初步得到会通的理解，亦一乐也。

（九）“宣明五气论”字句质疑

本篇以“宣明五气”名篇，着重在论述五脏之病气，宣发其义而使之彰明。全篇十三节，从日常生活的饮食起居，五脏的生理活动和功能，进而谈到发病机制及病象，还涉及诊断预后，也是一篇高度概括的综述性的古医经论。所以中医《内经》教材多次编辑时，都把此文选入。唯文中个别字句有舛脱及旁文误入正文处，提出互析。

第二节“五气所病”，原意应论五脏的病气，而文中扩展到六腑，与五脏合，共为十一脏腑之所病，把五脏为病推论到六腑，开下文各节之特例；且六腑中的三焦，仅举出一下焦，不及上、中二焦。律以全篇的上下文，本节疑有舛误。

第三节“五精所并”，末句“虚而相并者也”，疑系旁文误入正文。因本篇各节皆结以“是为五病”“是为五恶”“是为五液”等语，独本节在

“是为五并”下，却复入“虚而相并者也”，赘句显然。第六节“五味所禁”，末句“无令多食”，亦同样是赘句，皆为旁注窜入正文。

第九节“五邪所见”“阴出之阳，病善怒”，已见上节，此再重复，新校正已指出其“文义不伦，必古文错简也”。其实，不仅“阴出之阳，病善怒”是衍文，末句“皆同命，死不治”六字亦是衍文。短短四语中，连出两个“不治”，已无字义可言，遑论文法。

（十）七损八益

“阴阳应象大论”中之“七损八益”一语，真是古代医学术语中的一块璞玉浑金，雕琢者不乏其人，而个中内涵迄今未全部呈露。自王冰据“上古天真论”女子七七、男子八八之义，以“阴七可损，则海满而血自下；阳八宜益，交会而泄精”为训，此后马莳、张介宾、李中梓、张志聪、高士宗诸注家皆宗之，这些注疏，究竟能否做到符合经义，也难论定。日本人丹波氏《素问识》引述彼邦医语，虽朴素近古，比较渊雅，但细揣之，似与经文“调此二者奈何”之问不合。近据长沙马王堆汉墓出土帛书及竹简《养生方》中的“天下至道谈”所述“七损八益”，涉及男女性生活，可能属于先秦时代房中术一类的所谓养生方法。《汉书·艺文志》所记的“房中”，为古代四医书之一。王冰次注《素问》时，或许见到《天下至道谈》关于“七损八益”的论述，因而把“阴阳应象大论”的“七损八益”从男女的天癸之用而说到“房室”，这也是为古医书作注自然而然的引申。其实“七损八益”之真义如何？对诸家的疏注究竟何去何从？我认为只有循绎本节前段经文，似可探索出一些真谛，循此以求，比较接近。

“帝曰：‘法阴阳奈何？’岐伯曰：‘阳胜则身热，腠理闭，喘粗为之俯仰，汗不出而热，齿干以烦冤，腹满死，能冬不能夏。阴胜则身寒，汗出，身常清，数栗而寒，寒则厥，厥则腹满死，能夏不能冬。此阴阳更胜之变，病之形能也。’帝曰：‘调此二者奈何？’岐伯曰：‘能知七损八益，则二者可调；不知用此，则早衰之节也。’”

据此，则所谓“七损八益”者，指阴阳偏胜中寒热虚实的病象；调者，调其阴阳之偏胜，而非王冰所引入的“顺天癸性”。恽铁樵先生在《群经见智录》中指出，“当注重调字，不当注重用字。如各家言，则与调字不合，须知七损八益为自然的”，要言不烦，解经文起到点睛作用。我还认为对“七损八益”的理解，当着眼于本节上文“阴胜”的七个不足证（“损”，即不足证，引申为虚）和“阳胜”的八个有余证（“益”，即有余证，引申为实），不应牵入“上古天真论”的“女子七七，男子八八”。杨上善对“七损八益”的解释是，“阳胜八益为实，阴胜七损为虚。言八益者：身热，一益也；腠理闭，二益也；喘粗，三益也；为之俯仰，四益也；汗不出而热，五益也；干齿，六益也；以烦闷，七益也；腹满死，八益也。七损：身寒，一损也；汗出，二损也；身常清，三损也；数栗，四损也；而寒，五损也；寒则厥，六损也；厥则腹满死，七损也”（杨上善还有病理解说，详见《黄帝内经太素》，不具引述）。证以本节上段经文，参以杨注，七损八益的原意，如是而已，无多秘奥。由于王冰未见《黄帝内经太素》遂引“上古天真论”“女子七七，男子八八”作注证，因而与杨注分道扬镳。特别李中梓编《内经知要》所引本节经文，遗其“法阴阳奈何”至“调此二者奈何”一大段文字，仅引“能知七损八益，则二者可调，不知用此，则早衰之节也”数语，于是经文被列入“道生”篇，经文避阴阳寒热虚实不谈，而谈卦象，致“七损八益”的面目虽是，经义实非。

然则如何而可，我仍认为恽氏《群经见智录》的解说有新意而接近实际。他提出，“所谓损益者，调阳亢阴能损之，阴竭阳能益之；阳亢得阴则伏，是七之损八，阴涸得阳则生，是八之益七”。试以病证言之：少阴病阳衰于外，阴争于内，则舌干而津液枯涸，以甘凉药润之，虽大剂连服不效，且胸痞愈甚，烦躁愈甚，得辛温大剂则舌色反润，是阳能益阴之明证。煎厥之证，骨蒸潮热，当壮水以制火，水能制火，是阴能损阳之明证。说本《黄帝内经太素》，而结合临床证治，比王冰以下的明清注家切实得多，唯其中“阴竭阳能益之”一语，与经文“阴胜”一段有舛，这也是问题，然大体是可取的。

（十一）四个“因于”中的“因于气”

《素问·生气通天论》的四个“因于”中的“因于气”，朱丹溪为之重订章句，使经义比较明朗，然尤有未尽善处。周学海《读医随笔》有“四因正义”之作，更觉理明心得，读书能这样地渐入佳境，亦一乐也。我常细探“因于寒”“因于暑”“因于湿”“因于气”四条经文，通过排比和前后对照，感觉“因于气”一条有特异感，异在何处？异在一个“气”字。根据上文寒、暑、湿三因是三时之气，认为本条“因于气”的“气”字是“风”字之误。在文义上，才与四时之气相应，在病理上，亦与“为肿”等下文相应。经文不说“因于风”而曰“因于气”者，含有风气、水气两义而统言之。一般来说，风肿只在面部，风中夹有水气则面肢躯体俱肿。“平人气象论”之“面肿曰风，足胫肿曰水”，“水热穴论”亦有“风水”的病因和症状的指出，《金匮要略》论述更详，可以印证。我们临床所见，肿病内外因都足以导致，唯风水证则纯由外因而为水肿。马莳释本条为“肝木侮土不能利水，水气泛溢于四肢而为肿”，不但缴绕特甚，且与上三条经文“因于寒”“因于暑”“因于湿”不相连续。寒、暑、湿三气皆属外因，忽然插入七情内因一条，殊不近理，作为“因于风”，则文义两得。

我还证诸本篇末“春伤于风，邪气留连，乃为洞泄……冬伤于寒，春必病温”一段文字，前后对照互勘，更觉词意显露。前面的四个“因于”是“感而即发”，后面的四个“伤于”是“邪气留连”。如果允许这样联系的话，那么“因于气为肿”作“因于风为肿”，更能名正义顺，相得益彰。

（十二）两篇大论“高者”“下者”病机不同，治则各异

《内经》有关治则的理论，在指导临床实践过程中，越来越显其丰富多彩。我常留心及此，觉其理义深广，则中有法，法中有则，则与法息息相通，彼此参勘，更见微妙。

《素问·阴阳应象大论》“高者因而越之，下者引而竭之”二语，是治实邪用吐、下的古法则，《伤寒论》《金匮要略》《备急千金要方》《外台秘要》各有方治。张子和精通其义而鸣于世，益之以“有按有跷，有揃有导，有减有增，有续有止”的具体用法。还引而申之曰：“如引涎漉涎，嚏气追泪，凡上行者皆吐法也……催生下乳，磨积逐水，破经泄气，凡下行者皆下法也。”并在《儒门事亲·卷二·凡在上者皆可吐式》《儒门事亲·卷二·凡在下者皆可下式》二文中，各引证汉唐医籍和他自己治验做阐发，成为运用吐法于实邪的一代名家。虽说理及举例有未纯处，但能从“因势利导”的角度上阐明“其高者因而越之，其下者引而竭之”之经义，作为治实邪的法则应用于临床，给我们指出一条路径。

“至真要大论”“高者抑之，下者举之”，此二语是治气虚的升降法。从文字上、义理上与“高者因而越之，下者引而竭之”截然不同。虽然“高”“下”两字相同，但其后之语治疗法则不同，从而知两个“高”“下”的病机有虚实之别，因而采用降或升的治则亦大相悬殊。本篇的“高者抑之”，可以从“病能论”“生铁落饮”的“下气疾也”取得印

证；“下者举之”，李东垣的升脾气，喻嘉言之举大气，都取法于这一经旨。缪仲淳认为“高者抑之，即降之之义，下者举之，即升之之义”，并指出“升降是治法之大机”。举例为火上则发，降气则火自下，火下是阳交于阴，劳伤则阳气下陷，入于阴……当升阳益气。方证之临床：高者其气多升少降，抑之者有镇坠一法，有潜伏一法，有纳气一法，有引阳归宅一法，都属于“抑之”之义；下者其气多降少升，举之者有升提清气法，有用大气举之一法，有用诸角本乎天者亲上一法，都属于“举之”之义。

同一“高者”“下者”之病，随着病机的虚实不同，治则大异。正由于经文所指出的治则不同，使我们得以认清两大论的“高者”“下者”的病机有属虚属实之分。

（十三）论痛

《内经》的论痛，散见于各篇，不知有若干处和若干病种，我想把它统计一下而没有统计，仅知其病位有从体表到经脉，从筋骨到脏腑，从耳目头面到前后二阴及指、趾，可以说是全身皆能发生的一种疾患。当然，痛是个自觉症状，但既感到痛，必然有其致痛的原因。其原因主要为风、寒、湿、火、热、气、血、痰、食、虫，由于病因不同，所以痛的部位、痛的范围、痛的性质、痛的程度，也多种多样。以痛的性质来说，《内经》记载，有轻有重，有缓有急；有可按不可按，有兼冷感或兼热感，有痞痛、胀痛、肿痛、牵引痛、拘急痛，严重的还有撕裂痛和刺割痛（《灵枢·癫狂》曰：“厥逆之为病也，足暴清，胸若将裂，肠若将以刀切之。”又《灵枢·厥病》曰：“厥心痛，痛如锥刺其心。”）。由此可见，《内经》论痛，情况多样，其辨证的细致和深入，值得我们探索。最集中的，要推《素问·举痛论》，病以类聚，证以型分，问得很细，答得也极其详明。一个病证这样的发问和解答，为《内经》中所仅见。从其所述卒痛证候来看，病情不同，病因皆由于寒邪入侵经脉，或留着，或流注，致使气血凝滞；或在脉外，或在脉中，或在肠胃膜原，或在冲脉，或在厥阴，或在小肠膜原血络之中，或五脏阴气厥逆，或从肠胃厥逆而上，或留为瘅热坚干于小肠，是以变证多端。十四个证候中，只有一条为热，余皆为寒（其中寒化为热一条，血虚痛一条），其寒厥气逆犯胃而痛，唯厥阴肝脉为多。于此可以推知，痛症外因多属于寒，内因多属于肝，《素问·举痛论》已昭示给我们。至于治法，据《素问·至真要大论》“寒者热之”的治则，当然以温运为主，其热而闭

者，可考虑下法或利小便。然有里虚而痛者，血不足也，当兼益血；上虚而痛者为心脾伤，须建中；下虚而痛，脱泄亡阳，急进温补。《伤寒论》《金匮要略》各有方治，足供取用。

（十四）“消瘅”和“消”

“消瘅”之名，首见于《素问》，《灵枢》继述更多。消为消烁肌肉，瘅为内有郁热。消本于热，故曰消瘅。一般认为消瘅是三消之总称，据“脉要精微论”“瘅成为消中”，则消瘅应理解为“中消”。消瘅的成因，多为五脏精血不足，阴虚生内热，内热不解，是成消瘅的基本因素。《灵枢·五变》曰：“五脏皆柔弱者，善病消瘅。”又“本脏”指出，“心脆则善病消瘅热中”“肺脆则苦病消瘅易伤”，肝脆、脾脆、肾脆均善病消瘅易伤。“脆”，即柔弱的同义词，意味着精血不足，精血既不足，故脉皆微小，《灵枢·邪气脏腑病形》各有指出。《素问·通评虚实论》还从脉象上指出预后的良否，“消瘅脉实大，病久可治；脉悬小坚，病久不可治”，说明脉象实大，是与内热证候相符，阴精虽耗而未匮，病程虽久，可以治疗；如果脉细小而坚急，则阴液枯，精血竭，虚热烁阴，其涸可立而待，病程愈久，愈难治疗。这也是符合临床实际的。值得注意的是，“通评虚实论”还把“消瘅”与仆击、偏枯、痿厥并列，认为是“肥贵人，则膏粱之疾”，指出本病多患于肥甘厚味偏嗜之人，则又是《内经》推本寻源，从日常饮食方面找出病因。想见古医家对本病发生的注意是长时期的，观察病情发展是够细致的。

“消”，是“消瘅”的简称，即后世所谓“三消”。分言之，《素问·气厥论》之“肺消”“鬲消”，“奇病论”之“消渴”，即多饮而渴不止的上消。“脉要精微论”“瘅成为消中”，《灵枢·师传》“胃中热则消谷，令人善饥”，即是中消。《灵枢·邪气脏腑病形》“肝脉微小为消瘅”“肾脉微小为消瘅”，即溲便频而膏浊不禁，肝肾主之的下消。后人释经，张景岳《类经》颇得其旨；喻嘉言结合病理加以阐述，他认为：“上消者，胃以其热上输于肺，而子受母累。心复以其热移之于肺，而金受火刑。醇酒厚味之食饮，酿成内热，愈消愈渴，其膏粱愈无已，而中消成矣。下消……饮一溲二，水精竭绝而尽输于下，较大腑之暴注暴泄为尤甚”。其精湛熨帖处颇能阐经文之微，特别点出上消是心胃之热烁肺，中消的“膏粱愈无已”，下消的“水精竭绝而尽输于下，较大腑之暴注暴泄为尤甚”。这些理解，值得我们细致玩味。

我还想到，《素问·通评虚实论》所谓“消瘅……肥贵人，则膏粱之疾”，“奇病论”补充“肥者令人内热，甘者令人中满，故其气上溢，转为消渴”，“腹中论”强调“热中消中，不可服膏粱芳草、石药……”在这一系列经文反复启示下，于是历代医学文献，都有“数食甘美而多肥，容易酿成消瘅”的记载，以及消瘅必须禁食膏粱厚味的记载。对照现代医学关于消渴病之加强饮食控制，同样也禁食肥甘。近代医学病理学的实验，却与两千多年前的古医经不谋而合，我不禁联想到《内经》时代的医学，能具有这样的精深水平，为之赞叹不已。

（十五）“各求其属”

自从《素问·至真要大论》“诸寒之而热者取之阴，热之而寒者取之阳，所谓求其属也”的提出，王冰作“益火之源，以消阴翳；壮水之主，以制阳光”的注解。经文注文，辉映生色。清人姚止庵称王注为“阐前圣所未发，开后学之颛蒙，卓然千古，是注也而经矣”。我曾认为其经其注，都是古代医学之至文。后人以八味丸、六味丸作为印证这一经注的方治，虽不能惬心贵当，然以方义阐释经文，使学者有实际例子可循，亦是好事。张景岳出“右归”“左归”，补八味丸、六味丸之不足，可称后来居上，能印证王冰注文，即所以彰明经旨。以病证治法阐释《内经》，是注《内经》的务实派，在这一类注家中，除张景岳外，马莳的《素问注证发微》，可称名副其实。述作法源于东垣、洁古及盛启东诸家，我认为得释经之上乘。盛启东《医经秘旨》对本条经文也有所阐述，他说：“阴虚阳亢，法当益水（六味地黄丸），或加细生甘草以泻火，此先天之阴阳也，阴虚而生湿热，法当滋阴以泻湿热，如六味丸加知柏，此后天之阴阳也。”这就“寒之而热者取之阴”的方面，从阴虚阳亢及阴虚夹湿两个病理上推论，并以治法说明，颇有启发性。他还更精辟地指出说：“阴虚阳无所附，法当峻补其阴以摄纳其阳；阳虚阴无所附，法当峻补其阳以承领其阴，阴阳两虚，则平补而各居其位。”此则从先天之阴阳而并及后天之阴阳举出“各求其属”的治法，既阐明了经文，也给景岳的“左归”“右归”点出了立方根据。因此，王旭高借这一义理以说景岳方，“左归是育阴以涵阳，右归是扶阳以配阴，虽壮水益火，所用相同，而绾照阴阳，尤为熨帖”。我认为景岳的制方，旭高的议方，都是据盛氏述经文而来，使方义明而经义益显。经文所谓“各求其属”

者，通过王冰、盛启东的以注释经，景岳、旭高以方证注，把“各求其属”的义理，字字都贯穿到辨证论治上去。盛氏还举出有关证治来衬托，把经文映照得更明朗。他说：“过用阴精而阴脱于下，暴喜伤阳而阳脱于上，则各补其阴阳。其有亡阴（下多）而阳脱于上，亡阳（汗多）而阴脱于下，则脱阴者当补其阳，脱阳者当补其阴。”从“虚者责之”的角度上启发我们深入理解，意义无穷。

（十六）“劳风”析

《素问·评热病论》中“帝曰：劳风为病何如？岐伯曰：劳风法在肺下，其为病也，使人强上冥视，唾出若涕，恶风而振寒，此为劳风之病。帝曰：治之奈何？岐伯曰：以救俯仰。巨阳引精者三日，中年者五日，不精者七日，咳出青黄涕，其状如脓，大如弹丸，从口中若鼻中出，不出则伤肺，伤肺则死也”。

本节经文，对劳风指出病因、病位、症状、治法及疗程、愈期和预后，说理是比较全面的。由于其中有几个古医术语，词意难明，有待研索。我认为首先应明确四个前提：①“劳风”的定义（包括病因）若何？②“肺下”的病位究竟在哪里？③“强上冥视”的具体症状和病理怎样？④“救俯仰”的实际治法何指？关于①、②两项，张志聪、高世栻均宗王冰从肾、膀胱一脏一腑来阐述，并认为“劳”是“肾劳”，此说是反客为主，把真正受病的肺忽视掉了，既失病机真象，又乖经文原义，应该是在肺不在肾（久病及肾者例外）。所谓“肺下”者，骆龙吉《内经拾遗方论》说：“扰云有肺名下也。”这提法是实际的。第③项“强上”，诸家注疏俱作“项背强”理解，可称一致；“冥视”，杨上善作“目不明”，后此注家附议者多，其实似是而非，我意据张路玉作“目半开而不能视物”者近是，即重伤风初起的头额胀疼、睁眼不开之象。第④项“救俯仰”这一名词，注家有的强作解释，有的缺以待知。求其能印证临床而符合经旨，首推张介宾《类经》，其次是姚止庵《素问经注节解》。析言之，释病因病机病位，姚氏为长；疏病证治法，张氏为胜。我服膺这两家注。

专注以外，对本节经文，既能释经，又能释病者，则为张路玉、尤在泾二氏，他们在《张氏医通》及《医学读书记》中，对“劳风”证、因、治法的阐述，各有专题发挥，把经文说得明白晓畅，且能结合临床实际。张路玉说：“人劳力则肺气胀满，俞穴大开而汗泄，风邪乘其俞穴之开，直入肺下，少顷，俞穴仍闭，其邪有入无出，郁闭不通，而生痰聚饮……故使人强上冥视。强上者，身半以上为风邪所中，而胸背强戾，但可仰而不能俯；冥视者，邪害空窍，所以目睛半开而不能视物也。”尤在泾更以点睛之笔，首指出，“读此可以悟伤风不醒可以成劳之故”，接着解释病因病机和治法，他说：“劳风者，既劳而又受风也。劳则火起于上，而风又乘之，风火相搏，气凑于上，故云‘法在肺下’也。肺主气而司呼吸，风热在肺，其液必结，其气必壅，是以俯仰皆不顺利，故曰‘当救俯仰’也。救俯仰者，即利肺气、散邪气之谓乎!”他以深入浅出的笔法，逐句分析，使经义无余蕴，后二语以临床证治探索经旨，更觉精切。

问题仍然要回到“救俯仰”的治法上来。张介宾谓：“劳风之证即劳力伤风证，治法初起宜温散，郁久化热则宜清解。”张路玉认为，《金匮要略》桂苓五味甘草汤加姜汁竹沥，差堪对证。我同意二张的治法。然而，事物总是愈研究、愈深入愈明晰的。周学海据其临床所得，认为其病有寒、温两型，一为风寒型，咳呛不已，入夜尤甚，日久则肺气失于清肃，挟水饮上犯，面目胕肿，隐见青色，治用温散，如桂、苓、姜、辛，皆为要药；一为夹温型，先吸收燥热之气，耗扰肺阴，大气出入不利，呼吸喘促，因之表气不充，腠理不固，或夜卧汗出，或劳汗当风，风邪乘虚内袭，遂时觉恶寒发热，咳呛，遇劳即甚，痰涎干结，成块成囊，气味腥腐，治宜大青龙、越婢之意以两解之。其说理来于实践，给我们以清新明朗感。

最后，关于劳风的治法，孙思邈《备急千金要方》、骆龙吉《内经拾遗方论》、刘完素《宣明方论》虽各列专方，我认为还是张路玉、周学海所举方药足资参考。此外，曹仁伯《继志堂医案》从“伤风不醒”着眼，辨证以劳后伤风，恋而不化，论治浅则秦艽鳖甲散（秦艽、鳖甲、地骨皮、柴胡、青蒿、当归、知母、乌梅），深则柴前连梅煎（柴胡、前胡、黄连、乌梅、薤白、猪胆汁、童便、猪骨髓），特别以柴前连梅煎随证加减，作为治劳风验方。我意作为劳风善后调理方用，可以考虑，如果作为“救俯仰”之剂，应取二张及周氏之法。

四、《内经》阴阳理论的应用

《内经》是我国最古老的医学文献，以阴阳五行的理论，说明人体的生理功能、发病机制、病理变化及治疗法则。这些理论，多少年来，应用于临

床实践，确有其一定的指导意义和作用。现在举阴阳部分有代表性的八则，从生理、发病、病变到治疗，略作印证。用以自课，并用以课学生。但由于结合实践的体会不多，举例难免简单粗略，甚或有牵强结合处，这里只算作一个试议。

（一）“阳气者闭塞，地气者冒明；云雾不精，则上应白露不下”（《素问·四气调神大论》）

古人认为，自然界的“阳气”即天气，“阴气”即地气。如果阳气在空间失于流通，则阴气就会向上空干扰甚至充盈宇内。所以经文说：“阳气者闭塞，地气者冒明。”古人还认为自然界的云和雾是从地而起的，雨和露是从天而降的。拟成如下公式。

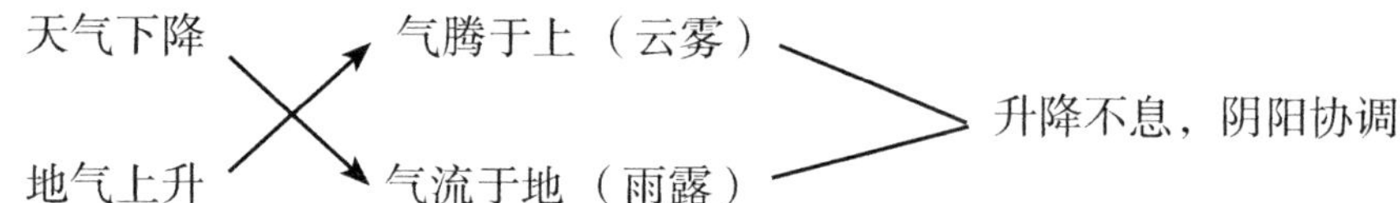

如果地气不上腾，则天气不能肃降。所以经文说：“云雾不精则上应白露不下。”把这些自然现象对应到人体上来，也可以从临床病例方面得到证实。例如，肺体清虚，住居膈上，象天，而其气肃降下行；如果肺气失于肃降，不但容易发生喘逆咳嗽等证，同时还会影响到大小便。史载蔡元长之治便秘证，用紫菀清开肺气而大便通，朱丹溪用吐法宣膈上而小便利，这些治法，都是从“阳气者闭塞”及“云雾不精，上应白露不下”的经文体悟出来的。因此，用宣上导下之法，启上闸而开支流。如果不采用这些措施，则二便闭结既久，势必浊阴上逆而成痞满呕吐等“地气冒明”的现象。张仲景以大黄甘草汤治食已即吐（《金匮要略·呕吐哕下利病脉证治》），地气通而上逆自去。尤在泾在《医学读书记》里说：“肺气象天，病则多及下阴；大小肠象地，病则多及上焦。”可与本节经文及所举病例相印证。

然而根据文献记载，阳气闭塞，地气冒明的病变现象，更有甚于上面所举的。喻嘉言在《医门法律》里指出，“阴邪横发，上干清道必显畏寒、腹痛、下利上呕、自汗淋漓、肉瞤筋惕等证……浊阴从胸而上入者咽喉肿痹，舌胀睛突；浊阴从背而上入者，颈筋粗大，头项若冰，转脱浑身青紫而死”。他还认为这完全是“地气加天之劫厄”。治疗方法：前者采取真武汤，后者急宜附子、干姜。说得更实际的，要推周学海，他认为，“肝肾内冷，阴风鼓动水邪，上掩心肺生阳（说明阳气闭塞地气冒明的病理），逼闷卒厥，神昏不醒，舌强不语，口眼㖞僻，四肢瘛疭拘急（说明阳气闭塞地气冒明的病证）。治宜温宣（清阳）重镇（浊阴），如黑锡丹之类”，同时并拟出宣通心肺清阳、温化肝肾浊阴的方药（详见周氏《读医随笔》）。

此外，“阳气闭塞，地气冒明”的另一病变还可以表现在“寒疝”及“冲气”两方面。寒疝病机，正如尤在泾所说：“巨阳与胃阳并衰，外寒与内寒盛发，阴反无畏而上冲，阳反不治而下伏。”治例以《金匮要略》大建中汤及大乌头煎为对。关于冲气，盛启东曾指出，“冲气上逆，有上焦阳气不足而阴气上干者”。喻嘉言也认为“脚气入腹而见上气喘急，呕吐自汗，地气已加于天，治取朱章仪八味汤”（《医门法律》），使阳照当空，则阴翳冒明的地气，自然消退。

本节经文，通过前人这样应用于临床，在生理、病理、治疗等多方面的印证，比较切合实际，而不是空然无物的。

（二）“清阳出上窍，浊阴出下窍”（《素问·阴阳应象大论》）

“上窍”指耳、目、口、鼻七窍，“下窍”是前后阴二窍。古人认为，机体内是应当阳在上，阴在下的，因此有“清阳出上窍，浊阴出下窍”的说法。这一现象，是人体生理功能的正常现象，也即耳目聪明（包括口能知味，鼻闻香臭）、二便通利。但是这种正常的生理现象，如果发生障碍或反常，那就从生理走向病理了。清阳不出上窍，则发生耳鸣或聋、眼目昏花；浊阴不出下窍，则发生大小便癃闭。在临床上，如果遇到这些证候，就要考虑清阳是否上升？浊阴是否下降？进一步便须考虑“升清”“降浊”的治法，王汉皋以四君子汤加柴胡治阳气未畅的耳蒙（《王氏医存》）；罗谦甫以人参益气汤治目左视而白睛多（《卫生宝鉴》）；江应宿以升阳散水汤治鼻塞不利（《名医类案》）。他们都根据“清阳出上窍”的生理情况，采用“升清阳”的方法，治疗阳不升于上窍的病变。李东垣所谓：“诸经脉终，皆走于面而行空窍，其清气散于目而为精，走于耳而为听。”充分说明了“清阳出上窍”的具体作用。由此可知，清阳不升则耳目不聪，从而推知浊阴之必须降。浊阴不降而引起下窍不通的病变，主要是二便秘结。古人治法，以三承气汤为寒下之柔剂，白散、备急丸为热下之刚剂，附子泻心汤、大黄附子汤为寒热互结刚柔并济之和剂（俱仲景法），是使浊阴从大便而出。滋肾丸（李东垣方）治不渴而小便涩痛，是使浊阴从小便而出。在这里，我们可以从生理之常，测知病理之变，也可以从治疗病变的机转中，认

识古人所谓“清阳出上窍，浊阴出下窍”的实际意义。

（三）“清气在下则生飧泄，浊气在上则生䐜胀”（《素问·阴阳应象大论》）

“清气”和“浊气”，也即“清阳”和“浊阴”。“飧泄”，为食物未经完全消化的泻出；“䐜胀”，为胸膈痞满。经文的意思是说，清阳本应上升，如果陷在下面，则运化失常，因而成为飧泄；浊阴应该下降，如果凝滞在上，势必成为胀满（李士材《内经知要》）。后人根据这一经文，从它的病理变化中制订出“升清阳”而治泄泻之法，首先要推李东垣的经验，他以此法治愈自己由于阳气衰弱不得畅伸，伏匿于阴中的泻利（《脾胃论》），我们仿其法而应用于气虚下陷的久泻证，多获疗效。但升举阳气以治泄泻，实不始于李东垣，张仲景在《伤寒论》中已有先例，不过不是内服药而是用温灸法，他说：“少阴病，下利，脉微涩……当温其上，灸之。”方有执释曰：“上，谓顶，百会是也。”由于百会穴是督脉经穴，位在巅顶，主一身之阳气，凡属阳气下陷的泄泻，或泄泻久而元气将脱者，灸百会能使阳气健行，泄泻自止。说明飧泄的病理是清阳下陷，升清阳治飧泄，是恢复生理之常的一种治法。但清阳下陷的疾患，不一定限于飧泄，也可能病便血、脱肛，因此，后人根据升清阳而治飧泄的经验，投治同一发病机制的便血和脱肛。至于散浊阴以治䐜胀，李东垣采用内外兼治的方法，先灸中脘引胃中升发之气上行清道，接着用木香顺气汤使浊阴之气下降（《脾胃论》）。周慎斋则更有亲身体验，他针对“浊气在上则生䐜胀”的病机，制订和中丸（主药是干姜、肉桂、茱萸，另以人参、益智仁、青陈皮、紫苏、泽泻、小茴香、破故纸、薏苡仁、芍药煎汁拌炒。详见《存存斋医话稿》）。喻嘉言则创温中降浊法——先服理中汤，接服旋覆代赭汤，以治浊阴上逆的膈证和哕证（《寓意草》）。王孟英更加活用，仿其法以治噫气（《王氏医案》）。他们总的治法，无非使在上的浊阴下降或疏散，则䐜胀、膈、哕、噫气等疾患自隐。这一系列的治例，都是在经文的启发下而获得的。

（四）“阴者藏精而起亟，阳者卫外而为固”（《素问·生气通天论》）

本条经文总的意义，指出阴的性能是蕴藏精气而供给养料，阳的性能是保卫外层而使其巩固。也就是说，属于营养性的阴精，必须要有具有生化运动和卫外功能的阳气，才能发挥它蕴藏精气而供给养料的作用；同时，阳的卫外功能，也必须要有属阴精的精微不断支援，才能发挥它在外所起的保卫作用。正因为阴阳是相互为用的，才能保持机体的健康。否则，内在的阴不能蕴藏精气，势必养料亏耗，渐成为内伤的因素；卫外之阳失于保卫，则肌腠不固，易遭外邪侵袭。前者即是“营阴虚”，后者即是“卫阳虚”。营阴虚的现象为脉数无力、口燥咽干、内热便结，同时还会伴发失眠、健忘或梦遗；卫阳虚的现象为脉大无力、少气懒言、畏风怕冷、食少便溏。这是营阴虚和卫阳虚的一般情况。

但阴失藏精和阳失卫外这两个病机，仍是阴阳某一方面的失调，因此临床表现尚不严重，如果阴或阳的某一方面失其凭依，或不相为用，形成“阴不为阳守”和“阳不受阴使”的反常局面，那么所见的症状便不如阴失藏精和阳失卫外那么简单了。

“阴不为阳守”的病变，在大泻久泻或大出血以后最为常见，由于大泻久泻及大出血则阴伤于内，不能为阳守，临床症状必见脉微、目闭、唇白面㿠，或气喘不得卧；进一步则阴尽阳无所附而肢冷汗出了。“阳不受阴使”的病变，在虚人或老年误发汗者最为常见，由于不应汗而强发汗，或大汗不止，则阳亡于外。《伤寒论》第20条桂枝汤加附子汤证及第68条芍药甘草附子汤证等，都是典型病例。

从汗多亡阳、下多亡阴的病理机制中，充分反映出“阳在外，阴在内”的生理现象。

总之，阴精内藏，卫阳外固，是阴阳各尽其职；阴为阳守，阳为阴使，是阴阳相互为用，这都是人体生理方面的正常表现。反常方面，有两种不同的病理机制，轻的是“阴精失藏”或“卫阳失固”，重的是“阴不为阳守”或“阳不受阴使”，酿成“亡阳”“亡阴”的危险证候，过此不治，便成了“阴阳离决”了。至于治法，盛启东《医经秘旨》有扼要论述，他说：“过用阴精而阴脱于下，暴汗伤阳而阳脱于上，则各补其阴阳。”他又说：“阴虚阳无所附，法当峻补其阴以摄纳其阳；阳虚而阴无所依，法当峻补其阳以承领其阴。”这几个治疗措施，前者是适用于“阴精失藏”或“卫阳失固”的病机，后者是适用于“阴不为阳守”或“阳不受阴使”的严重局面，用得其当，可以使反常的病理，回复到正常的生理情况。

（五）“阴胜则阳病，阳胜则阴病，阳胜则热，阴胜则寒”（《素问·阴阳应象大论》）

上面已一再提到，人体内阴阳要平衡，才能保持健康，如果阴或阳偏

胜，就会影响相对一面发生病变。阳的属性是热，阳胜就会发热；阴的属性是寒，阴胜就会怕冷。但体内阳偏胜为病的机制，是由少火而壮火而亢阳，阳热伤阴，势所必然。若阴胜就不是这样，它是由于阴寒盛而淹没元阳，或由阳不足而导致阴盛。因此，本条经文句首的“阴胜”和“阳胜”应作阴寒盛或阳热盛来理解，不能当作体内的阴阳正气旺盛；而句尾的“阳病”和“阴病”，则是指体内的正气受伤。病变现象，正如“阴胜则寒，阳胜则热”，它们的具体症状及转归，“阴阳应象大论”也有明白指出，现在为了便于叙述，列表做如下分析。

1. 阴胜则阳病——虚寒证

阴偏胜的症状：
- 身寒——阴胜则寒
- 汗出——阳虚表不固
- 身常清数寒栗——阴盛阳虚
- 寒则厥——寒后不能发热,更进入厥逆阶段
- 厥则腹满死——阴寒内结,无阳气以运化

2. 阳胜则阴病——实热证

阳偏胜的症状：
- 身热——阳胜则热
- 腠理闭——阳盛表实
- 喘粗为之俯仰——阳实于胸,呼吸喘息,不能安卧
- 汗不出而热——阴液受灼不能作汗(即所谓干热)
- 烦冤腹满死——肠中燥实内结

上面经文举出两个病例的症状，与我们临床所见到的完全相符。但是“阴胜则阳病”和“阳胜则阴病”的病变，在临床上却有几种不同的现象。例如：①“阴胜则阳病”：其本证轻则形寒怕冷，四肢倦怠，食不化，大便溏，脉大无力，甚则肢冷自汗，腹痛吐泻。日久则脾肾阳衰，变证为胀满（脏寒生满病）或水肿。另有“阴胜而阳尚不病”的，可分两种情况：一为表寒证，头痛，项强，发热恶寒，无汗，骨节烦疼，脉紧，舌苔薄白；一为里寒证，形寒肢冷，脉迟缓，苔白不渴，呕吐，腹痛便泻，甚或肢厥脉微，下利清谷。②“阳胜则阴病”：主要表现在温热病液烁阴伤的阶段。最重为热陷肝肾之候，证见日轻夜重，口干消渴，饥不欲食，食则吐蛔，腰酸足冷，烦躁不寐，小便涩痛，甚或癃闭，舌绛无苔，或干黏带紫酱色；次为热陷冲任之候，证见朝凉暮热，冲任脉动，少腹里急，阴中拘挛，甚或舌卷囊缩，小便涩痛，男子遗精腰痛，女子带下如注，舌质焦紫起刺如杨梅，或舌

红无苔而胶黏。另有“阳胜阴尚不病”的，临床表现也有两种情况：次为热在营卫之候，证见身热汗自出，不恶寒反恶热，烦躁口渴，唇燥，鼻孔干，目珠胀，舌苔白而底绛，或身热反减而恶热反甚；最轻为热在气分怫郁之候，证见胸胁满痛，按之热甚，咽燥喉痛，小便色黄，舌苔黄腻而燥，或见红点，或有裂纹。

在“阳胜则热，阴胜则寒”的同时，临床上还可以见到“阳胜则实，阴胜则虚”的现象。前者可联系到《伤寒论》表实的麻黄汤证和里实的三承气汤证，后者可联系到太阴病篇有关各条。于此，可见《内经》理论本来源于实践，一经印证，更觉显然。

（六）“阳虚则外寒，阴虚则内热，阳盛则外热，阴盛则内寒”（《素问·调经论》）

上文“阳胜则热，阴胜则寒”，说明寒和热的病象是随着阴阳偏胜而出现的，因此，临床症状也随着他们的不同属性而反映出来。然而“热”并不一定是本身的“阳”胜所致，可能因阴不足而产生；“寒”也不一定是本身的“阴”胜所致，可能因阳不足而产生。在这相互错综的病理机制里，古人是通过无数次的临床观察而得出一个辨证经验的，从“外热”“内热”“外寒”“内寒”的现象中，区别出“阳盛”“阴虚”“阳虚”“阴盛”的机转。鉴别诊断方法为阳虚的外寒与有表邪的恶寒不同，前者是不发热或微热不甚，脉大无力，舌淡口和；后者多发热头痛无汗，脉浮有力，并见骨节烦疼。同时，阳虚的外寒也不等于阴盛的内寒，阳虚外寒的冷感轻，阴盛内寒的冷感重。而且阳虚的外寒，多并自汗畏风，阴盛的内寒多并下利清谷。至于阴虚的内热和阳盛的外热也有差别，前者是肾阴素亏，虚火渐炽，而成骨蒸内热；后者是寒邪郁于肌肤，汗不得泄，形成体若燔炭的表热证。实际上，经文所说“阳盛则外热”，是由于表受寒邪，导致阳气怫郁而发热，不是真的阳盛，真正阳盛的外热，表现在“中暑”“暑湿”等证候里，在伤寒阳明经证中亦有之。

（七）“重阴必阳，重阳必阴”（《素问·阴阳应象大论》）

“阴胜则阳病，阳胜则阴病”，即阴阳偏胜的常病；“重阴必阳，重阳必阴”是病理变化的反常现象，由于阴阳偏胜趋于极点所导致。它的机制与《灵枢·论疾诊尺》所说“重寒则热，重热则寒”和“寒盛则热，热盛则寒”是一致的。它反映到临床方面，即是“阴盛格阳，阳盛格阴”的

证候，也即“阴极似阳，阳极似阴”的证候，说得更明白些，那就是“真寒假热，真热假寒”的本质与观象的问题了。具体的临床表现，分析如下。

1. 重寒则热（阴极似阳）

例如身热面红，口渴喜冷，手足躁扰，语言谵妄，悉似阳证；但身虽炽热而欲得衣被，口虽喜冷而不欲咽，手足虽躁扰而神静，语言虽谵妄而声微。这是里真寒而表假热，也即阴盛于内，逼阳于外的“格阳”证。另有一种“戴阳”证，其病机也是真寒假热，但现象与“格阳”有些不同，“格阳”的真寒假热，表现在体内和体表，“戴阳”的真寒假热，表现在下部和上部，其症状为气短息促，头晕心悸，足冷，溺清，大便或溏或泻，面色娇红带白，口燥齿衄或鼻衄，甚或烦躁或去衣被。这是阴竭于下，阳越于上，上假热而下真虚寒的“戴阳”证，临床多见于肾阴不足，虚阳上越的患者。

2. 重热则寒（阳极似阴）

例如手足厥冷，身卧如塑，悉似阴证；但审其内证则口燥舌干，苔起芒刺，渴欲饮冷，喜寒恶热，小便赤涩，大便闭结，或自利清水，臭气极重，此皆里真热而表假寒，也即阳盛格阴的证候。其四肢的厥冷，上肢必冷不过肘，下肢必冷不过膝，不像真寒证的肢冷过肘膝。以上一系列现象，多见于伤寒热甚，失于汗下，或温病伏热深沉，不得外达的患者。

总之，“重寒则热，重热则寒”，是阴阳偏胜的实病，因而症状也错综复杂，充分表现出本质与现象的特殊矛盾。根据古人临床经验，要认识阴盛格阳的关键，先从脉象上去找，由于本证病机是阴寒内盛逼使真阳散越于外，外象虽呈种种假热证，而脉搏必浮数，按之欲散，或浮大满指，按之则豁然空空。辨别阳盛格阴的关键，则要注意辨舌，因此证是阳郁于内，反见“胜己之化”于外，虽见肢冷脉伏，吴又可谓“体厥脉厥”，故脉象难凭，而察舌则较可靠，其舌质必干燥不润，边尖红赤而不淡白，多呈黄苔或黄糙苔。附述于此，以丰富“重阴必阳，重阳必明”在临床上的应用。

（八）“诸寒之而热者取之阴，热之而寒者取之阳，所谓求其属也”（《素问·至真要大论》）

前条“重阴必阳，重阳必阴”，说明阴阳偏胜的病理机制；本条则指出“阴阳偏衰”的从治法。经文认为某些热证，如通过苦寒药治疗而热仍不退，那就要考虑这“热”不是阳邪盛而是真阴衰，应当采取养阴以退热；某些寒证，如用辛热药治疗而寒仍不除，那就要考虑这“寒”不是阴邪盛而是真阳衰，应采取补阳以除寒。“阴阳应象大论”指出“阳病治阴，阴病治阳”，即是此意。王冰所谓“壮水之主，以制阳光；益火之源，以消阴翳”，是从病的根本上探求治疗法则，既恰当，又有效。盛启东更把它申述为“黄连、苦参久服而反热，附子、干姜多饮而反寒。虽云久而增气，反招见化之尤，究不外寒之不寒，是无水也，热之不热，是无火也”，则更言之有物了。

举例来说，凡肾阴不足、虚火上炎的患者，虽见热证如目赤、口干、舌红、咽痛等，却不能用苦寒直折真火，宜壮水滋阴，使真阴渐复虚热自退。又如真阳不足的患者，症见形寒畏风，腰背觉冷，肢末不温，却不能纯用辛热药以祛寒，须用附桂八味丸之类补水中之火，使真阳充足，寒象自除。这是一般的临床证治。

在此，可以联想到，下多亡阴而阳脱，或汗多亡阳而阴脱，则脱阳者当补真阴，脱阴者当补真阳。所以古方真武汤重用白芍，生脉散必用人参，意义均非常明显。前人治例，阳脱由于真阴下竭的，俞根初以龙牡复脉汤（《重订通俗伤寒论》）固护元气，敛用益液，摄纳真阴，镇潜虚阳；阴脱由于元阳外泄的，冯楚瞻用全真一气汤（《冯氏锦囊秘录》）在大剂滋阴药中佐参附助长气化，使上能散津于肺，下能输精于肾。这一病理机制和治疗方法，与经文“寒之而热取之阴，热之而寒取之阳”可以融会贯通，所谓“各求其属”。

以上八条，第一条则以自然现象的正常和反常，印证人体生理方面、病变方面及其治疗；二至四条，则以生理的阴阳印证病理的阴阳；五、六两条，从“寒”或“热”的病理反映中分析出阴阳的偏衰和偏盛，并加以对比、互勘；第七条说明阴阳偏胜而造成特殊病变时不能只从寒热现象上去观察，而要从寒热转化过程中勘出它的本质；第八条则说明阴阳偏衰的“从治法”。

由于水平及经验所限，不能把阴阳理论全部应用到实践中去，仅对文献中所见的进行试述，然而已体会到古人将阴阳学说应用于临床的精深广博。

五、阴阳五行学说教学余义

阴阳五行学说是中医基础理论的一个组成部分，也是学习中医的第一门新课。章节新编，理论古老，对初学中医者来说，肯定有陌生感。既苦于难理解，又不能把前后内容联系起来融会贯通；如果对前一个内容的理解发生窒碍，后一个内容也会搁浅。现按照《中医学基础》教材（1974年版，北京中医学院主编），以历年来教学这门课的体会，提出“三个联系”，作为一份辅导资料，名之曰“教学余义”。

（一）学习阴阳五行的基本内容，必须联系它们在医学中的应用，为理论与实际结合迈出第一步

阴阳五行学说是古代的一种朴素的唯物主义自然观，古人就用它来阐释中医理论。它们在生理上，以阴阳分气血、脏腑，并提示功能与物质的关系，以五行属性配合五脏，以五行相生、相克解释五脏之间的相互关系；在病理上，以阴阳分邪正、寒热、虚实，并以五行相乘、相侮关系说明五脏之间病变的复杂性；在辨证上，以阴阳和五行分析脏腑疾患，为八纲辨证及疾病的传变做出了启示；在治疗上，以阴阳制约的理论订出原因疗法和对症疗法并分析药物的性质和功用，还按照五行生克原理订出若干个治疗法则。以上这些，是《中医学基础》教材中关于“阴阳五行学说”的教学提要，也是在课堂教学中所反复强调的。

《中医学基础》对阴阳五行学说的编写，都分作“基本内容”和“在祖国医学中的应用”两部分。内容由浅入深，由此及彼，从理论到应用，从自然现象说到人体的生理、病理、诊断和治法。整个学说犹如一条龙，首尾相应，使《内经》中古奥的、散在于各篇的阴阳学说，出现层次分明、络脉贯通的新篇章。体现出基础科学为应用科学提供了基础理论，而应用科学为基础理论提供了一定的技术和实践基础。

其中阴阳学说第一个基本内容——相互对立，不但说明人体的组织结构和生理功能，还以此用于疾病的诊断、辨证和治疗。特别如望闻问切之分阴阳，八纲辨证之分阴阳、表里、寒热、虚实，都有一定的指导意义，给中医学奠定了理论基础。汉代张仲景《伤寒论》中的六经分证，也是根据阴阳相互对立的理论，从二推广到六，结合临床实践而逐步形成的。据了解，阴

阳学说中的相互对立还容易懂，但对立中的抑制作用，则比较难理解。《中医学基础》引用能说明问题而富有逻辑性的古医成语来阐述——“动极者镇之以静，阴亢者胜之以阳”。这两句术语，是明代医家张景岳的名言。他对阴阳学说很有研究，在他著述的《类经》和《类经附翼》中，对阴阳学说曾提出不少见解，有的已上升到理论，在《景岳全书》中，还把理论结合到临床实践中，取得一定疗效。他的元阴、元阳和肾阴、肾阳等理论，已为现代中西医家作为临床研究课题。我们光以他上述两句，就感觉到是有实践的理论，而不是空洞的理论。它提示动与静，阴与阳从相互对立中达到相互制约的关系。上一句，说明人体生理方面固然需要动静结合（劳动后的休息，高温时的降温）；病变时，也需要有同样的方法来治疗，如血热妄行的吐血、衄血，肝风内动的肢体抽搐，热毒内盛的狂躁，都需要清凉性、镇静性的治法。下一句，说明阴寒内盛的全身怕冷，四肢不温，大便泄泻，小便清白等病象，都需要用温热药或艾灸或热敷等方法。如由于阳气不足、阴寒凝聚，影响气血运行，功能逐渐衰退时，在生活方面，用适当的体育活动，或精神上促使兴奋，以起到一定的鼓舞作用；在治疗方面，用辛热或温通的阳性药物，以制约阴邪，使阳气复苏，如古人用麻黄附子细辛汤治疗阴寒夹水湿的水肿，近人用冠心苏合丸及细辛气雾剂治疗心阳不振的心绞痛。其理论根据都是“阴亢者胜之以阳”。以上一系列生理、病理及治疗，都用对立的矛盾说明阴阳是相互制约的。就其内容含义，可以联系到“阴阳学说在祖国医学中的应用”一至五项，前后对勘，肯定能收到互相启发的好处。

接着，“阴阳相互依存”和“相互消长”，它们之间在生理、病理、治疗上彼此存在着联系，而且前一内容与后一内容，连贯性也很强。例如，“阴阳相互依存”，是以阴阳为主体而联系到气血。从气血生化过程来说，阴血的生化和循行，必须依靠阳气的温养，阳气的输布和流通，也有赖于阴血的滋润。气血相互生化是这样，阴阳相互依存也是这样。这种阴阳相互依存的关系，中医学上又叫“互根”。阴阳互根的理论依据，来自《素问・阴阳应象大论》“阴在内，阳之守也；阳在外，阴之使也”，意味着属于物质的阴在内藏守，给阳做供应；属于功能的阳在外循行，做阴的护卫。人体阴阳互根，在正常情况下，表现为呼吸时气的升降（呼时气升，吸时气降），动静时的兴奋和抑制（动时兴奋，静时抑制）；在病变情况下，一方面标志着阴阳相互依存的关系已趋于脆弱（还不到破裂程度），一方面提示着邪正

斗争的现象逐渐呈露，于是构成“阴胜则阳病，阳胜则阴病”的病机，而出现“阴胜则寒，阳胜则热”的病象。这是属于外感寒湿之邪或暑、热之邪的疾病。其属于正虚内伤的，为“阳虚则寒，阴虚则热”，原因是体内阳气虚弱，不能温养，致阴寒之气内盛而出现恶寒证；或体内阴液不足，不能制阳，而出现阴虚阳亢的虚热证。这时，阴阳相互依存的关系已经破裂，生理现象已进入病变现象的阶段。

至于阴阳相互消长，也应该从生理到病理去认识。阴阳消长的正常情况，是“阳消阴长”或“阳长阴消”的交替活动。从生理角度上说，各种功能活动（气和力的形成）的产生，必然要消耗一定的营养物质（精、血、津液），即是“阳长阴消”；饮食物的消化吸收（精血的化生），必然要消耗一定的功能活动，即是“阴长阳消”。如前所述，精神方面的兴奋和抑制过程，气血津液（精）的新陈代谢过程，抗病因素与致病因素相互斗争的过程，都属于阴阳消长的范畴。从病理角度上理解，则不能仅认作“阴阳消长”，而是“阴阳消长失调”。如果说阴阳互根是生理上相对的静的过程，那么阴阳消长就是生理上相对的动的过程；而阴阳互根趋于破裂，即阴阳消长失调的病变形成。两者的关系是这样衔接的，突出“失调”二字，就是从生理之常走向病理之变。阴阳消长失调的概念，应包含邪与正两个方面。邪与正各有阴阳，正为真阴和真阳，邪为寒邪与热邪。由于邪正相搏，于是构成了“阴邪”与“阳气”或“阳邪”与“阴精”的相互斗争，那就出现阴阳偏盛、偏衰的疾病了。其中阴阳偏盛是属于邪盛，阴阳偏衰属于正虚。

这里要把他分析：阴阳偏盛的两种病，是受了暑、热或寒、湿的外邪；而阴阳偏衰的两种病，则属于正虚的内伤。后者的辨证施治比前者复杂，除了阴虚补阴（壮水之主，以治阳光），阳虚补阳（益火之源，以消阴翳）以外，还要落实到五脏考虑到气血。一般来说，气属阳而血属阴，但并不意味着阳虚就是气虚，阴虚就是血虚。因为在阴或阳的偏虚之中，就可能含有气和血两部分的不足，而气或血的不足，却不能认为就是阳虚或阴虚。

再进一步分析：阴阳消长失调，虽已属病理范围，但还是属于一般性的（从《中医学基础》中所举的几个病例可以看出）。至于“阴阳相互转化”，那是一种特殊的、反常的病态，是“阴阳消长失调”最严重的阶段。《中医学基础》中也指出，“如果说‘阴阳消长’是一个量变过程的话，那么‘阴阳转化’是属于质变的过程。”所谓“质变”，就是“阴阳相互转化”，主要是：①阴证转化为阳证，具体表现为寒证转化为热证，虚证转化为实证。②阳证转化为阴证，具体表现为热证转化为寒证，实证转化为虚证。这一系列的阴阳转化，古人的理论是“重阴必阳，重阳必阴”和“寒极生热，热极生寒”（《素问·阴阳应象大论》）。这是古人的朴素的辩证法，其实是脱离具体条件讲变化，不符合客观实际。

在病变过程中，阴阳转化的主要条件，通过多次临床观察，大致有下列四点：①决定于患者体质的强弱（体质较强的，阴寒证容易转化为阳热证；体质弱的，阳热证容易转化为阴寒证）。②决定于病邪的轻重（病邪轻，原来属于阳证的，不容易转化为阴证；反之，容易转化为阴证）。③医生用药的过量或过剂（阳热证或实证用寒凉药或泻药过多，往往能转化为阴证、寒证、虚证；阴寒证或虚证用温热药或补药过多，也可能转化为阳热证或实证）。④患者的迁延贻误。以上导致病证阴阳转化的几个条件，仅凭个人临床观察所得，还属于感性认识，有待今后继续观察。

根据临床印证，“阴阳转化”是从量变到质变的病理变化，而“寒极生热，热极生寒”，则是内真寒外假热或内真热外假寒的疾病本质和现象的关系。两者病情是有区别的。进一步分析，阳证转阴（包括表证入里、热证转寒、实证转虚），多是外感热性病的恶化转归；而阴证转阳（包括里证出表、寒证转热、虚证转实），则多是病机的好转。两者的轻重是有区别的。另外，阴阳转化，多见于外邪致病的时期或好转期，而“阴损及阳”或“阳损及阴”，则多见于慢性病患者，正气逐渐消耗，真阴真阳与邪气“同归于尽”而危及生命。虽然都属于阴阳消长失调为病，但邪正之间病变的轻重缓急，各有不同，需要在教与学的同时细致地分析。应用有一定的局限性，五行学说基本内容第一项“对事物属性的五行分类”，取象到人体，尚有理致，能说明脏腑的生理功能与相互关系的一部分；取象到自然界，就不那么妥帖。关于事物属性的五行分类，在人体应以五脏为基点，从而推联到六腑、五官、形体和情志；对自然界应以五季为基点，从而推联到五气、五味、五化、五色（五方不能列入）。五行通过五脏和五季做桥梁，才能左右联系，应用到医学方面。如果以五行为主体抽象地推演，就不可避免地重蹈历史上自然哲学的覆辙，犯机械唯物主义的错误。五行学说从本内容第二项“五行的生克乘侮”，即其相互滋生、相互制约及亢则害、承乃制等方面，用直接和间接的关系，反复说明五脏之间的矛盾，可以补充阴阳学说的不足，更灵活地运用于人体生理、病理和辨证治疗，特别是五行生克在治疗中的运用。概括来说，五行学说在医学上的各种论证与推理，都以上述两项基本内容为论据，贯穿到“应用”部分的前三项中。如果把前后内容分别联系一下，“基本内容”中的五行配五脏及相生相克，是紧扣“应用”部分一、三两项（“说明脏腑的生理功能和相互关系”及“用于诊断和治疗”）的，而相乘相侮，则紧扣“应用”部分第二项（“说明脏腑的病理影响”）。在说明脏腑间的病理影响时，“木乘土”是肝气郁结而影响脾胃的消化吸收（五行术语称“木郁土虚”）；“土侮木”是脾胃之气郁滞而影响肝气不舒（五行术语称“土壅木郁”）。这些对病机的认识，是比较辩证的。联系到下文以五行生克所订立的治法，同为五行学说中理论结合到应用的精粹部分。其中扶土抑木法用以治疗“木乘土”证，不但前后内容有照顾，而且治疗与病机亦宛转相赴，余义不尽。在说明诊断方面，着重在色诊：属于一般性的，如“面见青色，喜食酸味，脉见弦象，可以诊断为肝病”等。有特殊意义的，如“脾虚病人，面见青色，为木来乘土”，这对于患久泻病的小孩，凡见鼻梁、鼻旁、指纹出现青色隐隐者，必转抽搐，有一定预诊意义；“心脏病人而见黑色，为水来克火”，对心阳衰微、阴寒内盛而发生心绞痛的患者，也极有决诊价值。在说明治疗方面，据初步统计，得二十多法，《中医学基础》举例为培土生金、滋水涵木、抑木扶土、壮水制火四法，但都必须落实到五脏，才能起作用。前两法是从相生角度上做出治疗，后两法是从相克角度上做出治疗。

诸如此类，是五行学说的可取部分，历代医家各有阐发，清代名医如叶天士、吴鞠通、费伯雄、张聿青的著作中，均多次引用。恰如其分而能说明问题的，为尤在泾医案中的一则，“胎前病子肿，产后四日即大泄，泄已一笑而厥，不省人事；及厥回神清，而左胁前后痛满，至今三月余。形瘦，脉虚、食少，少腹满，足肿，小便不利。此脾病传心，心不受邪，即传之于肝，肝受病而更传之于脾也。此为五脏相贼，与六腑食气水血成胀者不同，所以攻补递进而绝无一效也；宜泄肝和脾法治之”，说理明白，无陈腐气。近人《蒲辅周医案》和《蒲辅周医疗经验》两书中，五行学说也有不同角度的引用和分析。古方中常用的如左金丸、金水六君煎及益黄、导赤、泻青等丸散，都是根据五行治法而订立的。可见五行辨证施治，也有一定临床应用价值，问题在于如何进一步把它整理提高。

（二）学习五行学说，必须联系阴阳学说，彼此比较对勘，从而认识两个学说的精粗

阴阳学说的基本论点与五行学说的基本论点相比较，某些部分确有精粗不同，因而在临床应用方面，范围亦有广狭。

阴阳能说明人体脏腑、气血、精、津液等生理功能及表里、寒热、虚实等病理变化，五行则缺乏此种全能。尽管生克（制化）乘侮多方演绎，终不能与阴阳并驾齐驱。因为五行学说的逻辑性不及阴阳学说精切，其应用的广狭，是不以内容“五”与“二”的多少来决定的。

先举“阴阳相互对立”与“五行相生相克”做对比，说明阴阳在医学上的实用价值和指导意义。由于阴阳是代表事物相互对立又相互联系的两种属性，而不局限于某一特定事物，所以应用面广。在《内经》这一本书里，除以阴阳阐明一系列医学问题外，《灵枢·经脉》还以“手足三阴、三阳”说明十二经脉的表里上下循行往复。这个经络学说，是研究人体经络系统的生理功能、病理变化及其与脏腑相互关系的学说，是中医基础理论中又一个重要组成部分。进展到东汉时代，张仲景在《伤寒论》中以“三阳病”（太阳、阳明、少阳）、“三阴病”（太阴、少阴、厥阴）两大类，从病证上、治疗上反复推论，反复验证，奠定了中医辨证论治的理论体系。经络学说和六经辨证，是古代中医的两大创造，目前仍发挥其新的作用，且都是以阴阳相互对立为基本论点而建立起来的；五行学说则无此生命力。

再举“阴阳相互依存（互根）”说明人体生理活动，与“五行相生相克”做对比。①从精、气、神角度上说，气和神属阳，精属阴。它们的关系是：李东垣以阴阳互根的理论，认为“积气以成精，积精以全神”“气乃神之祖，精乃气之子”（气—精—神）。说明阳气和阴精的生化过程及其功能，五行学说以生克制化加“母子关系”，阐述不了这个问题。②从气和津液的角度上说，气属阳，津液属阴。它们的关系是：赵晴初据阴阳相互依存的理论，认为“气呵水愈足，征气津之不相离矣。气若离乎津，则阳偏胜，即‘气有余便是火’是也；津若离乎气，则阴偏胜，即水精不四布，结为痰饮是也”，说明气和津液的生理情况和病理变化。五行学说无此明白晓畅。③从人体生理之常说到特殊病变，喻嘉言借阴阳互根的理论，认为“人身之阴阳相依而不脱……阳欲上脱，阴下吸之，不能脱也；阴欲下脱，阳上吸之，不能脱也”。阴阳相脱的病象是“阳脱于上者妄见妄闻，身汗多淋漓；阴脱于下者不见不闻，身体重着”。这些从阴阳互根到互脱的巨大变化，五行学说也

说明不了。《中医学基础》还引《素问·生气通天论》“阴平阳秘，精神乃治；阴阳离决，精气乃绝”，上两句是“互根”的现象（表现在精神方面），下两句是“互脱”的结果（着重在精与气），词简而义明。

但是五行学说也有它的特点，即以五行生克乘侮关系说明脏腑间的病理影响。《中医学基础》举“两传三影响”（肝病传脾，脾病传肝，肝病影响心、影响肺、影响肾）为例，其说理的成熟，足与阴阳学说相颉颃，独树一帜，阐述疾病传变的机制。古医书《难经》和《金匮要略》里首先绍述这一理论，以后各家学说都有不同程度的发挥，至清代叶天士温病的顺传、逆传，更有进一步发明，后先辉映，从而推动学术的进展。

五行学说的第二个特点，是创立多种疗法来适应复杂病机，足以补充阴阳学说治法的不足，从而丰富中医立法处方的内容，也是可取的。例如“壮水制火”法，其学术性和临床应用，已超过阴阳学说的“热者寒之”，可与“诸寒之而热者取之阴”及王冰所注的“壮水之主，以制阳光”并传于世，作为治疗法则。又如“滋水涵木”法和其他以五行生克制化为依据的治法，也都有不同程度的学术意义和应用价值。不过由于水火概念欠清，含义各别，确是美中不足；这和阴阳学说中的阴阳或指正气，或指病邪，所指太泛，同样是古代医学理论的缺陷。因此，对阴阳五行学说，必须用历史唯物主义和辩证唯物主义的观点加以分析，批判地继承。

（三）学习阴阳五行学说，都有必要联系到脏腑，特别是五行学说，更要联系脏腑和阴阳

《中医学基础》中阴阳学说的应用第一项“说明人体的组织结构”中提到，每一脏腑又有阴阳之分，如心有心阴、心阳，肾有肾阴、肾阳等。既提出脏腑有阴阳之分，也就是说阴阳要联系到脏腑，联系脏腑的主要目的当然是为了应用；更现实的是，五脏的生理功能，确是各具阴阳。这里根据五脏的功能，做一些补充。

1. 心阴和心阳

心阳振奋，胸中大气布化；心阴得到温润，血行畅达，心动和脉搏均匀流利，意识明朗，精神焕发。

2. 肝阴和肝阳

肝阴能制约肝阳，使肝阳不亢不郁；肝气的条达疏泄，保证肝血有行有归，得到合理的贮藏和调节，妇女月经按期来潮，也是肝阴肝阳协调的表现。

3. 脾阴和脾阳

脾阳健运，饮食物能化生精微，为“后天之本”；脾阳能鼓舞脾胃之阴，共同起到布敷饮食所化的精气，以供应全身，使肌肉充盈温暖的作用。

4. 肺阴和肺气

肺气主宣发（升），肺阴主清肃（降），升降无阻，呼吸调畅，无“阳不下伏”及“右降不及”（叶天士语）的现象，使气血津液散布周身。

5. 肾阴和肾阳

肾阴是肾阳的物质基础（阴精），肾阳是肾阴补充的主要动力（元气），一般称为真阴和真阳（又称“真水”和“真火”），同为机体生长发育的根本（先天之本）。

以上五脏的阴阳，各有各的功能，把它们联合在一起，更能说明五脏的功能活动，进一步便于辨证施治，有裨于临床应用。近年来，复旦大学上海医学院从调补肾阴或肾阳入手，通过多次临床实践和实验，对无排卵性功能失调性子宫出血、支气管哮喘、妊娠中毒症、冠状动脉粥样硬化症、红斑狼疮、神经衰弱等六种不同的疾病，进行补肾阴或补肾阳的治疗，各取得疗效。《新中医》1974年第1期有《调补肾阴肾阳对妇科病的运用》一文，亦可参证。最近，有从心阴心阳方面辨证施治治疗冠状动脉粥样硬化性心脏病，有从肝肾阴虚和脾肾阳虚辨证施治贫血。这都说明脏腑应该联系到阴阳，阴阳应该联系到脏腑，才能对临床治疗起到进一步的作用。

至于五行联系到五脏，不但有必要，而且正由于五行配五脏，才成为学说，才应用到医学上来。《素问·阴阳应象大论》及《素问·金匮真言论》各提到五行配五脏，不是偶然的。问题在于五行特性狭隘，不能完全说明五脏的生理功能，有的“比类”而实非其类，有的“取象”，而仍难想象（例如木火与肝心尚可比类，金与肺实无从取象），于是益以相互生克乘侮的一环，来说明五脏间相互滋生、相互制约的关系。以这两个内容为纽带，构成了五行学说长期以来次于阴阳学说而成为历代医家所习用的一种理论。历代医家在著书立说及医案的字里行间，也告诉我们一个秘密，即五行学说必须联系五脏，在医学上才可派上用场。应用到诊断及辨证治疗上，五行只联系到五脏，还嫌不够，就必须联系到阴阳。叶天士根据“水火为阴阳之征兆”的理论，指出“火性本热，使火中无水，其热必极，热极则亡阴而万物枯焦；水性本寒，使水中无火，其寒必极，寒极则亡阳而万物寂灭”，说明水火与阴阳同气，水火应该交济，心肾也必须相交，不能不交。同时还说明心阴与心阳，肾阴与肾阳有共济的必要。这是正常情况，在病态中，如心脏疾病患者面见黑色，为“水来克火”，这“水”是指外来或内在的阴寒之气，而“火”则是指心阳，这一色诊，多见于心阳衰微的心绞痛患者，也可能出现于肾阳不足的黑瘦患者。此外，在治法补虚、泻实方面，要认清脏腑气血之偏虚偏实。如常用的培土生金法，一般适用于肺脾两虚，咳嗽食少患者，肺脏本身受损，须依靠母气（脾胃之气）支援。长于健脾的参苓白术散，固属对证，而善于养胃阴的益胃汤，也有应用机会。又如抑木扶土法，浅解是疏肝健胃，进一步理解是抑制太过的风木之邪，以扶助中土。肝胆与脾胃各分阴阳，在运用抑木扶土法的同时，必须辨别所抑之木，为阳木（胆）或是阴木（肝），所扶之土，为阳土（胃）或是阴土（脾）。痛泻要方的作用，是抑阴木而扶阴土；温胆汤的作用，则可认为是疏阳木而和阳土。这都说明五行学说的应用，除联系脏腑之外，确实有必要联系到阴阳。

我们绝不能抱残守缺，而是要左右逢源，学以致用。本文为课堂讲稿的深化，意图提高基础理论课的教学，使学生们从懂到通，几年后达到能用。那时候，就知道阴阳五行这一门基础科学是应用科学的基础理论了。

六、对《内经》中两组治则的探讨

（一）试析《素问·阴阳应象大论》中的一组治则

《内经》理论古朴渊雅，学说博大精深，欲求全部会通，自知有困难。兹取《素问·阴阳应象大论》有关论治经文，边议边分析，并结合临床实际，试达如次。

1. 前提

（1）治病求本。原文：“阴阳者，天地之道也，万物之纲纪，变化之父母，生杀之本始，神明之府也，治病必求于本”。

析：本条经文，《素问·天元正纪大论》亦引述，不过“阴阳”上有“夫五运”三字，“神明之府也”下有“可不通乎”一语。说明阴阳五行为医学上辨证论治的纲领，由来已久，所以两“大论”中都着重提出。

“治病必求于本”，是最重要的一句，也是全文中画龙点睛的一笔，重点在一“本”字。所谓“本”，就是致病的原因，并推求其阴阳、脏腑、寒热、虚实。前人注解本条经文，从不同程度上各有所阐述，其中尤推张介宾以详明胜，张志聪以精切胜，读者可领会其要义。在临床实践方面，仲景有不少治法，足资启悟。一为甘草干姜汤治肺痿，肺痿多属肺虚有热，一般治从清滋，但甘草干姜汤证是汗、吐、下后损其津液而成，当然非清滋法所宜，用甘温法即是治其本；二为“妇人宿有癥病，经断未及三月，而得漏下不止，胎动在脐上者，为癥痼害……当下其癥，桂枝茯苓丸主之”。下癥以治漏，去瘀以安胎，是治本之具有手眼者。再如白虎汤之治热深厥深，黄土汤、桃花汤之温补以止血，五苓散泄水以治消渴。其法其方，随处都包含着治本精义。

证诸临床所见，小便浑浊，多从“水液浑浊，皆属于热”论治。但也有心肾不足，小便浑浊的；有中气不足，溲便为之变的；有金衰水涸，而尿黄赤的。此皆正虚而生热，多从求本补虚而获效。又如，火与痰，本是气与津液所变，无病时则为气与津液，有病则为火为痰；从内伤外感、有余不足等病因，求其本而治之，往往痰消火熄，比见痰治痰、见热治热者妥善得多。

以上是属于全身病及脏腑病的求本而治，其有属于肢末及诸窍为病的，也应治本。周学海《读医随笔》举出“鼻瘜”“指麻”两症，强调须治其致鼻瘜、指麻之本因，不能舍本逐末。这完全把“心肺有疾而鼻为之不利”及“指得血而能握”的经义结合到治本上来，值得我们注意。

（2）调阴阳之变，守气血之乡。原文：“审其阴阳，以别柔刚，阳病治阴，阴病治阳，定其血气，各守其乡”。

析：阴阳之概括自然现象及人体生理、病变和预后，上文已发其凡，结之以治病求本。本条再提示审察病之在阴在阳，以辨别病邪之为柔为刚，分别进行施治。《难经·第十难》有“五邪刚柔相逢”之说，是指脏腑病邪相互影响和传变。

“阳病治阴，阴病治阳”，是根据阴阳消长规律而制订出的一条治则。经文所说“阴病”“阳病”，应包括阴虚、阴盛、阳虚、阳盛四种情况。治法呢？①阴（正）虚起自阳（邪）盛的，治当泻阳以护阴，如白虎汤清热生津，承气汤急下存阴；②阴（邪）盛由于阳（正）衰的，治当温阳驱阴，如附子汤温阳散寒，真武汤温阳利水；③阳（正）虚起自阴（邪）盛的，治当泻阴护阳，如麻黄汤温散肌表阴寒以护冲阳，三物白散泻中焦寒实而救脾阳；④阳（邪）盛由于阴（正）虚的，治当滋阴以配阳，如六味地黄丸壮水之主以制阳光，景岳左归饮、左归丸育阴以涵阳，更是后来居上的治法。

“定其血气，各守其乡”是说治病要辨明疾病的部位，不要气病治血，血病治气；同时勿使病邪由气及血，由浅入深。如邪在气分，当守（顾护）其阴血勿使邪入于阴；邪在血分，当守（顾护）其阳气，勿使阴邪伤阳。伤寒太阳病的“传”与“不传”及“欲作再经”，《金匮要略》之“适中经络，未流传脏腑，即医治之”，叶天士《温热论》之“肺卫心营”“先安未受邪之地”，都是在这一经文的启示下悟出的妙谛。

2. 气味阴阳之用

（1）原文：“气味，辛甘发散为阳，酸苦涌泄为阴”。

析：本条解释，以马莳为最明白。他说：“凡物之气，大体为阳；凡物之味，大体为阴。然而气主发散者固为阳，其味之辛甘者亦为阳；味主酸苦者固为阴，其气之涌泄者亦为阴。正以气之阳中有阴，味之阴中有阳也。”证诸临床应用，辛味主散，其性横，功能解表，甘味主缓，其性守，单用能补中，如与辛味合用亦不失其为发散；苦味主泄，性多下行。这是一般药物的性味功能，为我们所熟知。只有酸味性主收敛，入脏随脏气之喜恶而各为补泻，如酸能收心气之苦缓，也能起到敛肺、补肺作用，又能起到泻肝作用（心苦缓，急食酸以收之……肺欲收，急食酸以收之，用酸补之……肝……酸泻之）。又可通过不同的合味而另具化阴或涌泄的作用。前者如“甘合酸”化阴而为补，缪仲淳所谓地黄合五味子甘酸以敛阴精；后者如“酸合苦”涌泄而为泻，《外台秘要》记载阮河南治天行热毒，用苦酒、生艾叶、苦参、乌梅、青葙子、葶苈子以取吐泻；又载张文仲疗伤寒温病三日以上，胸中满，用苦酒半升，猪胆一枚，和服取吐。诸如此类或补或涌泄的不同作用，也正如缪氏所谓“气味互兼，性质各异，参合多少，制用全殊”。前人的理论阐述和临床验证，使我们对经文更加理解。

（2）原文：“味厚者为阴，薄为阴之阳；气厚者为阳，薄为阳之阴。味厚则泄，薄则通；气薄则发泄，厚则发热”。

析：本条从气味厚薄分阴阳，并阐述其性能，极其细致。马莳据王冰及李东垣“气味厚薄寒热阴阳升降图”，解释为“味之厚者为纯阴，所以用之则泄泻（如大黄）；味之薄者为阴中之阳，所以用之则流通，不至于泄泻（如木通、泽泻）；气之厚者为纯阳，作用为发热，不至于发汗（如附子、肉桂）；气之薄者为阳中之阴，作用利水而泄下（如猪苓、茯苓）”。马莳这一论解，源于《汤液本草》，《汤液本草》则祖述张元素《医学启源》，张氏所释“药类法象”105种，以“气味阴阳之用”解说药性及药效，参证本条经文，颇能理明心得。

从大体来说，凡味厚之药，作用多在血分阴分及中下焦；气厚之药，作用多在气分阳分及中上焦。以肉桂与桂枝比较，肉桂质厚实、气味重，多用于治内脏病及下焦病；桂枝质较轻、味较薄，多用于发散及治头面病。又，鹿茸气味全而未发泄，补阳益血之功多；鹿角则透发已尽，故托毒消散之功胜。这都与气味厚薄有关。

3. 发散（汗）

《内经》提到汗法甚多，一般都用于邪在肌表。如“风寒客于人，使人毫毛毕直，皮肤闭而为热，当是之时，可汗而发也”“三阳经络皆受其病，而未入于脏者，故可汗而已”“体若燔炭，汗出而散”“汗之则疮已……”等条。然而所述仅仅是可汗，其具有辨证论治意义的，要算本篇四则，最为言简意赅。

（1）原文：“因其轻而扬之”“其在皮者，汗而发之”“其实者，散而泻之”。

析：此三个治则，都属于向外发散的汗法，适应证与治法似属同一，但联系临床实际则有不同。“汗而发之”是典型的汗法，具有发散作用，如，服桂枝汤后啜热稀粥，解肌表之汗，宣发形肉之阳气；麻黄汤发经络之汗，疏通血脉之阴气；葛根汤解肌肉之汗，升提津液之清气。“轻而扬之”则有差等，如升麻葛根汤治轻邪在腠理；后世之“银翘”“桑菊”，即“治上焦如羽，非轻不举”的代表方，与升麻葛根汤各擅其长。至于“散而泻之”，则同中有异，四个字中包含两个治法，从整句经文理解，既发散又下泄，属于表里同治。刘河间之防风通圣散，颇得经旨；杨栗山做升降散，移步换形，亦有新意。如光从散邪外出的角度上理解，把“泻之”放在另一边，则应与“汗而发之”同例。

（2）原文：“其有邪者，渍形以为汗”。

析：这是外治法的发汗，顾名思义，即热浴取汗。巢氏《诸病源候论》有“邪气在表，洗浴发汗则愈”之说；《备急千金要方》中风门、《外台秘要》伤寒、天行门各载有“蒸浴”法，可作参证。《圣济总录》“渍浴法”，说理较明，认为能“宣通形表，散发邪气”。寇宗奭更指明渍浴的作用和适应证，“热汤，助阳气，行经络，患风冷气痹人，多以汤渫脚至膝上，浓覆，使汗出周身”。李时珍推广其法，治寒湿加艾煎汤，治风虚加五枝（桃、柳、桑、柘、槐枝）或五加皮煎汤淋洗，觉效更速。此类治法，见

于文献尽多，迄今民间常有以热浴疗风寒感冒，往往汗出而愈，或亦本条经文口耳相传之遗法。

4. 涌、泄

涌，涌吐；泄，下泄，是对痰实积滞各种有形实邪使其上涌下泄而排出体外的两种不同治法。一般胸膈咽喉间有痰食痈脓，多用涌吐法；肠胃下焦有形积滞，多用下泄法。从上从下，实际都是因势利导的治法，细参经文即知。

（1）原文："其高者，因而越之"。

析："高者"，指病位，"越之"，是治则，是引病邪使从受病的上道排出。由于病位既高，下夺道远不适宜，内消亦缓慢费时日，用"其高者，因而越之"的治则，既是祛邪捷径，又是祛邪捷法。周慎斋提出"越因越用"，确有妙悟。然必痰食结在膈间，欲呕不能，欲吐不出，胀满作痛者，始可考虑此法。

吐方始于《伤寒论》之瓜蒂散（吐胸中寒）、栀子豉汤（吐上焦虚热），张仲景并有"宿食在上脘，当吐之"的指出。此后，《备急千金要方》有"烧盐探吐方"、《外台秘要》有"霹雳散"、孙兆有稀涎散、张子和有三圣散、丹溪有通关散、景岳有萝卜子吐法，都是经世名方之用之有效者。其中擅长用吐法的，推张子和；用得最平稳的，推张景岳。明清医家，更有不少对症治法，如风痰郁火壅塞咽喉间的锁喉、缠喉诸症，用土牛膝捣汁灌服取吐；食停胸膈、消化勿及，胀满闷痛者，用瓜蒂、橘皮、淡盐汤探吐；有痰以二陈汤灌服，用指探喉取吐；又有停痰积饮，阻塞清道，头晕气逆手足发麻，程钟龄用半夏、橘红各八钱，浓煎半杯，和姜汁成一杯，灌服取吐而效。则是吐法与药效合而发挥作用，更足取法。涌吐法传至日本，有奥村南山善用吐法，其徒永富独啸庵著《吐方考》、狄野台州著《吐方论》，则是三百年前的国际经验了。

（2）原文："中满者，泻之于内"。

析："中满"，当然是指中焦实满，致满的原因主要为积滞，积滞有痰、食、气、水、寒积、热积及瘀血、蛔虫等。"泻之于内"，不仅仅是攻逐泻下，还包括消导、渗利、行气、破瘀、温运、凉散及逐痰饮、驱蛔虫等法。前人治法，各有所长，子和专主攻，洁古专主养，丹溪着重在痰，谦甫着重在食……于是"中满"治法，由"泻"而转移到"消"，转移到"消补兼施"。证之仲景法，"中满"除"三承气"治实满是"泻之于内"，十枣汤、大陷胸丸是去中焦之水，为泻法外，五泻心汤则是散结的消法。李东垣有中满分消汤、丸，更是以消代泻，特别如周慎斋以“和中丸”温运与补消配伍，治愈他自己的中满症（赵晴初《存存斋医话稿》），把“泻之于内”这一治则，用到机圆法活的境界了。

（3）原文：“其实者，散而泻之”。

析：本条的“泻”，据“其实者”三字进行分析，攻下的成分要比上条多，病位也不限于中焦而是中下焦。一般方治，下阳明谷道之邪如三承气汤，攻瘀如抵当汤、丸，逐水如十枣汤、葶苈大枣泻肺汤，水结胸如大陷胸汤、丸，泻痰涎如《三因极一病证方论》控涎丹之类。但从“散而泻之”的“散”字上考虑，“其实者”的病邪，必有表复有里，表里俱实，治须内外兼顾，如桂枝加大黄汤下太阳转阳明之邪，大柴胡汤下少阳气分之邪；如果以“散”为主，风寒则以麻黄汤、苏羌达表汤为正法，若风热壅盛、表里皆实，还是要以河间之防风通圣散为适应方。（本条应与“发散”条参看）

（4）原文：“其下者，引而竭之”。

析：本条与“其高者，因而越之”，都是实邪停留在膈上或下焦而采取因势利导的治法。“因而越之”与“引而竭之”，治则是上下相对；“高者”“下者”，病位是上下相对。“越”“竭”二字，作为治疗法则，意义非常精切，只有《素问》中有这种一个字的治疗法则。就本条来说，完全是引邪下出的疏泄法，与攻泻法同中有异。举例讲，即水湿之邪停潴在下焦者，应使其从二便排出。轻方如桂枝去桂加茯苓白术汤，治下焦之水从膀胱引而竭之；重方如十枣汤治弥漫之水从二便引而竭之（据临床观察，用本方后，多数积水从大便出）。此外，五苓散既下太阳水道之邪，又治潴留不行之水，更是“引而竭之”的常法。刘河间的桂苓甘露饮，学步“五苓”加三石以解热，使暑湿之邪俱从小便去，亦深得“引而竭之”之义。

（5）原文：“因其重而减之”。

析：本条与“因其轻而扬之”为对峙。在病程来说，意味着初期与中期，在治法来说，意味着发表与攻里。《素问·热论》所谓“其未满三日者，可汗而已；其满三日者，可泄而已”，与本篇“因其轻而扬之”“因其重而减之”前后对勘，不但意义豁然，且有相得益彰之妙。举仲景来印证，小柴胡汤治轻邪在腠理，是因其轻而扬之；大柴胡汤治浊邪入募原，是因其重而减之。再如小青龙汤入太阳治阳水，功专外散，是因其轻而扬之；真武汤入少阴治阴水，功专下渗，是因其重而减之。通过经文的对照，方治的印

证，使治则的意义更明朗。

（6）原文：“血实宜决之”。

析：“血实”，即血瘀。血瘀的原因有内伤、外伤，见证各殊，治法分消散或攻逐，本条经义重点在攻逐。“决”之，字义上是去水之壅塞，治法上有“开”或“破”的意思。“决之”的治法，应从两个方面说明：①疡痈脓毒已成，用刀针刺破患处，使脓血外泄，疡痈自愈；或局部血实（瘀滞）作痛，用针刺出血，其痛亦除（张子和有“目疾头风，出血最急”之论，是从本条经文悟得）。②脘腹部瘀血内结（病证多样，见于文献，兹不具述），方治如桃仁承气汤、下瘀血汤、抵当汤和抵当丸及王氏三逐瘀汤。这些都属于“决之”的治则，是行瘀治法范畴，但不包括消瘀、散瘀等法。

5. 补益导引

补益导引，是治虚的法则，还可以用于防病，计三条，前条是总则，次为内治法，再次为体育锻炼。

（1）原文：“因其衰而彰之”。

析：本条是治虚的一般法则。“衰”，指气血或脏腑功能的衰减；“彰”，是使原有的功能和活力得到恢复。《素问·至真要大论》所谓“劳者温之”“损者益之”“逸者行之”，都含有治虚和使之恢复的意义。如何使其已见衰减的功能和活力得到恢复？经文指出内调补、外锻炼两个治则，如下。

（2）原文：“形不足者，温之以气；精不足者，补之以味”。

析：本条所谓“形不足”，是指劳倦所伤的形气，不光指身形。形气不足，以甘温气厚之品温养元气。《难经·第十四难》提到“益其气”“调其营卫”；仲景治虚劳、中土不足者，小建中汤以养其脾，下焦不足者，肾气丸以滋其肾，以及李东垣之补中益气汤，都是温之益气的方法。至于“精不足”，是指精血亏虚；精血虚，当然应以味厚之品滋养元精。《难经》所谓“益其精”，朱丹溪常用甘草、白术、地黄、天冬、五味子之类，缪仲淳、张景岳各有不少方法，临床印证是丰富的。

（3）原文：“气虚宜掣引之”。

析：“掣”。（shì，音誓），觢或字，牛角立谓之觢。《针灸甲乙经》作“掣”。“掣”的字义，《一切经音义》作“拔”，《广韵》作“挽”字解。“掣引”，相当于华佗五禽戏的一种形式，也相当于近代的医疗体育。这些自我掣引的活动，用以通调气血，治肢体痹及胸中大气不升的短气，均有一定疗效。清人王燕昌教人以缓扭左右肩臂法，医疗心包郁的胸疼（载于

《王氏医存·卷十》），亦本条“掣引”之遗意。

6. 按收慓悍

原文：“其慓悍者，按而收之”。

析：“慓悍”，是形容病情躁动（如诸躁狂越，诸热瞀瘛）或病势发展急骤（如诸暴强直，暴注下迫），传变迅速等。从“按而收之”的治则来看，其慓悍的病情多表现在向上向外，而需要招摄镇纳。如生铁落饮之治怒狂，桂枝去芍药加蜀漆龙牡救逆汤之治亡阳惊狂，桂甘龙牡汤之治因烧针而烦躁，奔豚汤之治奔豚气，以及参附汤、芪附汤之治大汗亡阳，都属于“按而收之”之例。但也有病机向下泄脱而需要收摄固涩者，如赤石脂禹余粮汤之治下利不止，浆水散之治暑月暴泻亡阳，虽病情有缓急，亦同属于慓悍而有赖于按收。另有用按摩以抚辑、用气功内养以静摄，因系药治外的治法，本文不列入。有挂漏处，容后续写，姑止于此。

（二）《素问·汤液醪醴论》治则部分试析

近年来，常思取《素问》中关于治疗法则的经文，由浅入深地探索其义理，证之以临床，用作自课，兼以课研究生。然而《素问》治则，所概者广，除药治外，还包括针砭、艾灸、熨渍、导引、按摩等多种方法。衰龄事冗，奢望恐不易偿。议即小就大，先从药治部分入手，选《素问·汤液醪醴论》为试点篇。因其前半篇述两种古方剂型，后半篇论一例证治法则，既有物又有则，便于探索，亦有裨于读者。现试做如下分析和印证。

1.“汤液及醪醴”

原文：“黄帝问曰：为五谷汤液及醪醴奈何？岐伯对曰：必以稻米，炊以稻薪，稻米者完，稻薪者坚”。

析：“五谷”，据《素问·金匮真言论》为麦（大麦）、黍（小米）、稷（膏粱，即秫米）、稻（有两种：粳稻、糯稻）、豆（大豆）。人们资以养生，如《素问·脏气法时论》“五谷为养”；也可制剂作药饵，或药后的辅助部分；还可作药用。如《灵枢·邪客》之半夏秫米汤，《伤寒论》桂枝汤“服已须臾，啜热稀粥一升余以助药力”，《金匮要略》甘麦大枣汤等。

“汤液及醪醴”，王冰注：“液，谓清液。醪醴，酒之属也”。可称忠于原文，意味着汤液指五谷煮成的饮汤或药物煎成的药汁；醪醴则是秫或黍制成的酒类。参证《素问·移精变气论》“汤液十日以去八风五痹之病”，进一步明白汤液是指药煎，因下文有“草苏草荄之枝”的指出。《素问·玉版论要》所说更精审、详悉，剂型通过望诊辨证而定，指出，“其色见浅者，汤液主治，十日已。其见深者，必齐主治，二十一日已。其见大深者，醪酒主治，百日已”，则是说明药煎与醪酒按病情轻重为剂量准，指出汤液用于新病、体表病，醪酒用于久病及邪在筋骨间者。剂型不同，主治各异，这是显而易见的。自从张氏《类经》解作汤液醪醴皆酒之属，并引“醅酒浊酒曰醪”“酒之甘浊而不泲者曰醴”，证明汤液即清酒之类云云。后此注家多沿袭他，于是汤液并于醪醴，两者合二为一了。其实，《汉书·艺文志》载有“汤液经法十六卷”其书虽未见，然皇甫谧《针灸甲乙经·序》有云：“伊尹以元圣之才，撰用《神农本草》以为汤液。”提示汤液是煎煮的汤药，而非酒类。元代王好古曾说：“麻黄、桂枝是汤液起源。”金代严器之序成无已《注解伤寒论》也说：“后汉张仲景，又广汤液为《伤寒论》十数卷，然后医方大备……”以《内经》十三方为例证：汤液如生铁落饮、泽泻饮、兰草汤、连翘饮、半夏秫米汤之类，其中以半夏秫米汤为最标准，因秫米多于半夏一倍，煎成清汁，既有半夏之药味，更有浓郁的米气，是最标准的汤液剂；药酒则有鸡矢醴、左角发酒、桂酒、蜀椒桂酒。

上溯早于《内经》时代从马王堆发掘出来的《五十二病方》中，我们也可以看到很多“汤液方”，最耐人寻味的为：①以青粱米为鬻（粥）……痏已。（蝮蛇咬伤调理）②黑菽三升急火煮取汁，送牡蛎、毒堇药末，治癃病。③以醯、酉（酒）三乃（沥）煮黍稷而饮其汁，治女子癃。

此三方都是以五谷之一煮汁合对证药物做成汤液，制剂与“半夏秫米汤”同法，可说是没有汤液名称的汤液方。《史记·扁鹊仓公列传》所记淳于意医案有方名火齐汤、苦参汤，则是具备汤液剂型和名称之最早见于文献者。

从《素问》有关篇文及“内经十三方”，并早于《内经》的部分方剂，说明汤液醪醴是并存的，各司其属的。不能认为汤液即是醪醴，扩大了酒类的剂型，无视于药煎的汤剂。更不能以张介宾所释，看作汤液醪醴为一体，使《内经》十三方汤液醪醴不分，伊尹所做的汤液无后继，《伤寒论》《金匮要略》的汤药方无前承，我想是有必要在此提出的。

2. 水胀治疗法则

原文：“平治于权衡，去菀陈莝，微动四极，温衣缪刺其处，以复其形。开鬼门，洁净府，精以时服，五阳已布，疏涤五脏，故精自生，形自盛，骨肉相保，巨气乃平”。

析：水肿病《内经》名之曰“水”，也作“水胀”，并有“风水”“石水”“涌水”“肾风”等名称。本篇的“水胀”经文虽未指明，但从“津液充廓，形不可与衣相保”二语中体会，可以充分理解水液充斥于全身的情况，患者全身水肿已到相当严重的程度，病因由于“五脏阳以竭”（竭，作郁字解。喻嘉言认为，水在心之部，则郁心火炳明之化；水在肝之部，则郁肝木发生之化；水在肺之部，则孤阳竭于外，其魄独居；水在脾之部，则阳竭于内而谷精不布；水在肾之部，不但诸阳退伏，即从阳之阴亦退伏，孤阴独居于下而隔绝），特别是脾阳失于健运，肺阳失于输布，肾阳失于蒸化，为水肿（胀）病的特点。本节治则，是针对这些病因而做出的。病已伤及五脏，治法采用汤剂、针刺及医疗体育兼筹并顾，汤剂以温阳、发汗、利小便为主要法则。经文揭示于前，仲景制方继之于后，东垣、丹溪亦各有阐发。水肿病有了这一整套治则和治法，两千年来不但用之多效，而其生命力还日新又新，中医学宝藏之待发掘，就在于这类文献中。

历代注家对本节经文的解释，大致都能阐明经义，如王冰、张志聪的渊雅，马莳、张介宾的详瞻，滑（伯仁）、吴（鹤皋）、高（世栻）俱宗王说，姚（止庵）采张介宾。名注迭出，经义大彰。为了使本篇治则部分能与临床实践相印证，特综述各家注言并参以拙见如下。

水胀的病机是脾虚不能制水，致水湿泛滥，治则的“平治权衡”，首先要分析水胀邪正盛衰的病机在哪一脏腑，恰如其分地做出治宜。这与《素问·至真要大论》“有者求之，无者求之，盛者责之，虚者责之”的治则，是同一主旨。“去菀陈莝”，菀，即“宛”字，与郁积的郁同义。陈莝，即陈腐留着的水湿。上句着眼在“权衡”二字，下句着眼在一“去”字。“微动四极”，即适当地运动四肢，亦即“逸者行之”之义。“温衣”，即衣褥加暖，使全身温热，停潴的水湿易于流散。“缪刺”，即不拘隧穴的针法（据说针水沟穴、灸水分穴对水胀病有效）。“鬼门”，即腠理；净府，指膀胱。开腠理，就是发汗；洁净府，是渗利小便。这两个治则，是与“微动四极”“温衣”互相连贯，共同促进的。阳气既和，阴精自复，故说“精以时服”。“五阳已布，疏涤五脏”，是说五脏之阳气得以布达于周身，五脏的郁滞得到疏通，水气逐渐排去，水气去而精血自生，形体自盛。“骨肉相保”，指骨肉相称，不似水胀时的躯体臃肿得连衣服都着不上身。“巨气乃平”，是说全身症状消退，元气得到恢复。

以上是对本节经文的串讲，下面重点分述水胀病五大治则，并举前人的治例作为印证。

（1）平治权衡：张介宾释这一治则颇中肯。他说："水胀一证，其本在肾，其标在肺……肺主气，气须何法以化之？肾主水，水须何法以平之？然肺金生于脾，肾水制于土，故治肿胀者必求脾肺肾三脏，随盛衰而治得其平，是谓权衡之道也。"喻嘉言联系实际，举《金匮要略》水气方作验证，也能深造有得。他认为，"仲景论杂证于水气一门极其精详，唯恐足太阴脾之健运失职，手太阴肺之治节不行，足少明肾之关门不开，并其腑膀胱之气化不行"。他在《医门法律》中阐述《金匮要略》方八则，以皮水防己茯苓汤，风水越婢汤，正水脉沉麻黄附子汤，脉浮杏子汤为着重点，强调脾足以转输水精于上，肺足以通调水精于下，而其权尤重于肾，司开合，主水液，所谓"平治于权衡"者，即权衡于脾肺肾三脏。

前人治例，有扶正祛邪、标本同治法。李时珍治一妇，自腰以下浮肿，面目亦肿，喘急欲死，大便溏，小便少，脉沉而大（沉主水、大主虚）。作风水治。用千金神秘汤（生脉散合二陈汤去麦冬、茯苓，加苏叶、桑皮、槟榔、生姜）加麻黄，一服，喘定十之五；再以胃苓汤吞深师薷术丸，二日，小便长，肿消十之七，调理数日全安（《本草纲目》香薷条）。此是平治权衡之侧重于肺者。

有以导为主，利水、燥湿、散邪一法。万密斋治万帮瑞之女，病肿，上午上半身肿，下午下半身肿，夜半肿尽消，唯阴肿，尿不得出。万诊为肝肾之气受水湿郁滞。药用五苓散利水，平胃散燥湿，加生姜助桂枝、陈皮以散肝经之邪，茯苓皮助猪苓、泽泻以渗肾经之邪，防己通行十二经以散流肿上下之邪。十余剂愈（《续名医类案·肿胀》）。此是平治权衡，肝脾肾兼顾而侧重于脾者。

有亦补亦通，理中合五苓一法。喻嘉言治刘泰来，截疟后胸腹胀满，喘息，水肿，二便全无，能坐不能卧，能俯不能仰。喻诊为水气横溢成胀。予理中汤，人参用至三钱，少加黄连，复入五苓散以通膀胱之气。药下咽，即觅圊，小便先解，大便随之，滞下半桶而愈（《寓意草》）。此是平治权衡而侧重于脾与膀胱者。

有温煦肾阳一法。张路玉治王庸若水肿呕逆，溲便点滴不通，或用五苓、八正，不应，六脉沉细如丝，因予金液丹（以单味硫黄为丸，治水肿脉伏，小便不通，阴结畏寒，或大便秘）十五丸，尿如泉涌，肿势顿平。后以济生肾气丸培养而安（《张氏医通》）。此是平治权衡而侧重于肾者。

（2）去菀陈莝：这治则的解释，马莳、张介宾之说可从。具体治法，除针刺肌肉部出恶血外，可包括逐水、导痰、蠲饮、通滞、去垢、利小便、攻大便等；凡通利攻逐之法，都属去菀陈莝之列。运用这一治法于肿胀，首见于《备急千金要方》之"大腹水肿方"及《千金翼方》之"十水丸"。此后，要推刘守真，他在《宣明论方·水湿》从"三花神佑丸"至"肉豆蔻丸"十八个方剂中，只有苦葶苈丸为人参、苦葶苈同用，大橘皮汤以橘皮、官桂、白术、甘草、木香与滑石、槟榔、茯苓、猪苓、泽泻，温运与淡渗相对用外，其余都是寒凉攻逐、峻下水湿之剂。可称极"去菀陈莝"之能事。之后，张子和急起直追，他治陈君俞之面肿风，张小一、曹典吏妻之风水，都先以汗法或吐法（吐中有发散意），接着用逐水法。汗法有用通圣散加葱豉，有用热水渍浴；逐水法则是张氏特长，一般多采用"神佑""禹功""舟车""濬川"之类。他治张子明母的水肿病、李七老的涌水症，采用上涌（去痰）、发汗、下泄等复合治疗，特别是下泄法一而再再而三地运用。这些治法都以疏逐为主，用他的话来说，为"神禹决水之法"，其实，即"去菀陈莝"之义。另有个别治例，不采取峻下而用渗利水湿法，如治小儿通身浮肿的水气肿、小便不利者，用长流水加灯心煎五苓散，则是别于"去菀陈莝"而接近"洁净府"的治则了。

（3）开鬼门：自来注家，都以本篇的"开鬼门"是开发腠理——汗孔、玄府。这一名词，虽其他文献无证，然验之事不忒，即以此作为定义也亦可。衡之临床，甘草麻黄汤之治里水黄肿，麻黄附子汤之治水肿脉沉。王损庵仿轻可去实治例，用紫苏、桔梗之类于身面俱肿，六脉不出（水气塞滞于经隧肌肉间）；药一剂而胸有微汗，再服则身尽汗，其脉六部传出，一两日其症悉平。可见"开鬼门"的治则用于水肿初起及身半以上肿者，取效诚捷。

但用"开鬼门"治水肿，须注意标本虚实，如果发汗太过，转成漏开不止，甚或大汗亡阳，在这问题上，前人治案，亦多考虑及此，有的小剂频进，有的大剂小服，并加以必需的配伍。《吴鞠通医案》载有治陈妇肿胀案，足资楷式，节录如下。

陈妇从头面肿起，腹胀，六脉沉弦而细。症始于上肿，当发其汗，予《金匮要略》麻黄附子汤。煎成五碗，先服半碗，得汗，止后服，不汗再服，以得汗出为度。服尽剂，竟无汗，次日再服一剂，并煮服鲤鱼汤。汗出从眉额至鼻唇，一昼夜服尽，汗出至上腿部，脐以上肿渐消。小便不解，第三日，接方用五苓散二两，加肉桂四钱，吉林参三钱，服尽剂，小便夜半始通，至次晨，溺三大盆有半，周身如空布袋，又如腐皮。后用调理脾肾，百日痊愈。

原案记录病情、处方用药、斟酌药量、服法治疗全过程，均极详悉，可参。

（4）洁净府：净府，指膀胱，各注家无异议，张介宾注尤其明晰。“洁净府”作通利小便来理解，词义极奇，以其合乎临床治疗，证之《金匮要略》“腰以下肿者当利小便”及“小便自利者愈”的理论，先后若合符节。这一治则，作用在于分利水湿，水去肿自消。然以利水法治肿，一般适用于壮年体实之暂病；若脾胃不足者，则不能无所顾忌地单用“洁净府”的利水法，正如元气不足者不得单用“开鬼门”的汗法一样。回顾上文“平治于权衡”这一治则，意义深长，促使我们注意水肿病的虚中之实、实中之虚。

另有用“开鬼门”法而收到“洁净府”之效的，其理其法真是神妙直到秋毫巅。张志聪《侣山堂类辨·发汗利水辨》中自记一例治验说：“予在苕溪，治水肿患者，腹大肤肿，久服八正散、琥珀散、五子五皮之类，小便仍淋漓，痛苦万状。时值夏日，予不敢用麻黄，恐脱而汗漏不止。以苏叶、防风、杏子（仁）三味各等份，令煎汤温服，复取微汗，而水即利矣。被褥无不湿透……腹满肿胀俱消……后以六君汤去甘草加苍术、厚朴、炮姜、熟附子收功。”他还说明“外窍通而内窍通，上窍通而下窍即利”的实际，的确把“开鬼门”“洁净府”的治则用活，而且用到最佳处了。

（5）宣布五阳：前文已举出喻嘉言所说五脏之阳郁勃而致水肿，因此，宣发和输布五脏的阳气，在水肿治则中确是重要一环，而且贯穿于上面四个治则，特别如“阴水”“石水”等阴邪用事、阳气失宣的病机，更为重要。如果说宣布五阳应有所侧重的话，那么，侧重点还是在于脾、肺、肾，这也可以从前人治案中探索出。

除了前面所引述的张志聪、吴鞠通两案，在治疗及善后调理中，多以照顾脾肺肾阳气为主外，另如卢不远治娄妇水肿，善后法以八味丸温肾，强调“肾中之火气复燃，则周身之阳气有蒂”（《芷园臆草存案》）。张路玉治王庸若水肿，则以济生肾气丸收功（《张氏医通》）。这些治例，都是以宣布肾阳为主。其理论阐述，张介宾在《景岳全书》中讲得比较明白，他说：“水虽主于脾，而实主于肾，肾本水脏，而元气寓焉。若肾中阳虚，则命门火衰，既不能自制阴寒，又不能温养脾土，阴阳不得正，则化而为邪（水），所以水肿之证，多属阳虚。”他从病机上推勘，从经义上着眼，议论本于严用和及许叔微，我们现在治疗水肿病，还是据以为准，特别在善后调理阶段。

关于这几个治则的具体药治，张路玉据《本草纲目》在《张氏医通》中举出数事，供我们触类旁通。“开鬼门之剂：麻黄、羌活、防风、柴胡、葱白及柳枝煎洗；洁净府之剂：泽泻、木通、通草、防己、茯苓、猪苓、秋石代盐；去菀陈莝之剂：商陆、大戟、甘遂、芫花、牵牛；宣布五阳之剂：附子、肉桂、干姜、吴茱萸”。以实际应用来阐述理论，颇能说明经旨，作为本文的结语。

七、《内经》“病机十九条”阐要

自从《素问·至真要大论》指出，“百病之生也，皆生于风、寒、暑、湿、燥、火，以之化之变也”，古人为了“审察病机，无失气宜”，扼要地举出十九条例子，作举一反三的示范，而结之以“谨守病机，各司其属”，并强调“有者求之，无者求之，盛者责之，虚者责之”，这样的提出问题（首三句）、分析问题和对比问题（十九条病机），最后总结问题（后四句），在经文本身来说，可称答问周详，有启发，有演绎，提纲挈领地指出了外感及内伤审证求因的法则。以后，刘河间《素问玄机原病式》、明代邵元伟《医学纲目》，以及近人任应秋教授撰的《病机临证分析》，又对十九条病机作了进一步发挥。现就十九条病机中所列出的30个病种，从常到变，加以阐发，以便于初学者进一步学习和参考。

（一）诸风掉眩，皆属于肝

“掉眩”是比较严重的晕眩，临床表现不仅是目昏头眩，而且呈坐立不稳、摇摇欲倒的自觉症状。它的病因，除了风火相搏或气虚血少以外，还有停痰、伏饮，以及妇人崩伤及产后出血过多等几个因素，也有肾阳衰微，浊阴上逆而导致的。其病因多端，似非“风”与“肝”两方面所能概括，不过一般临床常见以这两种因素为多。因此，在治疗方面，大多采取清肝（或滋肝）熄风之品，而以叶天士、魏玉璜的治验为代表，近代张伯龙、张山雷两人，把本条证因和“诸热瞀瘈，皆属于火”条结合起来，对证采用清肝镇潜等方法，疗效也很好。但参考文献，印证临床，“掉眩”的病机，属于停

痰、伏饮、妇女崩伤或产后出血过多，以及肾阳衰微，浊阴上逆等，都各占相当比重。这是不容忽视的。

（二）诸寒收引，皆属于肾

“收引”是筋脉拘挛或掣瘈的病象，多发于四肢或少腹及阴囊部。它的原因有两个方面：第一是血虚肝热的内因，《素问·痿论》所谓：“肝气热则……筋膜干，筋膜干则筋急而挛。”第二是寒水之气的外因，那就是本条的“诸寒收引”了。不过，这“收引”的病机属于“寒”而不属于“肾”。所谓“肾”是指寒水之气，《灵枢·经脉》“寒则反折筋急”正说明这一病机。根据实际观察所得，拘挛证与肾关系不大，与肝则有直接关系。在肝病筋挛的机制上，我认为寒热虚实都足以导致。寒与热引起筋脉收引已如上述，虚的方面多属肝血不足，临床常仿许叔微治筋急用养血地黄丸及朱丹溪治挛用四物汤加减之例；实的方面，多数是寒湿之邪为患，一般以桂枝、羌活、薏苡仁、白术、秦艽、干姜、牛膝等随证加减。总而言之，凡筋脉收引的治疗，从肝立法较多，从肾立法很少。否则，除非在乙癸同源、肝肾同治的角度上来辨证论治。因此，我认为这“肾”字应作“寒水之气”来理解，则于病因上、治疗上都比较有着落。

（三）诸气膹郁，皆属于肺；诸湿肿满，皆属于脾

这两条经文，意义明晰。不过，首先应该明确病因的范围，那就是膹郁之属于肺的，必须在“气”的病因范畴内才属于肺，否则肝阳上逆的喘息及食填太阴的痞闷，绝不能属之于肺。肿满之属于脾的，必须在“湿”的病因范畴内才属于脾，否则，肾阳衰微的肿满，或妇人先停经后肿胀的“血分”病，绝不能属之于脾。

“膹郁”的症状表现，包括喘息和痞闷，它们在临床所见，往往是相互影响，严重的痞闷必兼轻度的喘息，而喘息之甚者，必感觉痞闷。虽然，喘息有属于肾气不纳，痞闷有属于脾阳不运，但总与肺的关系较直接。张仲景在《金匮要略》中记载了三个有膹郁症状而都关于肺的病型和治法：①火气郁肺——“大逆上气，咽喉不利，止逆下气者，麦门冬汤主之”。②水饮郁肺——“咳而上气，喉中水鸡声，射干麻黄汤主之”。③痰浊壅肺——“咳逆上气，时时吐浊，但坐不得眠，皂荚丸主之”。这三个病型，致病因素虽有气逆、水饮和痰浊的不同，但由于病机都在肺脏，所以都出现膹郁的症状。根据临床所见，导致膹郁的，气火上逆是本病，水饮和痰浊是变病。因

此，在治疗方面，麦门冬汤是正治法，射干麻黄汤及皂荚丸是变治法。在正治法当中，喻嘉言在白虎加人参汤的基础上，创制清燥救肺汤，不但针对着“诸气膹郁，皆属于肺”的病机，而且疗效更有提高。

关于“肿”，《金匮要略》有风水、皮水、正水、石水、黄汗及五脏水之分，张景岳认为诸经虽有肿胀，但无不由于脾、肺、肾三者所致，经文指出属于脾，是抓住“湿肿”一个病型，不包括其他类型。

“满”为痞闷的自觉症状，病在中焦部位，一般称为“中满”，多属于脾阳不运，寒湿内滞所致。明代周慎斋对此证有亲身体会及经验，他曾以和中丸治愈自己脾阳不运的中满证。后人把此丸移治鼓胀，疗效也很佳。清代曹仁伯在和中丸的基础上，常以附子理中汤加厚朴、大腹皮、泽泻、猪苓等，治脾阳不振、寒湿停滞的腹满，在他的医案里记载着不少治验。

通过古今临床实践，更证实经文的正确性，反过来以理论分析这两条经文，气与湿是病因，膹郁与肿满是症状，肺与脾是受了上述病因影响而出现症状的有关脏器。经文概括性强，提示明晰，能使我们对审证求因的探求有所启发。

（四）诸痛痒疮，皆属于心

这条经文在含义上来看，不像前四条从风、寒、气、湿等病因贯穿到肝肾肺脾等内脏的有机联系。由于本条只提出“诸痛痒疮”的症状，概之以“皆属于心”，没有把病因指出，所以刘河间把它演绎为“诸痛痒疮，皆属心火”，加一“火”字，使疮的病因，比原来有着落。验之临床，一般疮疡之或痛或痒，的确与心或火有关。例如红肿焮痛的疮疡，多用清心火之药，如果疮面不甚红肿，或疼痛麻木较厉害，这是心经郁火不得外发而反内攻，有用玉枢丹或蟾酥内服、外敷，清心解毒而取效的。但尽管提到属于心或属于火，对疮疡来说，还是概括不了全部病机。我们晓得，“疮”是痈疽的总称，焮肿易脓为痈，属阳；坚肿难脓为疽，属阴。辨证方面，着重在气、血、虚、实。血与气壅则肿痛，血为毒胜则成脓；红肿焮痛，多属实热；疮口平塌，多属虚寒。如果局限于“心”或“火”，无异于把“疮”的病机狭隘起来。

（五）诸厥固泄，皆属于下

厥的病机，《素问·厥论》认为与肾有关，如“阳气衰于下则为寒厥，阴气衰于下则为热厥”，因此说“属下”。其实，《素问》所述寒厥和热厥的现象，仅仅是手足局部发凉或发热，是厥证的微末症状，也是厥证之最轻者，严重的要算“煎厥”和“薄厥”。煎厥的成因是水亏火亢，孤阳浮越，症状是卒然昏冒或仆倒，它是热厥的积累加甚而突然恶化所致，无疑属于下焦（肾阴亏耗）所致。“薄厥”便不是这样，它属于剧变恼怒后气血逆上而厥，是“血菀于上”。因此，所谓“诸厥……属下”，不能包括“薄厥”在内。特别我们临床常见的“痰厥”“食厥”“蛔厥”，病因都在中、上二焦，不能认为“皆属于下”。

“固”是大便秘结或小便癃闭；“泄”是包括泻、痢、遗尿、遗精等，为脾、肾、膀胱及大小肠等下焦病变。但也有肺气不宣所致的小便癃闭和大便秘结。李东垣认为，“渴而小便不利者，是热在上焦，肺之分……宜清肺而滋其化源也”，并且制订清肺饮（《兰室秘藏》）。此后，李士材加紫菀，治金燥不生水的溺闭（《医宗必读》）；马元仪以紫菀、葛根、杏仁、苏子、薄荷、枳壳、桔梗治金被火制、气化不及膀胱的小便淋闭（《印机草》）；李冠仙以沙参、天冬、麦冬、黄芩、甘草梢、车前子治肺失肃清，小便不通（《仿寓意草》）。可见小便癃闭，由于肺气清肃失司的病例也确占相当比重，故不得固执经文，光从下焦肾、膀胱着想。至于清肃肺气以治大便秘结，自从《史载之方》以一味紫菀立法后，叶天士匠心独运，屡用开降肺气的方法治便秘肠痹，这不仅是“腑病治脏”，也符合“下病上取”的经旨。然而肠痹便秘由于肺气不宣，究竟不如因肠实秘结或阴液枯涩而导致者为多，所以把二便固秘的病机认为属于下焦，有其指导临床的意义，但临床上又不能拘泥于此。

（六）诸痿喘呕，皆属于上

痿、喘、呕是临床上常见的三种病证。痿证，除湿热致痿外，多数属于肝肾阴亏。因此，古人以虎潜丸为治痿要方。我们足可以从古今治痿的病例中看出“温补精髓”与“清滋肝肾”之法多于“清肺气”，所以我初步认为经文“诸痿”二字，主要是指肺气不足，咽干咳嗽，或咳痰血丝的“肺痿”，然后是指“痿躄”之由于“肺热叶焦”而引起的，不概括其他痿证，才符合“属于上”的病机。喘与呕的机制，一般与肺胃关系最密切，原则上可以说是上焦病，但有肾虚不能摄纳，孤阳浮越，气从脐下直冲清道的喘息，既非肺脏自病，那就不能认为属于上。呕是胃病，胃居中焦，认为是上，似欠妥帖，特别是尿毒症之肾不化气、浊阴上冒的呕逆，病机则在于肾，肾则位居下焦了。这几种从下而上的喘和呕，临证所见，也不在少数的。

（七）诸暴强直，皆属于风；诸痉项强，皆属于湿

这两条经文所指出的临床症状，都表现为肢体（或颈项）强直，而致病因素却不同，我们应该细致地观察和分析。

以“诸暴强直”来说，河间认为属于风兼燥化之外风，景岳则认为属于风兼燥化之内风。我认为诸暴强直是突然发作的肢体强硬不柔，甚或出现僵仆现象，病起急骤，当然属于外风，但临床辨证，须加分析。例如突然僵仆，卒倒不语，身温脉浮有痰涎的则为“中风”，若身凉脉沉而无痰涎的则为“中气”，又有肢体虽强直，口噤身热，而神志不全昏迷，如患者是疮家（旧有创伤未愈合），则应该考虑到“破伤风”。

至于“诸痉项强”，河间认为是湿兼风化，景岳认为是湿兼寒化，吴鞠通则认为六淫皆能致痉，通过分析，而以风为主要因素。吴氏又以六淫致痉为实证；产后亡血，久病致痉，风家误下，温病误汗，疮家发汗等为虚证。他再从六淫里分出风寒、风湿致痉为寒证，风温、风热、风暑、燥火致痉为热证。我认为吴氏从临床实践中分析致病因素，比河间的湿兼风化、景岳的湿兼寒化更细致、更深入、更全面。

（八）诸胀腹大，皆属于热

“胀”是内伤杂证中一个大病，不论全身胀或单腹胀，它的病因都很复杂，并非单纯热的因素可以概括。《内经》论胀除根据五脏六腑分类之外，特别强调虚实二因。如“胃脉实则胀”，这是属于实的胀；又“饮食起居失节，入五脏则胀满”，这是属于虚的胀。至于六淫方面，经文也不止一次地指出寒、湿、火、热、燥都足以导致肿胀。显然，这里所说“诸胀腹大，皆属于热”是较局限了。临床所见诸胀腹大的疾患，除上面所指的几种类型外，还有七情郁结，胸腹满闷，四肢瘦削的气胀；食入不化，痞满嗳腐的食胀；腹痛腹鼓，嗜食香甜不厌的虫胀；跌仆闪伤或产后恶露留着，腹大而绷急，青筋环小腹的瘀血鼓胀；在妇科还有胸腹胀大，先肿胀后经阻的“气分”和血结胞门，少腹重痛，先经阻而后腹胀的“血分”。以上一系列诸胀腹大的不同证候，它的病因不但多种多样，而且有严格的界限，丝毫不能含混的。

（九）诸病有声，鼓之如鼓，皆属于热

本条指出脘腹胀满，胃肠间鸣响的一类疾患，都是属于热证。但《内经》尚有“脾病者……虚则腹满肠鸣”“肠中雷鸣，气上冲胸，邪在大肠”“肠中寒则腹鸣飧泄”“热淫所胜，病腹中常鸣……腹大”等论述，说明肠鸣腹胀，虚实寒热均能导致，本条所谓的“热”仅是致病因素之一。临床所见腹满而鼓大的，有水寒气瘀互聚下焦，静则少腹胀满，动则攻冲作响的。相互衡量，初步认为肠鸣腹胀的疾患，属痰饮水湿的，比属于热的更为常见。

（十）诸转反戾，水液浑浊，皆属于热

“转”是项强转筋，“反”是角弓反张（向反仰），“戾”是筋脉拘急（向前屈）。实际上，它们都是“痉病”的一类。致病因素在六淫方面，风、寒、暑、湿、燥、火均能导致，部分还由血虚液燥所引起。本条对“转”“反”“戾”这些证候，认为皆属于热，着重点在“水液浑浊”四字。所谓水液包括吐出物及大小便等排泄物。印证临床，如同吐泻转筋，凡呕吐酸腐，小便浑浊，大便鹜溏而臭秽难闻的多属于热；如果呕吐物如水状，泻出物澄澈清冷，那便属于寒了。因此，要决定诸转、反、戾之属于热，关键问题是在吐出物及大小便排泄物的酸腐、浑浊和臭秽。

（十一）诸呕吐酸，暴注下迫，皆属于热

本条与上条有连贯性，它之所以属于热，也和上条一样，要从吐出物或排泄物着眼，甚或要从吐泻的“声”和“势”方面着眼。根据经文指出的症状，即是我们临床所常见的肝木侮土或胃热上冲的呕吐及暑月的热泻热痢。不论吐或泻，凡是属于热的，它总伴有心中烦热，渴欲冷饮，呕出物有酸腐气味，肛门急迫，便泻深黄色水糜样或夹有黏液，大便时肛门有灼热感及腹中急痛等症。

联系到治疗方面，呕吐酸，丹溪主张用左金丸，近人多与加味温胆汤合用，但丹溪有时却仅以一味黄连浓煎，放冷，候酸块欲升，即予数滴饮之。他不用吴茱萸反佐，是采取“治热以寒”的对证疗法；至于热泻热痢，则《伤寒论》的黄芩汤为临床所常用，但泻与痢有所不同，泻是多暴注而少迫急，痢则多迫急而少暴注；治热泻则清多于通，治热痢则清通并用。这是暴注下迫辨证论治的一般规律。

不过从经文的反面来看，吞酸吐酸及暴注下迫，也有属于寒的。如李悝庵所说“客寒犯胃，顷刻成酸，本无郁热，因寒所化”及寒泻寒痢等，临床也时有所见。寒热的鉴别，除了从呕吐物和泻出物的气（腥冷或腐臭）色（清稀或稠浊）及声势方面着眼之外，还可以从脉舌和其他症状上观察出来。

（十二）诸热瞀瘈，皆属于火

“火”为热之甚者，不论外感六淫皆从火化之火，或脏阴内耗五志之火燔灼心火，对机体危害性来说，“火”总比“热”厉害，从症状上观察，“火”的病象也比“热”的病象严重。

本条经文所举出的症状例子为“热”“瞀”“瘈”，主要是患者全身发高热，甚或昏蒙抽搐。凭什么来肯定是“高热”呢？则根据“瞀”和“瘈”，高热、神昏、抽搐三大症，一个接着一个地出现。所谓“瞀”包括两种现象，一是眼目昏花，一是心情闷乱，总属于神志昏蒙一类，为邪热蒙蔽心包的征象。“瘈”是手足抽搐，多数为风火相煽，液枯筋燥所致。这一系列神志昏蒙、手足抽搐等症状，在临床如仅属于一般性的热是不会引起的。因此说，凡伴随这些症状而来的热型，多数是高热，那就是经文所说的“火”，而为热之甚者。

临床上，凡高热神昏抽搐的火证，也不是一般的清热药所能取效，如以清营汤治手厥阴暑温，以犀角、羚羊角……治壮热口渴、舌苔黄或焦红、发痉、神昏谵语或笑的湿热证邪灼心包。在五志火燔灼的内伤杂证中，如牛黄泻心汤（牛黄、片脑、朱砂、生大黄）之清镇狂言妄语、心神不安的心风实证；当归龙荟丸之清泄眩晕癒疭胁痛目赤的肝经实火，都以大凉或苦寒的药物，直折六淫或五志之火为患的“诸热瞀瘈”。如果我们回忆一下在运用紫雪丹、至宝丹及安宫牛黄丸治疗高热神昏抽搐之温热邪入心包时，那更有深刻的印象和体会。

（十三）诸禁鼓栗，如丧神守，皆属于火

本条之“火”与前条之“火”，基本上是相类的，只是所述症状在发病机制方面有所不同。前条的“诸热瞀瘈”，一般是先发壮热烦闷，从而出现神志昏糊或全不识人，接着因热极生风，发生抽掣。本条往往是发生在伏邪暴发或进一步转向内逼的时候，常有为时极短的恶寒战栗，鼓颔口噤，神情不能自主。这种症状的出现，多由于火邪不外泄而转向内逼之故，临床上叫作“邪正相争”。另外，伏邪将外达时，也会出现同样的症状。故热毒内

攻，或郁火外发，都可能出现寒噤鼓颔，神情不能自主的内真热而外假寒的现象。至于张景岳《类经》指出“火有虚实之分”，那是从正面推勘反面，更为经文应用于临床开辟了另一悟境。

（十四）诸逆冲上，皆属于火

这个火，不仅是指病因，也包括各种冲逆证的病理机制在内。临床所见咳、喘、呕、吐、哕等症，都是“诸逆冲上”的现象，其病机当然大部分是属于火的，但有“虚火”和“实火”的区别。例如《金匮要略》中云：“食已即吐者，大黄甘草汤主之。”这是吐、哕之属于实火的；又《金匮要略》曰：“火逆上气，咽喉不利，止逆下气者，麦门冬汤主之。”这是喘逆之属于虚火的。古今医学文献中，以清火肃降之法治“诸逆冲上”等疾患，例子很多，但不能忘记也有属于虚寒或寒实证的“诸逆冲上”。例如黑锡丹所治的“胸中痰饮，上攻头目及奔豚上气痰鸣喘息”是浊阴上泛；吴茱萸汤所治的“干呕，吐涎沫”为厥阴之气上逆；半夏干姜散所治的“干呕，吐涎沫”为胃中寒涎上逆等。因此，对本条经文的辨证，必须结合其他症状，才能应用自如。

（十五）诸病胕肿，疼酸惊骇，皆属于火

本条的火仍为热之甚者，由于病理变化是内外相互影响的，因此症状也是表里错杂的。所述“胕肿，疼酸惊骇”，可能是指局部皮肤、肌肉的红肿热痛。由于火热所引起的“丹毒”“流火”，好发于下肢腿胻等部位。其症状焮红灼热，疼痛酸楚（酸不是必然症），手不可按，按之则突然叫喊，状若受惊（不一定真有惊骇现象）。我体会经文所述的胕肿，即后世俗称“流火”的足胫红肿而痛者。古人治例，丹溪以生地、黄柏、苍术、牛膝、龙胆草……为主，王孟英仿其法而用栀、柏、芩、连、竹茹、川楝子、通草、半夏、蚕沙、丝瓜络等，是清湿火和清肝火的综合治法。这方法仍被近代治流火证所广泛采用。

（十六）诸躁狂越，皆属于火

本条的“火”既可为外感六淫之火，也可为内伤五志之火。所谓“躁”和“狂”“越”，不论六淫之火或五志之火，都有产生症状的可能。一般来说，躁为狂之渐，狂乃躁之剧，若狂越则不但骂詈叫喊，不避亲疏，甚或弃衣狂奔，逾垣上屋，不畏水火。这些症状在伤寒阳明腑实及温热病里热亢盛阶段最为常见，都是属于外感六淫之火。另有不属六淫之火而出现诸躁狂越等症状的，那就要考虑五志之火（主要是心肝两经实火）所引起了。第十四条“诸热瞀瘈，皆属于火”中因内伤而引起“心风”及“肝阳上亢”两个证候，它们的临床表现虽较本条“诸躁狂越”为轻，而致病因素却一致。此外，有热痰蒙蔽心窍而发狂的，症见痰壅气逆，胸闷呕吐，静则懊侬昏瞀，躁则狂妄舞蹈；又有瘀血发狂（即蓄血如狂的进一步），多见于伤寒太阳病不解，热在下焦，少腹硬满而痛，临床表现是躁少而狂多；另有一种“阴躁如狂”在初起不发热，无烦闷，但手足厥冷，甚则阴极发躁，欲坐卧于泥水井中，或烦渴而不欲饮水，躁乱不安，如发狂状，这由于阴寒内盛，虚阳外越所致，就不是属于火了。

（十七）诸病水液，澄澈清冷，皆属于寒

本条应与十二条对勘，从“……水液浑浊，皆属于热”的病理和诊断中便可勘出“水液澄澈清冷”之属于寒了。

水液澄澈清冷的临床表现，主要仍在吐出物及二便的排泄物方面着眼，如呕吐水样物，咳吐稀薄痰涎，以及小便清长自利，大便完谷不化或清冷如鸭粪等，都属于肺脾或胃肠有寒。根据病情观察所得，“水液浑浊”之属于热，“澄澈清冷”之属于寒，不仅反映在吐出物及二便排泄物，也表现在咳唾痰方面，凡痰浊浓稠黏滞属热，稀薄如唾沫属寒；疮疡出脓也是这样，脓稠浊者属热，清稀者属寒；妇女带下亦然。

应该说明，这“澄澈清冷”的“冷”字，是指吐出物或排泄物的水液无灼热感而言，并非真的有冷感。经文这类形容词，不能以辞害意。

在温习文献与印证实践的过程中，我认为“病机十九条”对临床有一定的指导意义，它们各有各的辨证依据，但必须从症状和病因方面做必要的联系或推勘，甚或要从主证以外追寻兼证，主因以外探索兼因，不要把它当作教条，弄得僵化，才能有如珠走盘的灵活运用。

第二节　宗绍派传承伤寒　论古今经注并参

一、《伤寒论》六经是辨证施治与辨病施治相结合的

自从柯韵伯在《伤寒论翼·六经正义》提出“仲景六经，是分六区地

面，所该者广，虽以脉为经络，而不专在经络上立说，凡风寒湿热、内伤外感，自表及里，有寒有热，或虚或实，无乎不包”，并以地理兵法为比喻，说明六经分辖人体表里上下的部位及受邪后所发现的病证和治法。尤在泾在《医学读书记》里把他肯定，说：“柯氏援地理兵法，喻病邪之浅深方药之大小，可为深切著明。”后此，俞根初先生《通俗伤寒论》中，参照柯氏六经分区说法提出六经形层之说，“太阳经主皮毛，阳明经主肌肉，少阳经主腠理，太阴经主肢末，少阴经主血脉，厥阴经主筋膜”。这个六经形层说，当然渊源于《内经》，柯氏发其凡，俞氏畅其义，而周学海、恽铁樵及日本人喜多村辈各有引述。于是六经的分界，除阴阳、表里、脏腑、经络之外，更有一组形层实质可以推寻。柯氏的六经地面，俞氏的六经形层，可以说都是《伤寒论》六经辨证的阐发。所谓六经辨证，是后人注疏《伤寒论》的评语，注疏者强调辨证的一面，忽略辨病的一面；其实伤寒的六经，是辨证和辨病相结合的。我们所熟悉的《伤寒论》中提纲挈领的八个篇章：“辨太阳病脉证并治”和“辨霍乱病脉证并治”“辨阴阳易差后劳复病脉证并治”等篇，都可以充分地看出《伤寒论》作者和编次者，是辨证施治与辨病施治并重的。再从《伤寒论》全部内容来看，更是辨证施治与辨病施治相结合的。这一整套辨证施治与辨病施治的理论和方法，确是中医学术上的辉煌成就。

既然体会出《伤寒论》六经是辨证施治与辨病施治相结合，进而探索辨病施治之比较显明的，得30条，其叙述都是以经统病，按病析证，随证出方，颇足玩味；另有不出方治，凭证候以定病的，得21条；审病情以辨证的，得27条。这78条都突出辨病程式以昭示给我们，其辨证的各条则不计入。辨病施治的条文，最集中于“辨少阴病脉证并治”篇，得11条，把病因、病证、病程、脉象与治法，简明扼要地叙述；这些条文，当然是辨病施治之“佼佼者”。至于审病情以辨证，散见于各篇的尚多，程郊倩在《伤寒论后条辨》中曾提出，“仲景六经条中，不但从脉证上认病，还要兼审及病情。太阳曰‘恶寒’，阳明曰‘恶热’，少阳曰‘喜呕’，太阴曰‘食不下’，少阴曰‘但欲寐’，厥阴曰‘不欲食’。凡此皆病情一也”。程氏所谓“审及病情”，实际就是辨病，这是对我的再次启发。

25年前（1955年），我整理俞根初先生《通俗伤寒论》时，反复研读第七、八、九、十等章节，他把六经病证分标证、本证、中见证和兼证进行阐述，对伤寒、温热两大病的各个病证明白晓畅地揭出，这无疑是《伤寒论》“辨某病脉证并治”的发展，颇具新意。

二十世纪四十年代初期，隆昌周禹锡在《伤寒论研究纲要》中对六经证治曾有正病、兼病、化病、坏病等的提出，内容按照俞根初所说而有所演化，重点围绕《伤寒论》六经的辨证施治与辨病施治，条分缕析，惜乎其所引述六经条文有的不够妥帖，没有像俞氏的推勘精切。我常思略予综述，企图探索《伤寒论》六经辨证施治与辨病施治相结合的概貌，然岁月易迈，迄未落笔，殊觉耿耿于怀。

我为了研究需要，特将《伤寒论》六经病脉证并治大旨，参考俞、周二氏之意，以经统病，按病析证，随证出方，为今后进一步研究作提纲，并借以说明《伤寒论》六经是辨证施治与辨病施治相结合的。下面摭拾《伤寒论》六经大意作印证。

（一）太阳病

太阳是寒水主气，故见证常以寒、水、湿为多。病于寒，故治宜温散；病于水，故治宜利水，这也是辨病施治的实际。太阳病在别证候、审病情的原则下，又分出中风、伤寒、温病、风湿、湿痹五种病，这五种病，当然仍以辨证辨病来决定，也就是"凭证候以定病"的一个开端。现在从太阳病的正病、兼病、化病和坏病中的某些病和证，突出辨病施治与辨证施治相结合的要义（下述凡标1、2、3……者，均为辨病的病；标（1）、（2）、（3）……者均为辨证的证；标①、②、③……者，则系通过辨病与辨证后的施治）。

1. 正病

"脉浮，头项强痛而恶寒"。

（1）表中之表：①初起邪未解，发热头痛，汗出恶风者，宜桂枝汤；②风寒逗留肌表，寒热为疟，日再发者，宜桂枝二麻黄一汤。

（2）表中之里：①风寒外束，头痛发热，身痛腰痛，骨节疼痛，恶风，无汗而喘，脉浮紧者，宜麻黄汤；②邪郁日久，发热恶寒，热多寒少，如疟状，身必痒，麻黄桂枝各半汤。

2. 兼病

兼病是指本病未已，复兼他邪，二邪兼发。有兼痰饮，兼湿邪，兼瘀血之辨。

（1）兼痰饮：①痰饮在肺，桂枝加厚朴杏子汤降肺气以化痰；②水饮犯心，茯苓甘草汤助心脾而化水饮；③水在心下，小青龙汤利治节而散水

饮；④痰在胸膈，瓜蒂散宣吐；⑤痰在膜原，十枣汤攻逐。

（2）兼湿邪：①寒湿在表，麻黄加术汤散寒化湿；②水湿互阻，五苓散温阳而逐水气；③瘀热在里，湿热蕴蒸，麻黄连翘赤小豆汤解表而化湿热。

（3）兼瘀血：①瘀血将结，桃核承气汤急下之；②瘀血已结，抵当汤大下之；③瘀血留着，抵当丸缓攻之。

3. 化病

化病是指随着患者体质之寒热虚实，邪从少阴，阳明转化。

（1）体质素热者，邪从阳化，传为阳明热证：①将从阳化者，大青龙汤表里两解；②已从阳化者，白虎加人参汤清肺胃之热。

（2）体质素寒者，邪从阴化，传为少阴寒证：①将从阴化者，必察其脉与小便，不可汗下；②已从阴化者，四逆汤温其里。

（3）体质素虚者，邪从虚化：①心肾虚热，黄连阿胶汤滋阴以凉心肾；②阴虚阳扰，炙甘草汤以滋阴和阳。

（4）体质素实者，邪从实化：①将实者，虽汗出谵语，必得外证解后，乃可下之；②已实者，宜大承气汤急下以保津液。

4. 坏病

坏病是指邪伤太阳，治不得法，以致变坏，有气喘、呕吐、痞满、结胸、烦躁、谵狂、心悸、奔豚、胀满、厥冷、振摇、身痛、挛急、泻利、小便不利等病和证；各察其病证的变、坏而治。

（二）阳明病

阳明病是邪入胃而热实。邪入人体，日久多从热化。其主证有潮热、多汗、谵语、大便硬、不恶寒、但恶热各证；其病型如下。

1. 正病

“阳明之为病，胃家实也”“脉大、身热、汗自出，不恶寒、反恶热”，此阳明之正病。分有热无积与有热有积两大证。

（1）有热无积：①肺胃热炽者，白虎汤清气分之热；②热炽津伤者，白虎加人参汤清热生津。

（2）有热有积：①热多积少者，调胃承气汤缓泻积热；②热少积多者，大承气汤急下大肠之积热；③热少积少者，小承气汤通腑气以撤积热；④热积津伤者，大承气汤急下保津。

2. 兼病

阳明病有兼太阳、少阳、太阴、少阴、厥阴之分，其病因与病证错综复杂，除两经兼病外，还有兼夹他邪致病，病中有病，《通俗伤寒论》举的不少例子。由于阳明为五脏六腑之海，万物所归，各脏腑之所需，无不仰给于胃（足阳明）；而各脏腑废料之排泄亦无不输于肠（手阳明），所以阳明的兼病兼证特多。

（1）兼太阳：当太阳初病传阳明，而太阳尚未尽解，则为兼太阳，治与太阳正病同法。

（2）兼少阳：①热郁气结，邪正互争，宜小柴胡汤通调三焦，和解表里；②热结在里，往来寒热，心下痞硬，宜大柴胡汤以降气泄热。

（3）兼太阴：阳明之热积与太阴之寒湿同病，热被湿遏，不得发越。①湿热互结，小便不利，渴欲饮水，身黄如橘子色，腹微满者，茵陈蒿汤以利水去瘀热；②热重湿轻，身热发黄者，栀子柏皮汤清泻表里热。

（4）兼少阴：①少阴内实，口不了了，睛不和，无表里证，大便难，身微热者，宜大承气汤降其浊；②少阴阳虚，脉浮迟，表热里寒，下利清谷，宜四逆汤温之。

（5）兼厥阴：①胃气失和，寒浊中阻，食谷欲呕者，宜吴茱萸汤；②阳明热盛，侵入血室，下血谵语者，刺期门。

3. 坏病

阳明病坏病有误汗致坏，误下致坏，误火致坏之别（这里述前两型）。

（1）误汗致坏：①汗后津虚口渴，白虎加人参汤；②汗后津虚便硬，蜜煎导法。

（2）误下致坏：①热在胸膈，宜栀子豉汤；②积在肠胃，心中懊侬而烦，腹大满不通，宜小承气汤。

（三）少阳病

少阳病为邪在半表半里，呈现出特有的热和实的病情，它以寒热往来、胁痛、耳聋为半表证；口苦、咽干、目眩为半里证；其病仍有正病、坏病之辨。

1. 正病

少阳居半表半里之间，乃二阳、三阴病邪出入之道路，本经自病主要为上述两型，他经之兼病、兼证较多。本经正病又多兼夹痰饮、火郁、气郁三

个病种。

（1）痰饮停留：①饮在胸胁，宜小柴胡汤；②饮在心下，小柴胡汤去黄芩加茯苓；③饮在肺下，小柴胡汤去参、枣、生姜，加干姜、五味子；④饮在腠理，小柴胡汤去参加桂枝取微汗。

（2）火郁：①寒热往来，胸胁苦满，心烦喜呕……为虚火内郁，宜小柴胡汤；②寒热往来，郁郁微烦，心下痞硬，呕不止，为热结在里，宜大柴胡汤；③火郁胸膈，胸中烦而不呕，宜小柴胡汤去半夏、人参，加瓜蒌实；④气虚津少而渴，宜小柴胡汤去半夏加人参、瓜蒌根。

（3）气郁：①胁下痞硬，宜小柴胡汤去大枣之甘壅，加牡蛎之软坚；②腹中痛，宜小柴胡汤去黄芩之苦寒，加芍药之酸泄。

2. 兼病

少阳病兼病有兼太阳、兼阳明、兼血室之分。

（1）兼太阳：①重在太阳者，柴胡桂枝汤；②重在少阳者，小柴胡汤。

（2）兼阳明：①重在阳明者，大柴胡汤；②重在少阳者，小柴胡汤。

（3）兼血室：刺期门。重在少阳者，小柴胡汤。

3. 坏病

少阳病误用汗、吐、下、针（火针），变端蜂起，当视其所变何经、何证，以坏病之法治之。

（四）太阴病

太阴病是中焦虚寒，故有腹满而吐，食不下之证，甚则腹痛，自利，见证都是里气不实，湿胜外溢之象。

1. 正病

太阳病正病见腹满而吐，食不下，自利不渴，时腹自痛，下之结硬，自利益甚。病入太阴，绝大多数是虚寒。

（1）虚多寒少证：①脾胃虚寒者，宜理中汤（丸）；②脾虚气弱加参；③脾虚津少加白术；④脾虚停饮加茯苓。

（2）寒多虚少证：①寒邪挟肾气上冲，脐上筑动，理中汤（丸）去术加桂；②寒邪入胃，吐多，去术加生姜；③寒邪侵脾，腹满，去术加附子；④阴寒内甚，加干姜。

2. 兼病

太阴兼太阳病者，表证重、里证轻、脉浮，宜桂枝汤；里重表轻，下利腹胀满，身体疼痛者，先温里，宜四逆汤，后攻表，宜桂枝汤。

（五）少阴病

少阴病要辨寒热，一般少阴之直中多为寒，少阴之传经多为热；寒伤阳气，热耗阴液，病变由此而生。

1. 正病

“脉微细，但欲寐”“心烦、自利而渴”，须审辨其寒热的病机。

（1）少阴寒证：①肾阳衰微者，宜四逆汤温之；②阴寒内盛者，宜白通汤或白通加猪胆汁汤通阳以反佐之；③虚阳外越者，宜通脉四逆汤以挽救之。

（2）少阴热证：①心阴虚弱者，宜黄连阿胶汤；②虚热上浮或结者，辨证分别用甘草汤、桔梗汤、猪肤汤、苦酒汤或半夏散及半夏汤之类；③虚热内郁者，宜四逆散。

2. 兼病

少阴病有兼太阳、兼阳明之辨。

（1）兼太阳证：①表邪轻者，宜麻黄附子甘草汤；②表邪重者，宜麻黄附子细辛汤；③虚寒者，宜附子汤；④有水气者，宜真武汤。

（2）兼阳明证：①实热者，宜大承气汤；②虚寒者，宜吴茱萸汤；③火郁下焦，伏而不伸，桃花汤苦温以发之；④热阻中焦而水停，猪苓汤滋阴利水。

（六）厥阴病

厥阴病的病机，是邪在半表半里而虚寒，寒中有热。其病象主要为厥、利。厥则于藏厥、蛔厥、寒厥、热厥之外，又有冷结寒痰之厥；利则于热利、寒利之外，又有厥热下利。病情和症状都比较复杂，现仍从正病、兼病辨起。

1. 正病

“消渴，气上撞心，心中疼热，饥不欲食，食则吐蛔，下之利不止”，有热证、寒证、寒热错杂之别。

（1）热证：①热在气分，湿热下利，宜白头翁汤；②热在血分，必发痈脓，或脓血。

（2）寒证：①阴寒上乘、干呕、吐涎沫、头痛，宜吴茱萸汤；②内外两伤于寒，少腹满痛，手足厥冷，宜当归四逆加吴茱萸生姜汤。

（3）寒热错杂证：①上热下寒之重者，宜乌梅丸；②上热下寒之轻者，宜黄连汤。

2. 兼病

厥阴兼病，有兼阳明、兼少阳、兼少阴之辨。

（1）兼阳明：①里热轻证，渴欲饮水，少少与之愈；②里热重证，脉滑而厥，宜白虎汤；③热利下重，白头翁汤清宣之；④邪结胸中，手足厥冷，心下满而烦，饥不能食者，宜瓜蒂散吐之。

（2）兼少阳：呕而发热，宜小柴胡汤。

（3）兼少阴：①阳气虚脱证，宜四逆汤；②阴盛格阳证，宜通脉四逆汤；③阳气不达，四逆，泻利下重者，宜四逆散。

此外，还有合病、并病。太阳病有二阳并病，有三阳合病，有桂麻各半汤证，有桂二麻一汤证；阳明病有太阳阳明之脾约病，有少阳阳明之亡津液、大便难病；少阳病有柴胡桂枝汤证，有柴胡加芒硝汤证。三阴篇中，太阴多虚寒，而有脾家腐秽当去证，有桂枝加大黄汤证，有桂枝加芍药汤证；少阴多阳气不足，而有心烦不得卧之黄连阿胶汤证，有下利便脓血之桃花汤证，还有三急下证；厥阴寒热错杂，病证更繁复，有呕发热之小柴胡汤证，有热利之白头翁汤证，有虚热并见之乌梅丸证、干姜黄连黄芩人参汤证。这些错综多复的病和证，既体现出辨证施治，也体现出辨病施治。有的据病以论证，有的从证以定病。机圆法活，相得益彰，原书中俱有义理可寻，这里不过多引证。

注：辨病施治的条文为第12、14、31、35、36、38、40、65、106、131、138、143、144、145、236、237、241、266、307、308、309、310、314、315、316、317、318、319、321、335等条；凭证候以定病的有第1、2、3、6、128、129、160、167、185、190、191、195、219、263、273、278、281、282、326、382、383等条；审病情以辨证的有第48、53、54、56、68、70、74、108、109、110、210、269、270、294、332、333、335、338、339、340、341、342、343、344、345、346、347等条。

二、读经读注，经注并参——略谈《金匮要略》的注本

（一）引言

要相对完整地、准确地理解和掌握中医经典古籍，除了首先将原著学习

通透以外，对各种释本也应有一定的了解。多数古籍注本，好像是一把帮助读者打开这部古籍宝库的钥匙，从中可以了解该书的基本思想、主要内容、写作经过、版本、重印时做过何种修订补充等等。这种注释，仿佛为作者和读者之间架起了一座桥梁，通过它，读者可以接受原著的具体内容。当然，也会遇到有的注释对原著的某些论点、内容有所附会，曲解了原意得出不切实际的结论。这些问题也是存在的。但总的来说，注本可以帮助读者对原著的理解。

《金匮要略》专注，明清之际仅十数种，散见于有关医著的约为专注的四倍或更多一些，近50年来未计入。下面略作小议。

（二）疏疏落落的《金匮要略》注家

大概由于《金匮要略》发现较晚了些，不像《伤寒论》在晋、唐时已有王叔和、孙思邈、王焘等编次引述，它直至北宋才被王洙发现于馆阁，又列为官书，民间少流传，一般都无从看到，更谈不到整理和注释。至明代赵以德承丹溪之学（赵为朱之弟子），始为之“衍义”，但仍未有刻本，见者亦不多；清康熙年间，周扬俊认为赵注“理明学博，意周虑审。本轩岐诸论，相为映照；合体用应变，互为参酌”。鉴于赵注尚未完成，周又采喻嘉言之说（周为喻之弟子），加以“补注”，融会而成《金匮玉函经二注》。此后，《金匮要略》注本就逐渐地、从仅有到较多地问世。

赵后周前的有卢之颐《金匮要略论疏》，书未见，据记载，谓其对《金匮要略》研究极深。在清代，周扬俊为赵氏《金匮方论衍义》做“补注”外，有徐彬的《金匮要略论注》，程林的《金匮要略直解》，沈明宗的《金匮要略编注》，魏荔彤的《金匮要略方论本义》，尤怡的《金匮心典》，黄元御的《金匮悬解》，陈念祖的《金匮要略浅注》，唐容川的《金匮要略浅注补正》，还有清政府作为国家编审印行的《医宗金鉴·金匮论注》等。在清260余年中，《金匮要略》注家传世而为我们见到的仅此十家（有其书而未见者不计入）。其中分卷较多的为徐彬、沈明宗、黄元御三家（各22～24卷），较少的为程林、尤怡（各3卷）。就其注本的内容来说，这十家《金匮要略》注家，俱系积学之士，对《金匮要略》毕生摸索，不是率尔操觚，因此其造诣各有擅长。徐、魏以“深入”见称，陈念祖以“浅出”闻于世，给我们以“读经读注，经注并参”之方便，是殊途同归的。可以说，《金匮要略》的注家虽不多，然均精湛可诵，其中黄氏的《金匮悬解》，后人虽有

微词，而于四诊九候之法，言之颇详，是亦有可取者。

除了这些《金匮要略》专注以外，还有从杂证方书中因释证、释方而阐及《金匮要略》方论证治的，虽非专门注本，但对《金匮要略》的阐述，亦多卓尔不凡，不能以其非专注而轻视它们。例如王晋三选注古方而释及《金匮要略》，邹润庵以疏证本草而释及《金匮要略》，更有如喻嘉言、徐大椿、张路玉等阐及杂症而释及《金匮要略》者，使《金匮要略》注释有专集，有散在，连镳并轸，各以特点映入我们眼帘，于是在40年前海门吴氏有《金匮要略五十家注》的辑成。

（三）各具特识的注本

在十家《金匮要略》专注中，他们都是术业有专攻，议论赅古今，出其心得，启迪后人，但我们亦应有抉择，不能贪多务得，细大不捐，更不能像“广原搏兔”，致网罗多而弋获少。选读注本，从“两大”“两小”入手较好。“两大”，即徐彬《金匮要略论注》、沈明宗《金匮要略编注》，各24卷，为大部注本；“两小”，即尤怡的《金匮心典》，魏荔彤的《金匮要略方论本义》，各3卷，为小部注本。这四家注本，各有特见，各有造诣，略述如下。

1. 徐彬的《金匮要略论注》

其体例，自谓：“正义疏释备于注，或有剩义及总括诸证不可专属者备于论。”意味着注是解释原文，论是广泛阐述。他指出，读《金匮要略论注》法，须先将方论药味逐字不遗熟读贯串，竭其知识；探讨既久，然后将《金匮要略论注》验其得失，不可摘段取便，不可仿佛涉略。他告诉我们读经读注，经注并参的方法，言简意赅。其《金匮要略论注》所阐释的，从一字一句，到脉、因、证、治，都做了详细的剖析。举例如，“太阳病，关节疼痛而烦，脉沉而细者，此名中湿，亦名湿痹。湿痹之候，小便不利，大便反快，但当利其小便”条的注释，他首先点明病因，“此证湿之挟风，而湿胜以致痹者”，接着分析病机，“风走空窍，故流关节；风气滞于中，故逼心而烦；风为湿所搏，失其风之体，故脉沉而细……气既为湿所痹，则气化不行而小便不利；大肠主滞，湿行反快而不艰——病风者多便秘，故以湿胜而快者为反耳”，这一解释，夹叙夹议，研探极细。后段分析治法，亦推勘入微。他说：“但当利其小便者，便利而气化，气化而湿行，见不必狃于太阳而治风，亦非痛在骨节而当温散之比矣。”末二语意味深长，颇足启发悟机。此类注释，徐氏《金匮要略论注》中比比皆是，真不愧为喻氏高弟，深得其师薪传，允推《金匮要略》的一个好注本。

2. 沈明宗的《金匮要略编注》

其书致力于“编”与“注”两个方面。他认为仲景书多有编次失序处，以《金匮要略》来说，首篇最明显。沈氏指出，“从来著书立言，必先纲领，次及条目，而是编乃以治病问答冠于篇首，叙例大意反次后章；且诸方论（指首篇中后八节）头绪参差不贯，使读者如入雾径，失其所之”。因此他把《金匮要略》首篇的次章冠首，而为叙例，次以时令，问答阳病、阴病、五脏病，四诊，治法等相贯于后为1卷；2～22卷，均以病带方；23、24两卷则存而不论。这一篇次，既合实际，且有理致。关于“注”的方面，亦多明白晓畅，并能发人所未发，如“寒疝腹中痛，及胸胁里急者，当归生姜羊肉汤主之”条，诸家注释，多从证属虚寒，病在肝经，治以温养着笔，而沈氏则强调冲脉，一经点明，使条文的病机、治法和方药更多一番新的悟境。他指出，“此连冲脉为疝……肝木受邪，乘脾则腹中痛；本经之气不舒，故胁亦痛，连及冲脉则里急矣。治以当归补养冲任而散风寒……”此类出自心裁的解释，辟奇经证治之路，扩而充之，颇多启发。

3. 尤怡的《金匮心典》

其书卷帙不多，注解极简明扼要，以少数胜人多数，堪称《金匮要略》注本中“少而精”的代表作。徐大椿称其“条理通达，指归明显。辞不必烦，而意已尽，语不必深，而旨已传。虽此书之奥妙不可穷际，而由此以进，虽入仲景之室无难也”。江阴柳宝诒称其“于仲景书尤能钻研故训，独标心得”。这些都是对尤注的实际评价。《医宗金鉴·金匮要略注》多采取尤氏之说，足以概见其注疏之价值。值得称述的，尤氏对《金匮要略》的深入理解，不仅见之于注文，还见之于临床实践，他在《静香楼医案》中，以制肝益脾法治咯血胁痛便溏及中满肿胀；以麻杏石甘汤治喘胀；以葶苈大枣泻肺汤治浮肿咳喘；以旋覆代赭石汤增损治呕吐；以理中合黄土汤治五年不愈的泻痢便血。特别以肾气丸加减治内饮，治肾虚肺实的喘咳，治阳虚不能化水的水肿，治冲气咳逆，治肾虚齿痛等等，都是得心应手，把《金匮要略》方用到机圆法活的境界。

4. 魏荔彤的《金匮要略方论本义》

魏氏对仲景书研索极深，注解多透彻，说理详明，其释证、释方、释药，阐明经义，更觉精切。如释射干麻黄汤谓："以射干为君，散胸中逆气，佐麻黄姜辛以散表邪，紫冬五味以润肺气，半夏开郁，大枣补中；一方兼解表润里，邪去而正气行，结开而津液复。"议药议方，一以贯之。释泽漆汤方证，更出以精心，先分析证因，指出，"而脉沉，里热病也；必素日形寒饮冷，伤其肺脏，变热入里，耗其正津，瘀其痰血而欲成病也。"继以释药，他说："泽漆，大戟苗也，较大戟寒性虽减，而破瘀清热利水降气有同性；且性缓于大戟，故宜于上部用。佐半夏开之，黄芩泄之，白前、紫参润之，生姜、桂枝升散之；参、草补益之；可谓预治肺痈稍从急治者矣。"层层分析药性药效，使泽漆汤方证无剩义。

上述四家注本，各有特长，各臻化境。他们对《金匮要略》的探索，从不同角度上深入，从不同方法上浅出，深入为了明理，浅出为了喻人。不论明理或喻人，其促使《金匮要略》更好地古为今用，是殊途同归的。上接仲景心源，可称瓣香一贯，值得我们研求取用。《浙江中医学院学报》1979至1980年发表的《金匮要略浅释》，部分内容也是从上述四家注本中提炼吸取的。

（四）专注以外的散注

虽然《金匮要略》注本不及《伤寒论》十分之一，但由于它是古典医著中最早一部有论有方的杂病文献，涉及内、妇、伤、外科44个病种，病因病机有风、寒、湿、暍、火毒、气、血、痰、食、虫、水等多样，出方226个，选药158种。病证方药如此繁多，后世——特别是明清医家无论在杂病方书或论药的著作中，都有一定的论述来阐发《金匮要略》的病证和方、药。这些论述，虽非《金匮要略》专注，而碎金片玉，却是作者全神贯注所在，也即是各种方、药著作中的结晶部分。金元之李（东垣）、罗（天益），明之王（肯堂）、李（士材）、张（介宾）、赵（献可），在其全集中均有关于《金匮要略》病证方论的阐述，清代诸家更在所多有。

特别要提的，为喻嘉言的《医门法律》，喻氏继尚论张仲景伤寒论之后，取《金匮要略》证方要旨，精思冥悟，成《医门法律》，论证论方，悉本《金匮要略》而有所阐发，是一部不名"金匮"的"金匮衍义"。次为徐大椿《兰台轨范》，其书对《金匮要略》方的串解和临床运用，各有要言不烦的指出，着墨不多，但都是传神之笔，不能以其寥寥数语而忽视它。此外，王晋三的《十三科古方选注》，对《伤寒论》方、《金匮要略》方的注释，都能阐幽发微，不释则已，释则洞中窥要，既释方，又释证，又释药，一释而“三关”俱通，名家之注，自是不凡。再次为邹润庵的《本经疏证》，其书原以释药为主，参证《伤寒论》《金匮要略》《备急千金要方》《外台秘要》等方，说理精当，疏解详备，以药证方，据证论药，方与药相互印证，而经义愈明，大可作为《金匮要略》方注读。

我们常认为徐、沈、尤、魏四家之书，无妨看作清代注《金匮要略》最佳之本，并以喻、徐、王、邹书中解释《金匮要略》方证及方药部分，作为专注以外的散注，专散结合，朝夕观摩，对读者的深造有得一定有所帮助。

（五）注本中的辨误析疑

一般千百年来辗转传抄的抄本或刻本，文句的错讹脱简，字画的残缺换形，甚或以注乱经，因讹承谬，如王冰次注《素问》前之所述种种，在所多有，使读者迷惘中又加一层迷惘，《伤寒论》《金匮要略》也不免有此情况。于是，后人的考证订误工作，就成为注疏时的必要一环。《金匮要略》注家，对考证订误工作也做了一些，其中做得比较好的有二家。一为《医宗金鉴·金匮要略注》，它以最末一卷篇幅，列“正误存疑”，得28条，均胪陈文字，说明义理，启发读者悟机；一为日本丹波元简的《金匮要略辑义》，杨守敬购入我国，人民卫生出版社有印本，丹波氏考订功夫极精审细致，通过小心求证，恰如其分地下结语，与山田正珍的多处怀疑、擅自删改不同，其所辑注文也精切，并有自己看法，恽铁樵先生盛称之。

我们治《金匮要略》既要食古，更要能化，不执不泥，才能古为我用，与古俱新。《医宗金鉴》中，《伤寒论》《金匮要略》的正误、存疑部分，丹波氏《金匮玉函要略辑义》的考订经文字句部分，都能精确地析以己意，使我们谈《金匮要略》时能慎思明辨经文的伪夺错简，扫除葛藤，便于入径。由此读经读注，经注并参，在研究仲景学说的现阶段，本文所说几点，对学习《金匮要略》，未始非“登高自卑、行远自迩”之一助。

三、略谈成无己《注解伤寒论》的内容和所附《图解》问题

我在早年学习《伤寒论》时，是以徐灵胎《伤寒类方》，柯韵伯《伤寒来苏集》《伤寒论翼》和《伤寒附翼》为主要读本，对于成氏是“知其人而未尝读其书”的。1943年绍兴沦陷，医务寂寥，翻阅成氏《伤寒明理论》，颇觉分析仔细，明白晓畅，进而读他的《注解伤寒论》。这本书的编次以辨

脉、平脉、伤寒例冠首，次列六经证治主文。其意在使读者先了解伤寒义理，把脉证和病理变化明确起来，然后循序地学习仲景的法和方。

成氏对《伤寒论》的理解，确能忠于原文，做到深入浅出地阐发，文字简洁朴素，没有枝词蔓语掺杂其间。我体会他的注解，往往用对比和引申的笔法，反复演述，使读者懂得正面，同时也懂得反面。例如，《金匮要略·痉湿暍病脉证》中“湿家之为病，一身尽疼，发热，身色如熏黄”条，他的注解是“身黄如橘子色者，阳明瘀热也；此身色如似熏黄，即非阳明瘀热。身黄发热者，栀子柏皮汤主之，为表里有热，则身不疼痛；此一身尽疼，非伤寒客热也，知湿邪在经而使之”。又同篇“湿家，病身上疼痛……”条，他的注解是“病有浅深，证有中外，此则湿气浅者也。何以言之？湿家不云关节烦疼，而云身上疼痛，是湿气不流关节而外客肌表也。不云发热身似熏黄，而云发热面黄而喘，是湿不干于脾而薄于上焦也。阴受湿气，则湿邪为深。今头痛鼻塞而烦，是湿客于阳而不客于阴也。湿家之脉当沉细，为湿气内流；脉大者阳也，则湿不内留而外在表也。又以自能饮食，胸腹别无满痞，为腹中和无病，知其湿气微浅”。这两段注解，把原文分析得很清楚，每个症状，经他的辨析和对照，更觉理明心朗，毫无疑滞。下文类此者尽多。例如《伤寒论·辨太阳病脉证并治》中“太阳病，下之后，脉促胸满者，桂枝去芍药汤主之……”，他的注释是“脉来数，时一止复来者，名曰促；促为阳盛也。太阳病下之，其脉促，不结胸者，此为欲解。此下后脉促而复胸满，则不得为欲解；由下后阳虚，表邪渐入而客于胸中也。予桂枝汤以散客邪，通行阳气；芍药益阴，阳虚者非所宜，故去之”。此段注解，从脉象、症状到治法，逐层推勘，反复对比，力求自喻喻人。成氏如此做法，虽费力较多，而大有助于读者的理解。严器之说他的注解能够“分析异同、彰明隐奥”（《注解伤寒论·序》），这评语是非常正确的。

全书的注解，大部分是运用此种笔法，这是他成功的一面。

他还运用另一种笔法，即“以经解经”。例如《伤寒论·辨太阳病脉证并治》中“太阳病，发汗，遂漏不止，其人恶风，小便难，四肢微急，难以屈伸者，桂枝加附子汤主之”，他注解：“小便难”认为是汗出亡津液，阳气虚弱，不能施化，并引《内经》“膀胱者，州都之官，津液藏焉，气化则能出焉”作印证。他注解：“四肢微急，难以屈伸”，认为由亡阳而脱液所致，并引《灵枢》“液脱者，骨属屈伸不利”作印证。（此种释文，全书里亦占相当比重）

上面所举“以经解经”的做法，非融贯《伤寒论》《金匮要略》，熟悉《素问》《灵枢》者不能写出。正由如此，所以他的议论，更觉“言之成理”“信而有征”。这是他成功的一面。

俞东扶在《古今医案按》中说：“仲景书为叔和编次，或有差误，而聊摄（成无己，聊摄人）注解，殊觉稳当。”我们由此可以初步肯定成氏注解的成绩确是“稳当”，而足供“师法”，诚不愧为“上契古人，下逮来者”的注本，值得我们认真研读。

但是这本书首卷还附有论脉的“南政”“北政”和运气“加临”“转移”图解等，既不关医理，也不关易理，更与“伤寒”的病理和脉理无涉；难怪后人说他“荒诞无稽”了！我认为这三十六“图”掺入《注解伤寒论》里非常突兀，实觉“不伦不类”。我尝考成氏的注解，发现他除引用《伤寒论》原文外，还旁及《内经》《灵枢》《难经》《金匮要略》《金匮玉函经》《脉经》《针灸甲乙经》《备急千金要方》《外台秘要》《神农本草经》《圣济经》等十一种文献，加以阐发，都是引人入胜的注解，绝不杂入运气学说。虽如《伤寒论》中“气候亦有应至而不至……”的一段，但他的注解，仍引《金匮要略》“有未至而至……”作参证，不涉及运气“加临”“转移”等论调。可以肯定，成氏原是不讲究这些的。

归根究底，这几幅图表，都另有其来历。原来秉自刘温舒《素问入式运气论奥》、浦云《运气精华》等书，乃后人重刻所附入，并不出于成氏之手。恽铁樵《医家常识》等乃转日本片仓元周之说，彻底揭穿了这个秘密，断为后人妄增。片仓元周说：“余尝排斥引运气注解《伤寒论》者，盖以阴阳六篇中无一言及也。而明版《注解伤寒论》及赵开美校刻《仲景全书》，俱载运气诸图。然考诸严器之、郑佐、赵开美等序，俱无是说，则知好事者所增添也。”尝阅汪石山《素问钞》云：“元黄仲理云：南北二政，三阴司天在泉，寸尺不应，交反脉图并图解运气图说，出刘温舒《运气论奥》；又六气上下加临补泻病证图，并汗差棺墓总歌括，出浦云运气精华，又五运六气加临转移图并图说，出刘河间《素问玄机原病式》，后人采附仲景《伤寒论》中。夫温舒、浦云、守真三家之说，岂敢附于仲景之篇，特后人好事者为之耳。”缪仲淳云：“夫五运六气之说，不赶于汉魏之后乎？何者？张仲景汉末人也，其书不载也；华元化三国人也，其书亦不载也。予是以知其为后世所撰”，又云：“予从敝邑见赵少宰家藏宋版《伤寒论》，皆北宋善版，始终译检，并未尝载有是说，六经治法中亦无一字及之。予乃谛信予见

之不谬。桂山先生曰：按缪氏所谓赵少宰，盖赵开美，与仲淳同海虞人。今所传宋版伤寒论，乃系于开美翻刻，而无运气诸图，正与仲淳言符矣。予近得元版成氏注解本，亦不载此诸图，知是出于成氏以后之人，诸说并可证也。”

经过缪仲淳首先提出和片仓元周的考证，我们知道这三十六幅“南政”“北政”和运气“加临”“转移”等图，掺入成氏《注解伤寒论》里根本是多余的。成氏“受人谴责”“代人受过”已七百多年，但在医界还很少有人留意而予以指出。现在我们为了恢复第一部伤寒论注解的真面貌，以便领会第一个注解的真精神，去伪存真，刮垢磨光，还是有必要的。我们应该重新给古医书以正确的评价。管窥之见，敢就正于医界同志，是否有当？还待论定！

四、略论晋唐时期之伤寒学

仲景伤寒之学，自东汉迄今，1700余年，奕世递传。其过程是忽隐忽现，隐现交替。始而乍现即隐，至晋唐若隐若现，唐以后现而再隐，迄宋金则显现，后此而不断发扬光大，显现而不复隐矣。在《伤寒论》若隐若现的晋唐时期，医学上的有心人，亦尝勤求博采，思以阐幽发微，张皇幽渺，其苦心孤诣，诚如韩愈所谓“寻坠绪之茫茫，独旁搜而远绍”者。这一时期，绍述仲景伤寒之学，有所发现、有所发明的，得四家焉，略述于后。

（一）王叔和之伤寒学

晋代王叔和撰《脉经》尽人皆知，他编次《伤寒论》，首见于《太平御览》。《养生论》谓：“王叔和编次《张仲景方论》为三十六卷，大行于世。”意即相传他所编定的《伤寒杂病论》，以十六卷讹作三十六卷。是否如此，存目待考。次为宋治平年间高保衡、林亿、孙奇等所校定，原书分十卷，题曰：“汉·张仲景述，晋·王叔和撰次。”校定序称，“自仲景于今，八百余年，惟叔和能学之”，书为我们所习见。又次为《脉经》第七、八两卷，极大部分是仲景学说。综此三事，除第一事存目不见书，不加议论外，谨探讨其后二者。

（1）宋代治平本《伤寒论》，经王叔和撰次，高保衡等校刊，同为使仲景《伤寒论》流传于世的两大功臣。如果无王氏撰次，宋臣校刊，我们实无从知悉《伤寒论》为何等文字，何等内容。如实的说，“序例”对《伤寒论》起到开宗明义作用，“辨脉法”“平脉法”二篇，是六经病辨证论治的综要，尽管系叔和增入，其中多有仲景佚文遗意，都应与《伤寒论》并存。增得有必要，能上接仲景心源，可与仲景原论相阐发，与仲景原序相辉映，显示了他对《伤寒论》编次的精心，都应与《伤寒论》并存。

“序例”首先点出《伤寒论》提纲，说明仲景书为即病之伤寒设，为不即病而变为温热病之伤寒设，且为春夏秋非时之气所感的伤寒设，见识是广阔的，议论是有根据的。接着，以热病日传一经为最危之证，并补出脉象，还指出少阴伤寒最虑迁延入脏，不比三阳、太阴除误治外无死证。复次，谆谆告诫，伤寒之邪必从外解，重在得汗，不当早下，同时指出汗下之宜两不可错。后幅论述两感伤寒欲死中求活，当知发表攻里之先后。最后几节是随笔杂记，仍紧扣着脉证合参，并及服药法。这些，都足以反映王叔和伤寒学的一个组成部分。

至于“辨脉法”“平脉法”二篇，论脉、论病、论证，一以贯之，是《伤寒例》与《脉经》的连贯作品，是叔和伤寒学的又一个组成部分。“平脉法”首章“问曰，脉有三部，阴阳相乘……为子条记，传与贤人”一段，与《脉经》卷五第一篇所述相同，即是例证。

（2）《脉经》第七、八两卷，主要内容是撰次和演绎仲景旧论。卷七系《伤寒论》六经脉证治原文（述方不述药）；卷八系《金匮要略》，篇名亦多移植。意即是《伤寒杂病论》的旧本。无论是与否，我们都可因此而窥视仲景原论的梗概。特别《脉经》第七卷，对伤寒六经病的平脉辨证、审因论治，以及关于合病、并病、复病等学说，几乎是现在我们所见的《伤寒论》具体而微的内容。它的编撰，以六经病的辨证论治，纳入“可发汗证”“不可发汗证”“发汗以后证”等17篇中。这一系列内容，无疑是孙思邈《备急千金要方·妊娠诸病·伤寒》的取材依据。我们还看到《千金翼方》第九卷伤寒门内容，极大部分与《脉经》第七卷一至十七篇相同，连篇名也照录，足见王叔和的伤寒学对汉唐起到承前启后的作用。其“热病阴阳交并少阴厥逆阴阳竭尽生死证”至“热病损脉日死证”等七篇，则是集《内经》《难经》《伤寒论》的经文，重点阐述伤寒热病死生之凭脉辨证，对仲景旧论从伤寒到热病的深切发挥。

钱熙祚从考证角度上认为，“（《脉经》）西晋去古未远，所据医书，皆与今本不同”。在《脉经》跋语中举出十数例以说明《脉经》文字之精审，从而使我们知道叔和治伤寒学的精审。

至此，可以得出如下概念，王叔和把“辨脉法”“平脉法”两篇列在“伤寒例”之前，《脉经》中以24个篇章论述伤寒热病的辨证施治，这就是王叔和伤寒学的造诣所在，其主要成就是远绍仲景旧学，下启孙氏《千金翼方》伤寒门的著录，居功甚伟。

（二）巢元方之伤寒学

隋代巢元方的伤寒学，无专书可稽，仅见于近人曹炳章先生所辑《历代伤寒书目考》中，“《巢氏伤寒论》一卷，注明见《伤寒折衷·附考》”。查《通志·艺文略》也著录《巢氏伤寒论》，无作者名。如照清代林澜《伤寒折衷》所述为巢元方撰，则《诸病源候论》中的七、八两卷“伤寒诸病候”上下77论，无妨作《巢氏伤寒论》读，本文即借此以探索巢氏的伤寒学。

巢氏《诸病源候论》七、八两卷，阐述伤寒六经证候，均有所祖述；其九、十两卷兼及时气、热病，温病。所据除《素问》《难经》《伤寒论》外，辑王叔和学说较多。前两卷77论，撷六经辨证之华，对每个证候的病机病因，阐发殊精；后两卷叙述时气、热病、温病、疫疠等候。除疫疠外，论病均以一至七日为候，是据《素问·热论》而加详。其他合病、并病、坏病及兼夹诸证候，除本仲景、叔和之说外，多出自心裁。

其一，对每个证候的分析，俱从《素问》《伤寒论》中悟得，如“伤寒谬语候”“伤寒烦候”“伤寒呕候”“伤寒吐逆候”等大证候，都以论阐经，以经证论，议论与经文印证，而病理愈明。此种阐幽发微的议论，贯串在七、八两卷中。特别于“伤寒吐血候”，巢氏认为“热毒入深，结于五脏，内有瘀积，故吐血”，从热毒与瘀积着眼，颇具卓识。

其二，叙伤寒不忘热病，但不把热病混入伤寒，这是巢氏伤寒学的又一特点。他据《素问·热论》“今夫热病者，皆伤寒之类也”，《难经·五十八难》“伤寒有五，有中风，有伤寒，有湿温，有热病，有温病，其所苦各不同”等要旨，在七、八两卷中析伤寒诸病候，在九、十两卷中析时气、热病、温病等病候，所析又洞中窥要。后世庞安常《伤寒总病论》、朱肱《伤寒类证活人书》、成无己《伤寒明理论》、吴又可《温疫论》、戴天章《广瘟疫论》、张飞畴《伤寒兼证析义》等著述，实仿其例。

古人有说：“莫为之前，虽美弗彰；莫为之后，虽盛弗传。”我于巢氏伤寒学亦然。

（三）孙思邈之伤寒学

仲景伤寒学，至六世纪中叶，是由隐转现的阶段。叔和、元方之后，唐代孙思邈是这一时期的杰出人物。致力勤，成就大，影响深远。他在《备急千金要方》中，转引《小品方》、华佗、王叔和、陈廪丘四家论著较多。方论部分，“发汗汤第五”，载仲景方5条（桂枝汤、麻黄汤、大青龙汤、羊肚升麻汤、阴毒甘草汤）；“发汗丸第六”，载仲景方1条（神丹丸，即《金匮要略》赤丸去细辛加人参）；“宜吐第七”，载仲景方1条（瓜蒂散）；“宜下第八”，载仲景方4条（大承气汤、抵当汤及抵当丸、调胃承气汤）；“发汗吐下后”“伤寒杂治”“劳复”等篇，载仲景方16条（不列举）。这27个仲景方，由于孙思邈的引述，给我们以初识，堪称吉光片羽。

在《千金翼方》九、十两卷里，内容更见精详，既不同于《备急千金要方》九、十卷之杂缀，也不同于《脉经》之侧重平脉辨证，而是六经脉证主方主法具备的伤寒专集。清代王朴庄《伤寒论注》据以为本，曹炳章先生《历代伤寒书目考》中列作《千金伤寒方》二卷。本文据此为孙思邈之伤寒学综述如下。

（1）孙氏伤寒学可分前后两部分：前一部分见于《备急千金要方》，内容是综合性质，辑仲景方多挂漏；后一部分见于《千金翼方》，所集伤寒方论基本是全文，可视作仲景伤寒论的初模，包括“三阳病”9篇，“三阴病”至“阴易病已后劳复”7篇。共16篇，393证，109方。

（2）孙氏伤寒学中，多次引用“辨脉法”“平脉法”条文，意其所据为叔和的编撰本，但也有所去取，如在《伤寒宜忌》中，对叔和《脉经》及“伤寒例”中“可汗”“不可汗”和“可下”“不可下”等说，做了更易，具见精审。

（3）孙氏所撰次的伤寒，重在太阳病；太阳病重在桂枝、麻黄、大青龙、柴胡、承气、陷胸等法——特别是前三法。他强调以病统证，以证统法、统方。这可以从他编撰的《千金翼方》中充分体现出。

（4）孙氏对伤寒方的推究，认为“寻方之大意，不过三种，一则桂枝，二则麻黄，三则青龙；此三方，凡疗伤寒不出之也。其柴胡诸方，皆是吐下发散后不解之事，非是正对之法”。即此，开后世“三纲鼎立”说之先声，也是尤在泾对三阳证分正治法、权变法、斡旋法、救逆法及明辨法、杂

治法之所本。

（5）孙氏采辑伤寒方，除以仲景法为主外，还选入唐及唐以前的验方。如发汗方中的阳旦汤，治热毒吐衄之犀角地黄汤等，均为后人所常用，宜下方中以调胃承气汤加生地为生地黄汤，“治伤寒有热虚羸少气……大便不利”，为后世“增液承气汤”开其先导；另有治风温之葳蕤汤，更是《备急千金要方》从《小品方》转载之一。

由此可见，孙氏对于伤寒学，通过半个世纪的努力，达到勤求博采、张皇幽渺的意境。

（四）王焘之伤寒学

仲景伤寒之学，到唐朝中叶王焘时，客观条件与主观要求都有些改变。其时，民间伤寒书已有传本（估计至少有两种传抄本：王叔和编次的《伤寒杂病论》，孙思邈《备急千金要方》中的“伤寒”），不像孙思邈时期之“江南诸师，秘仲景要方不传”的囿于一隅。这个事实，王焘的记载当然可靠，他在《外台秘要》中，多次提到“仲景伤寒论”字样，可见书已成帙，甚或有刻印本，而且转引来源、旁证资料也逐渐充实；何况他身居“弘文馆”，获见各家伤寒方论及仲景伤寒论的过录本、刻印本更具备条件。因此，《外台秘要》一、二两卷，对伤寒方论的采辑面远较《备急千金要方》广博。全书上下两卷，33门；诸论伤寒凡8家，有仲景、叔和、华佗、陈廪丘、范汪、《小品方》《备急千金要方》《经心录》，并把仲景与叔和之论列在首二篇。其论伤寒日数，则以《素问·热论》及巢氏《诸病源候论》叙之于前，复以仲景与《肘后备急方》等方列之于后；又论伤寒、中风、结胸、呕、哕至百合、狐惑等21证，共载方263首。可以说是集当时伤寒方之大成。其中采用仲景《伤寒论》方达81方次，除复出外，实为63首，占《外台秘要》所引伤寒方的24%。此两卷，汪琥《伤寒论辨证广注》名之曰《外台伤寒方论》，其书虽不是单行本，由于唐代伤寒书仅《备急千金要方》《外台秘要》两部综合性方书中有此专辑，巍然硕果，值得企仰，汪氏所记，不为无见。

除此以外，《外台秘要》三、四两卷还详载“天行”“温病”“诸黄”“急黄”等方论，不但可与一、二两卷的“伤寒”相互印证，也展示了晋唐时期急性热病的流行情况和治疗方术。

从王焘伤寒学中，我们还可以看到，他摭拾伤寒学说8家（如上述加巢氏《诸病源候论》，实为9家），采辑伤寒方书9种（《肘后备急方》《深师方》《小品方》《集验方》《备急千金要方》《千金翼方》《崔氏方》《张文仲方》《古今录验方》）；仲景方则分别贯穿于各类证治中，作为主干。这种百花酿蜜、集腋成裘的编方，在唐代是别开生面的。

不宁唯是，他还把上述各家选方，分隶于伤寒本病、变病、坏病及21个兼证、夹证中，做到有证有方，方以病汇，病与方紧密映照，缤纷满目。杜诗有“黄四娘家花满蹊，千朵万朵压枝低”之句，我于《外台秘要》伤寒方亦有此联想。

（五）小结

晋唐时代的伤寒学，从开拓到形成，其卓然足述者得上列4家。但这4家伤寒学，并不是同一蹊径，而是各有造诣，各具风格，形成此一时期伤寒学从“脉、因、证、治”四个方面的发展局面。

王叔和在脉证角度上绍述伤寒，其撰次仲景《伤寒论》中，益以“辨脉”“平脉”两法，而于《脉经》中则辑入已成“坠绪”的伤寒脉证治，唯不及方药。

巢元方绍述伤寒，多从各个证候上推论，侧重于病因病机的阐述。凡仲景所引而不发者，巢氏都从脏腑、经络、寒热虚实方面发挥。这一寻求，对后人影响亦大。

孙思邈以半个多世纪的辛勤博采，两次绍述仲景《伤寒论》。《备急千金要方》中未得其全，《千金翼方》中始见概貌，奠定唐代纂集《伤寒论》初基。

王焘的伤寒学，致力于方治，于仲景旧论外还搜集13家方论，使晋唐方法映照于伤寒辨证施治中。既开阔眼界，亦有所作为。

这4家伤寒学以次演进，从而延展了宋代伤寒学的稳步前趋。

五、“绍派伤寒”略述

绍兴，是我国文学巨匠鲁迅先生的故乡，山川毓秀，人杰地灵。医学界亦人才辈出，明代之张景岳、马莳尤著。清代有“绍派伤寒”之名见于医学文献，则更值得称述了。

记得二十世纪三十年代，我在绍兴杨质安先生处学医时，于《绍兴医药月报》中偶然见到“绍派伤寒”这一名称，心不在焉，过目即忘。1935

年得读《通俗伤寒论》，何秀山序文中又提到，“吾绍伤寒有专科，名曰绍派……”，伤寒而冠之曰“绍派”，足见其学术精湛，影响深远，于是注意到绍兴以伤寒名家者若干辈，上溯明末清初，下逮民国，三百年来，伤寒学说不断演进，学派不断光大，谓为“绍派伤寒”，可称其来有自。青年时代对绍派伤寒视而不见的我，现在重新回顾，感觉有寻源溯流必要。爰就其见于记载及有述作可征者，略予考析为后。

（一）探源

绍兴述伤寒而能法古宜今，并足以继仲景而昭来兹者，当推会稽张景岳。他在《景岳全书》中列“伤寒典”于“杂证谟”之前，不是为了装点门面，实寓有承先启后之意。我们从其内容探索，他对仲景理论，信古不泥于古，且能与古为新，这是张景岳伤寒学说的主旨。他强调勘病、辨证、论治的统一，勘病着眼于伤寒本病、兼病，旁及温、暑，指出“今时皆合病并病”，画龙点睛，使后人知所注意；辨证在全部“伤寒典”中占极大比例，是他诊察伤寒的要义所在，经验所钟；论治部分，古方与新方随宜而施，后篇详析“治例”九类，则是张氏“论古法通变”的具体化。其说理多参照陶节庵，折中己意，成一家言。戈维城存稿之《伤寒补天石》、张路玉之《伤寒绪论》常采其说，并为清初绍兴伤寒学派所宗。

绍派伤寒之成长壮大并见于记载的，为清乾、嘉年间之俞根初。据《通俗伤寒论》何秀山前序记载，“俞根初先任瀛波而负盛名，日诊百数十人，一时大名鼎鼎，妇孺咸知。其学术折衷仲景，参证朱南阳、方中行、陶节庵、吴又可、张景岳诸家；其立方，出入于辛散、透发、和解、凉泻、温补等五法；其断病，若者七日愈，若者十四日愈，若者二十一日愈，十有九验，就诊者奉之为神明”。《通俗伤寒论》初稿原为七章：“勘伤寒要诀”“伤寒本证”“伤寒兼证”“伤寒夹证”“伤寒坏证”“伤寒复证”“瘥后调理法”。内容都是诊疗伤寒的临床经验，简明切要，完全系当时传道授业之口诀，浮泛语少，实用价值高。其六经方药，共一百零一方，每方都有立法，每法又各有含义，都是俞氏随证制定的经验方。张山雷先生称其“取之不尽，用之不竭。老医宿学，得此而扩充见闻；即后生小子，又何在而不一览了然，心领神悟”。我认为俞氏之论伤寒，究心仲景之法，变通仲景之方，在绍言绍，出自心裁。六经三焦，必勘其证，寒热虚实，必剂其平。或辨或析，有因有革，独成一家言，由是而绍派伤寒以著。

稍后于俞氏有任瀛波，绍兴山阴人。瀛波为任越安之裔孙，得历祖乃文之传，精于伤寒，在嘉、道、咸、同年间颇负盛名，诊病具有胆识，常起沉疴，远近就治者日六七十人。越安精究柯韵伯之书，视柯氏《伤寒论翼》有错讹处，去繁就简，成《伤寒法祖》二卷（裘吉生辑入《珍本医书集成》中）。瀛波著有《医学心源》四卷（何廉臣先生为之刊行）、《任氏简易方》一卷。瀛波子广生，继承父业，光绪间亦有盛名。四世医家代精伤寒，足为绍兴伤寒学派增色。

俞、任二氏的学术造诣，俞博采而任守约。俞能从伤寒中析出温病证治，法古宜今，为绍派伤寒放异彩，其学说集众善而成家，具卓然自立风格；任则绳祖武为医学世家，以《伤寒论翼》做《伤寒法祖》，传绍兴伤寒学派之一脉，著述立言逊于俞氏，然亦有可传。

后于任瀛波约半个世纪，绍兴会稽章虚谷崛起，以其学验，独树一帜地著《伤寒论本旨》。对张仲景原文条分义析，按六经浅深层次，根据脉证，重为编订，详加解释；其有伤寒温病掺杂者，皆选辨订正，申明义理而排定之。书中还以临床所得，撰《伤寒热病辨》，提出先分病类后辨病证，其中“辨谵语”“辨舌苔”详析伤寒温热，语语从经验实践而来，在《暑病源流》中，问答详明，足资临床取法。值得传诵和有一定实际意义的，是他对叶氏《温热论》、薛氏《湿热条辨》的加释，则是卓有成效的首创。他无疑为绍兴伤寒学派中与俞根初各有所长的杰出医家。

绍派伤寒，以俞根初而得名，当然不始于俞氏。俞氏生活在乾、嘉年间，这以前，绍兴有没有伤寒名家和述作呢？据曹炳章先生《历代伤寒书目考》所载，有明代会稽龚太宇的《伤寒心法大成》，有清代山阴陈士铎的《辨证录》，有会稽车宗辂编订的《伤寒第一书》，有孙桢的《伤寒杂病论正义》，有绍兴俞文起的《伤寒说约》等，但其书均未得见，他们的学说特点也无考。还是高学山的《伤寒尚论辨似》，书虽近出，知高氏为清初会稽人，无论其早于俞根初或晚于俞根初，从其述作来看，他对伤寒学是研究有得的，能辨正喻嘉言之似是而非处，其造诣自是精卓，举其辨伤寒的证候一则，以见高氏在绍派伤寒中的实际地位。

“人身内外作两层，上下作两截。而内外上下每与呼吸而动相牵引。比如攻下而利，是泄其在内之下截，而上截之气即陷，内上既空，其外层之丧气逢邪而内入，此结胸之根也。比如发表而汗，是疏其在外之上截，而在内之气跟出，内上既空，其内下之阴气上塞，此痞闷之根也。识此在上禁过

汗，在内慎攻下之法，后读结胸及痞塞诸论，则冰消雪化矣”。

绍派伤寒从明末到清初，有张、俞、任、章、高五家互相争鸣，随之阐述者亦大有其人。

何秀山在俞氏《通俗伤寒论》的三卷抄本上，每条每段各加按语，或作阐发，或作补正，使“俞氏一生辨证用药之卓识雄心，昭然若发蒙”（何秀山前序）。何氏的学术经验，据廉臣先生称其由博返约，服膺于“四张”（张仲景、张子和、张景岳、张路玉）。他自己在《通俗伤寒论》按语中也提到，“余临证时，凡遇纯实证，每参以张子和法；纯虚证，每参以张景岳法；实中夹虚，虚中夹实证，每参以张路玉法。庶几博采众法，法法不离古人，而实未尝执古人之成法也”。我曾反复研读《通俗伤寒论》的每条按语，体会出何氏运用仲景学说，确臻神妙，不拘迹象，已入化境，对张景岳之“伤寒典”及张路玉之《伤寒缵论·伤寒绪论》二论，亦多揣摩有得，其出自心裁处，真如天女散花，缤纷夺目。如果把《通俗伤寒论》按语部分，辑成“何秀山医话”，我知其学术评价肯定极高，不仅仅以限于一隅之“绍派伤寒”见称。原著俱在，这里不做繁复引证。

于此，绍派伤寒由张景岳而俞根初而高学山而任沨波而何秀山而章虚谷，渊源有自，学派由形成而底定而巩固而加深加广，流泽方长。

（二）析流

绍派伤寒的奠基，已为上述，但任何一个学说或学派，总是“莫为之前，虽美弗彰；莫为之后，虽咸弗传”的，绍兴伤寒学派也是如此。由于渊源有自，因而后继的人是比较多的，绍述这一学派的有如下几位。

第一当推何廉臣。廉臣先生的医学造诣，乡先辈杜同甲称其“究心岐黄四十余载，其治伤寒，尤为专门名家，平日于古今中西医籍，靡不浏览而伸以己见”。这一称述，可谓恰如其分。关于廉臣先生在医学上的贡献，我曾撰专文发表于《浙江中医杂志》1963年3期，不复述。这里仅叙其对绍兴伤寒学派发扬光大的业绩。他本其丰富之学验，先撰《重订广温热论》《感症宝筏》，皆注重当时之病态变迁（即现在所谓常见病和多发病），究其原因，详其现证，不拘于《伤寒论》成法，变化纵横，无往不合仲景矩矱，可以想见廉臣先生识力之专，经验之富。张山雷称其“堪与孟英、九芝两家相颉颃，鼎峙成三而无愧色”。推崇之殷，主要颂其擅长温热病及伤寒阳明病的治疗。此后，廉臣先生还急起直追，继乃祖秀山公之绪余，给《通俗伤寒论》逐条勘证，并加发挥，其全部勘语，即廉臣先生对于诊疗伤寒温病（包括内科某些杂症）的临床结晶，使《通俗伤寒论》内容大增，从三卷到十二卷，可以说是绍派伤寒第一次集成。与此同时，廉臣先生还鼓其余勇，编《湿温时疫治疗法》《增订时病论》及《全国名医验案类编》，各以其诊治温热时病的手眼，为绍派伤寒鸣鼓进军。特别在《湿温时疫治疗法》中，其注重辨证施治，所选诸方，文献上可征，临证时俱有特效，用于江浙两省，堪作湿温治疗手册。裘吉生前辈将此书收入《珍本医书集成》，可以想见其实用价值。他校刊伤寒古籍，有许叔微《伤寒百证歌注》，日本丹波氏的《伤寒广要》《伤寒述义》及浅田栗园的《伤寒论识》，有的补以长论，有的加以批注。以上一系列对伤寒学的贡献，不但在绍兴是空前的，即在全国来说也是不多见的。

据廉臣先生自述，他师事樊开周。樊氏的生卒年不详，约为道光、咸丰时人，医学宗叶天士，尝谓："江浙滨海临江，地土原湿，先贤发明温暑湿燥诸法，不可偏废。"（见周小农撰何廉臣先生事略）樊开周治疗温热的经验方，见于《重订广温热论》及《湿温时疫治疗法》中者计13方：新定达原饮、加味栀豉汤、藿朴二陈汤、藿朴胃苓汤、加味犀羚白虎汤、雪羹加味煎、童便四草汤、加减甘露饮、犀角大青汤、凉血解毒汤、犀地桑丹汤、人参芍药汤、三参冬燕汤。这些方，对绍派伤寒来说，也是添锦上之花，使之绚丽多彩。

再有张畹香，与樊开周同时，世居绍兴洗马池头。其壮岁博览医书，治伤寒学以柯氏《伤寒来苏集》为基本功，益以叶天士、戴麟郊之说，诊疗伤寒、温病极有经验，医名卓著。他著有《暑温医旨》，书中如"舌苔辨""伤寒治论"，都反映他的独特临床见解，对于不少重笃伤寒病例及温热、暑湿、疟、痢、伏暑、热入血室等治疗，也有心得体会。其书被曹炳章先生辑入《中国医学大成》中，并有医案一册。他是一位绍派伤寒的守成者。

再有周伯度，同治、光绪间人，世居绍兴穆联巷。其以儒而医，精究伤寒时病，方与药亦研究极深，学宗《伤寒论》，参以叶天士、徐洄溪、尤在泾三家。他67岁时著《六气感证要义》，阐述六气为病，先论后方，方必有解，期于实用而必效。他认为，"外感之证，不出风寒暑湿燥火六气，曰伤寒者，对杂病而言之；若对内伤而言，则伤寒亦同为外感。伤寒之方，多可施于六气，六气之病，亦可统于伤寒。是故欲明伤寒，当先详六气，六气者，伤寒之先河也"。这类明朗的议论在《六气感证要义》中在所多见，可

称绍兴伤寒学派的佼佼者。

还有邵兰荪，绍兴近代名医，世居杨汛桥，尝从钱清王馥原游，生平究心叶氏《临证指南医案》及程氏《医学心悟》。其于湿暑时感及虚劳、妇科俱有心得经验，方案多从《临证指南医案》《医学心悟》中来。他名高望重，全浙皆知，每日应诊从朝至晚，户限为穿，以绍兴医生而名播全浙，不以著述行世而闻名遐迩，确是伤寒专家。其医案多系后人所辑，曹炳章先生辑四卷于《中国医学大成》，裘吉生先生辑二卷于《珍本医书集成》，浙江中医学院潘国贤教授辑一册，不分卷，约300多例，都为六淫感症，细味案语方意，确从叶派移植过来。

还有胡宝书，胡氏为近代绍兴伤寒专科名医，名闻浙东，学宗叶、吴、王、雷，对《温病条辨》及《时病论》更有心得。我在青年时一度参证胡氏门诊，钦佩其对望诊有独特经验，胡氏一见患者的形态、神色、舌苔，即能辨证知因，非常熟练，并对患者的预后及医嘱都能要言不烦地指出，极中肯綮。因此博得远近患者信任，起危疴，决死生，成为一代伤寒名家。由于其诊务忙，日不暇给，继之以夜，有时出诊至夜半才回家，故无著述，仅有子侄及门生抄存部分方案。最近在绍兴《医药卫生·中医专辑》1980年第二期中，得见胡氏《伤寒十八方》，则又为绍派伤寒增加一份可以传世的宝贵资料。

析流至此，暂可告一段落，因绍派伤寒，源虽不远而流方长。时代消息告诉我，绍兴伤寒学派，已有新的一代在兴起，目前虽不一定后来居上，但可以相信是后继有人的。企予望之!

六、重订《通俗伤寒论》

《通俗伤寒论》初稿三卷，为绍兴俞根初先生原著，何廉臣先生增订为十二卷。何氏为曹炳章先生之问业师，清民间享有盛名，著述在十种以上，而以本书为代表作。它在编述体系上是综合张仲景以后下迄近代各家的伤寒温热学说（其中包括重要内伤杂症），先后通过两个作者的经验加以分析归纳，其理论之详明、方法之适用，在当时被推为“酌古斟今”“通变宜俗”的作品。

我在1944年阅读这本书时，曾把它切合实际部分用红笔圈出，并加标志，以便记取，校正其脱文讹字，做了一番初步校勘工作。现更本着“推陈出新，去芜存菁”的精神，加以重订。

这部原著若根据现代医理来评判，尚有一小部分不合逻辑、不切合实际的理论文字，应予扬弃和精简。例如，原书第一章第一节“六经气化”——太阳之上，寒气治之，中见少阴等一段文字；第三节“六经关键”——太阳为开，阳明为阖，少阳为枢等一段文字；第六章（甲）第三节“张长沙四言脉诀”及第四节“钩玄”，都是理论和实际结合不起来的；近贤恽铁樵、陆渊雷两先生也说明了这类学说的不可靠。第二章“六经方药”中周越铭附入的“方歌”及第六章（丙）周越铭增附的“六经舌苔歌”，意义已见正文，歌词又欠顺口。第十二章第四节“情欲调理法”全篇（系指原书章节）说理笼统，不合现代要求，以上均全部删去（六经部分补入陈逊斋的“六经病理”，脉象部分补入姜白鸥的“脉理新解”）。

其他节、目有重复的均予适当合并，以节约读者目力。如原书第一章第四节“六经部分”是紧密接着本章第一节“六经形层”，它概括了表里上下整个机体，呈现出“六经纵横面”的一个体系，这两节已予合并。又原书第九章第四节“夹气伤寒”，它仅仅是伤寒夹症中某一部分的致病因素，也即是同章第八节“夹痞伤寒”的一个组成部分，不能作为独立的病名，爽快地把“夹气伤寒”并入“夹痞伤寒”中。又原书第九章第十四节“夹阴伤寒”，其病名与同章第六节重复，观察它的病因，是感冒风寒又食冷物，则等于“夹食伤寒”，所列症状与治法也同于“夹食”，现在把它并入第一节“夹食伤寒”中，庶免分歧。同时，原书中有不关紧要的字句，均酌予精简。但尽量保持原有意义，例繁不举。

以上扬弃和精简的标准，是经过几次的通篇阅读，用辩证唯物观点，反复证其是形而上学的、不可知论的、无用的性质以后，才予扬弃和精简。

此外，有理论虽参差，但尚不到扬弃的标准者，如第四章第七节“气虚血瘀证”、第八节“气实血虚证”，第八章第十六节“黄耳伤寒”、第十七节“赤膈伤寒”等篇，均就所知者酌量解说，其限于知识不能解说的则存疑待教。有观点不够明确或学说有剩义者，如第九章第四节“夹血伤寒”、第十三节“夹痨伤寒”、第十四节“临经伤寒”及第十章第一节“寒伤转痉”，各引证事物，分析问题，加以考订。有理论不着边际，应需作具体申述者，如第八章第四节“伤寒兼疟”中的“疫疟”、第八节“湿温伤寒”，第十二章第五节“起居调理法”，均搜采最近学说予以发挥。还有，何氏在1916年以后所发表关于论伤寒温热的学说散见于其他书刊者，则分别按类采入。每节之间，并根据我25年来在研习中所获得浅深不同的体会，著于文字以做补充。第十二章更增入“病中调护法”一节，以补苴原作之阙。

全书经过这番重订，较原著可能纯粹些；装订一册，仍十二章。第一章为伤寒要义（计十节），第二章六经方药（计六节），第三章表里寒热（计十节），第四章气血虚实（计十节），第五章伤寒诊法（计八节），第六章伤寒脉舌（计八节），第七章伤寒本证（计五节），第八章伤寒兼证（计二十一节），第九章伤寒夹证（计十六节），第十章伤寒坏证（计四节），第十一章伤寒复证（计五节），第十二章伤寒调理法（计五节），共一百零八节。

曹炳章先生对这部原著的总结说：“先师（指何廉臣先生）考古证今，发明学理，其实验疗法，皆四十余年心血之结晶……不但四季时病无不具备，而重要杂症亦无遗漏矣。”诚然，这部书里，除包罗伤寒温热的学说外，还概括了若干器质性疾病。我意俞氏初稿，已是他理论和实践相结合的作品，又加以何氏渊博的学识、熟练的技术，更采入经验而有效的药方，不但使我们充分认识了伤寒六经的含义，从而把看法和疗法掌握起来，并且对于伤寒本证、并发证、坏证、后遗证、续发证等，可以根据各个疾病的不同原因、发病机转、临床病象而分别诊断，进行治疗。它内容是丰富的，写作是成功的，所存在不可避免的某些问题，已给它作初步整理，比较纯粹。

不过“学无止境”，真理是愈钻研愈显露的。这重订本究竟比原著整洁多少？我现在也不能肯定，只认为尽可能地做到初步的“去芜存菁”罢了。至于原著中有部分糟粕和精华混在一起的学说，这次尚未能做系统的、科学的彻底厘定。例如，“烧裩散”，它的疗效在医理上来说是靠不住的，但如果把它删去，则不仅影响“阴阳易”（当然阴阳易本身的理论也是值得怀疑的），同时也牵连到张仲景《伤寒论》。诸如此类，怎么办呢？那只好暂仍其书，免得“去莠害苗”。据我不成熟的体会，整理祖国医学遗产，好像“披沙拣金”一样，不容易一次提净，必须依照巴甫洛夫所指示的“循序渐进”方式，把固有学说逐渐地研究、修订和提高。希望读者吸收其合理部分，其怀疑处，则尚有待于我们（包括本书的读者和重订者）今后做进一步共同的努力！

最后，应须说明的是在重订这部书的阶段中，我曾与曹炳章先生经常交换意见，向他请益；承他老人家不惜于半日颐养半日撰著的中间（这时他正在重编《规定药品考证》），抽出好多天宝贵的功夫审视全稿，指出重订部分的不恰当处，给我以及时纠正和帮助，并赠以题字和题辞，谨致以衷心的感谢。

第三节 崇士材综概学说 校必读考略学派

一、略论李士材学说

研究历代有所创造的医学家的学术渊源和成就，可以探索其学术思想及其在祖国医学中的贡献，为临床医学取法或借鉴。本文将李士材的学说，分以下六个方面加以探讨：医事生活、治学态度和方法、著作概况、学术见解、诊疗经验、学派流传。

（一）医事生活

1. 历史背景与家庭

李中梓，字士材，号念莪，江苏华亭（现松江县）人。生于明末，卒于清初（公元1655年）。《江南通志》称其"少年学博，习岐黄术，凡奇证遇无不立愈。"他生长在一个小官僚中产家庭，哥哥念山，曾一度为京官，后谪官为浙江按察。李士材一生以医为业，有一个儿子，名允恒，字寿臣，不以医名。因而知李氏的医学是传徒不传子。

李氏生活于16～17世纪，时当明代后叶，我国封建社会已进入晚期，农民的反封建斗争此伏彼起；新兴市民阶层的反重税、反掠夺斗争，在许多城镇相继出现。不过其间由于农民起义、市民斗争，使当时的资本主义萌芽得到了一定的客观发展条件，商品经济出现了短暂的好景。李氏家乡——松江盛产的棉布，有"衣被天下"之誉，远销至东南亚和欧洲。

李氏在青年时代，和他哥哥一样是企图读书做官的，后来因两个儿子都被当时庸医的药误而夭亡，乃转而业医。这时的医学风气，苏浙皖地区比较浓厚，与李氏先后映带的有陶华、薛己、楼英、李时珍、张介宾、汪机、孙一奎，以及与李氏同时的王肯堂辈，都各在一时一地以医学自砺，治病著书，促使当时江南形成独具一格的、朴实而不纤巧的、渊雅而又精醇的医学风气。李中梓的医学作品更以简明扼要胜。

2. 诊病与著述

一般医生的著书立说，多在临床实践有丰富经验后才落笔，李中梓当然也不例外。他从事医学研究四五十年，诊病的人次是相当多的。《医宗必读》中曰："医案二十年来，案帙颇多……兹摘其稍异者仅百一耳。"其选留医案，见于《删补颐生微论》计30例，见于《医宗必读》86例；以此推算，其医案当不在少数。此外，俞东扶《古今医案按》中所引征的，且有为上述两书所未载的医案。他给人诊病是精心辨证施治，记录医案也极其审慎。自谓："究心思考之余，冰兢倍谨，愚而自用，矢不敢为；谬辱诊疗，往往取验。其疗处常之症，不敢赘录，摘一二多变者。"说明李氏对诊疗工作的认真负责，辑录医案以变症、变法的入选，一般普通证治不列入。我们可以从他的医案里领会其分析病机之切实，立法选方之中肯，开喻嘉言"先议病后议药"的先河。关于著述，他也是谨慎从事，不肯轻易下笔。这不仅可以在《颐生微论》的删补过程中看出，还可以从他的著作中"后书补前书之疏，后说正前说之失"中看出，甚至有的书已编成而藏稿待修改的。他最先写成的一部书是《颐生微论》，1618年成书（在34～40岁，书未见）；第二部书是《医宗必读》，1637年出版发行（在50～55岁，或稍晚。自序有"究心三十余年"之句）；接着，对《颐生微论》做了修订，于1642年成《删补颐生微论》行世。并在1618～1637年这19年中，他还写出《诊家正眼》《本草通元》《病机沙篆》三部书，书成未印。他最后的一部书是《伤寒括要》，1649年成书，下距李氏卒年为前六个年头（李卒于1655年）。至于我们所常见的《内经知要》和《雷公炮制药性解》二书，不知何年辑成，待考。从1618～1649年的31年里，估计是李氏中老年时代，我们所看到的著述为八种。书中大部分内容议论精湛，有一定的阐发性，可以反映出李氏的医学造诣和学术成就，足供我们学习和研究。

3. 医友

李氏生活在明代江南多名医地区，正如清代唐大烈所谓："吾吴文献之邦，乃良医荟萃之域。韩门昆季（韩飞霞，著有《韩氏医通》），擅卢扁之称；葛氏乔梓（葛可久，著有《十药神书》），绍张刘之学。"他还提到了薛己、盛启东两位的医名之高，著述之富，作为明代江苏医学的代表人物（《吴医汇讲》）。李氏在这样的医乡里，勤求古训，博采众长，学术经验的积累当然日益丰富；加上他中年以后的医学造诣，既足以自信，更足以信人，与侪辈论文谈医，相互砥砺，彼此间共同促进，也是个推动力。

据有关资料获悉：

（1）先李氏而享盛名，医学巨著《六科证治准绳》的作者王肯堂，与李氏是商量旧学的老友，并且是相互心折的。王比李约大20岁，对李来说，王在当时医坛上、学术著作上都是李的前辈，是李所愿意取法的，事实上也起到良好的影响和一定的作用。反过来说，李氏在医学上的造诣（包括诊治的精审，立法的稳健），亦为王所心服。所以王肯堂晚年所患的痰泄症，经李精心诊疗而获愈，的确不是偶然的。据毛祥麟《对山书屋墨余录》记载，“王年八十，患脾泄，多医会诊，都认为高年体衰，需投补剂；李诊为体肥多痰，应用荡涤。征王意见，王答以“当世知医，惟我二人；君定方，我服药，又何疑”。遂用巴豆霜下痰数升而愈。从这一寄托死生、深信不疑的医疗事例，说明王、李在学术上是心心相印，在友谊上是性命可托，远非一般浅交而缺乏深契者可比。

（2）与李同时同乡的施笠泽（沛），以善读《内经》《伤寒论》，善用仲景方见称；著有《祖剂》四卷。李氏曾引为知友，相与会诊析疑，讨论重危病的证治。《医宗必读》伤寒门治韩茂运案，一言而承气汤定方，患者、医家均无异议，药下咽而疾顿瘳，是医友中相辅相成之见于著述的。

（3）稍后于李氏，以虚实寒热辨证施治闻于时，《症因脉治》的作者秦景明，上海县人；他们也在切磋琢磨中相互受益。首先，秦氏多年的痰饮病，经李氏用七补七涌的方法（补用补中益气法，涌用瓜蒂法）而治愈（案载俞东扶《古今医案按》）；其次，《医宗必读》证治部分，秦氏读后给以实事求是的评议，阐发其精到处，补充和纠正其罅漏处。秦氏的评文距《医宗必读》成书仅四年，是评价《医宗必读》最早的一个。

4. 学生

我们从《医宗必读》里看到李氏的门人为他分卷参校的有孙三锡、张介福、黄寅锡、朱天定、包时化、李玄度、董尔正等七人；而一、二、十卷的参校者吴肇陵，因不标门人字样，不计在内。以上七人，想系先后进入李氏讲坛，得到传道、授业和解惑的教益，从而分别承担《医宗必读》的参校工作。

此外，有两个比较突出的学生，受到李氏传授较多，协助李氏校订书籍也较出力。

其一为江苏吴县的沈朗仲（颋），1640年秋季从李氏受业，1642年协助李氏校订《删补颐生微论》，颇为李氏器重，有“吾道之不孤，其有赖于朗仲也乎”热情洋溢的称许和期望。其后，朗仲还继承李氏学说而加以发扬光大，编著《病机汇论》十八卷，对李氏学说有所发挥。

其二为吴县尤生洲（乘），是明末清初文学家尤侗的侄儿，为李氏的小门生。从医学方面来说，朗仲得李氏之精，生洲步李氏之迹。尤氏纂辑其师著作，主要是《士材三书》（其中部分为生洲所增补）。尤侗序说：“李士材先生，近代之国医也；所著书甚富。其行本曰《诊家正眼》，以审脉也；曰《本草通元》，以辨药也；其藏本曰《病机沙篆》，则治法备焉。予犹子生洲，为先生高弟，合而镌之，颜曰《士材三书》。”尤乘辑《士材三书》，为1667年，距士材卒后12年。

另有《医宗说约》的作者蒋示吉（仲芳），江苏吴县人。其书为医家所熟悉，而其人为李氏的学生则少人注意。尤乘称其“往来松、浙间，临症已多，活人无算。”其与李氏的师谊，虽不同沈朗仲之见于李氏笔述，也不似尤生洲之编刻李氏遗著，但在《医宗说约》里，蒋曾提到三次：卷一“脉法”按语及“治法、虚中实”第一案，卷四“伤寒阴阳毒症”按语中都有“先师李士材”“士材先师”的称道，说明其部分学术经验来自师传，绝非书名“医宗”两字作为后先的继承。从这三处称述，初步认为蒋是私淑于李，亦间常问业于李，可能由李已晚年，蒋示吉亦知名于时，不欲屈蒋于门墙之列。所以尤乘在《医宗小补》序文中，称示吉为先生而不称同门，亦秉承师意而尊之之义。然而李蒋的学说渊源是一脉相承的，流派是宛然可接的（例证不具述）。初步的发现，姑志于此，以待今后继续探索。

（二）治学态度和方法

1. 研求《灵枢》《素问》，玩味诸家

“《内经》为医学之祖，每篇必援引相证，愿天下为有本之学，毋以浅近画也”。这是李氏在《删补颐生微论》凡例第一条揭出的。《医宗必读》中提出，“仲景遗论之撰，玄晏《针灸甲乙经》之次，杨上善纂为《太素》，全元起列为《训解》，唐宝应中太仆王冰详为次注，元之滑伯仁摘而为钞；近世马莳有《发微》，鹤皋有吴注，张介宾有《类经》”。这是他对前人编注《内经》的向往，也是他研求《内经》的书谱，更是他编写《内经知要》的取材依据。他研求《内经》的方法是“广征医籍，博访先知，思维与问学交参，精气与《灵枢》《素问》相遇。”（《医宗必读》）这与张仲

景的“勤求古训，博采众方”是同一精神。其研求的经过，正如蜜蜂采花酿蜜一样，采集是辛勤的，提炼是甘洁的，我们可以从《内经知要》的注解中玩味一二。举例为①他对“阳生阴长，阳杀阴藏”的诠释，肯定了张景岳解说，总结为“万物皆听命于阳，而阴特为之承顺者也。阳气生旺，则阴血赖以长养；阳气衰杀，则阴血无由调和。此阴从阳之至理”。②对“脉者，血之府也”的理解，认为，“营行脉中，故为血府；然行是血者，是气为之司也……则知此举一血而气在其中”，并以下文“长则气治，短则气病”为证。该说本于景岳而李更明白晓畅。③对三焦有形无形的分析，他引证《灵枢》“密理厚皮者，三焦厚；粗理薄皮者，三焦薄”“勇士者，三焦理横……怯士者，其焦理纵”及“上焦如雾，中焦如沤，下焦如渎”等经文，以经证经，做出“既曰无形，何以有厚薄？何以有纵有横？何以如雾、如沤、如渎?”等一系列的反诘，从而判断三焦是有形的。④他对“治则”部分，都相应地印证病机；其于“治病求本”及“反佐”法等，并举出一些病例和方法，有的还说明药例。对“谨守病机，各司其属，有者求之，无者……疏其气血，令其调达，而致和平”一节，除了用脏腑、邪正盛衰、气血补泻做阐述外，特指出它是“治虚实之大法，一部《内经》之关要”。他以这样接近实际的方法研求《内经》理论，大致是可取的，也是有一定成就的。

关于“玩味诸家”，在李氏整个学说和全部著作中，反映是多方面的，可以说随处都能体现出。《删补颐生微论》所评述诸家学说，是李氏所反复诵习而深入研索者，由于诵习之勤，研索之深，因而能分析其精粗，评议其得失。他的评议，可与吕复的《医门群经辩论》及《诸医论》后先辉映，文意明白易懂，极有裨于后学，起到读书指导作用。如评议“《难经》，为有熊之功臣，开后学之师范；惜其误以命门一穴指为右肾，考之《黄帝明堂经》《铜人腧穴针灸图经》诸经，灼然见智者之一失也”；评“王叔和《脉经》分三部九候，辨人迎寸口，阐《灵枢》《素问》之微，集诸家之要”；评议“巢元方撰《诸病源候论》，条分缕析，得未曾有，然详风寒而不及湿热，毋乃偏乎”。其对金元四大家的评述“刘完素撰著《河间六书》，发明亢制之理，洞如观火；然偏主于热，岂能尽六气之变。遂令后世喜用寒凉，伐天和而罔悟，伊谁之咎也”“李东垣发明内伤极类外感，实有分别，且以土为万物之母，多注意于扶脾，确然元本，旷古未发之旨也”“张子和《儒门事亲》，惟主汗、吐、下三法，当固有起死之功，误即有伤生之惨，是唯气强者宜之，稍挟虚者在所痛禁”“朱震亨著《格致余论》《局方发挥》等书，谓‘阳易于动，阴易于亏’；独重滋阴降火，盖补东垣之未备也”。他历述明以前27家学说，都极中肯，在明代则推崇薛立斋为“敏而多闻，诚迩来名医之冠，有功于先哲后昆”。值得称道的：他对各家的吸取，融化在自己著述中，是一种难能可贵的特点。诸家学说守其常的，他能通其变；古书中博而繁的，他能撮其要；有时拾前人之遗，补前人之缺，纠前人之失，释前人之疑。这是李氏“玩味诸家”的结晶，散见于所著各书，足供我们的再研求、再玩味。

2. 谨守绳墨，佐以通变

谢利恒在《中国医学源流论》论“李士材学派”提到，“明末诸家中虽无特见，而大体平正不颇者，当推李士材”，还指出，“《医宗必读》颇平易有裨初学”。由于李士材浸润于薛立斋、张景岳、王肯堂三家之说较深，其中受《证治准绳》的影响更浓厚，故其论病议方，多数谨守前人绳墨，绝少偏颇，这是明末医家的特点。求其象李时珍的博考，吴又可的创新，则不易覯。从《医宗必读》的著述体例来说，他自认为，“是刻悉本《内经》，凡先贤名论与经旨翼赞者，收采无遗”。自此可见，其与经旨有距离的，就不收采，这是谨守绳墨的表现之一。从《医宗必读》的选方来说，609个选方中，李氏自定方仅七个（新定拯阴理劳汤，拯阳理劳汤，清宁膏，肺痈神汤，新制阴阳攻积丸，利金汤，润肺饮）；与《景岳全书》中的“新方八阵”相比，真觉瞠乎其后，这是谨守绳墨的表现之二。李氏曾表示“究心思考之余，冰兢倍谨，愚而自用，矢不敢为”。这种兢兢业业的治医和治学态度，是构成他全部学说“大体平正不颇”的主要因素。

然而看问题总是要两点论，才不至于片面，评议古医学说也要这样。士材治学方法，除了谨守绳墨以外，其自出机杼、通变古说古方的也在所多有。首先，对《内经》“病机十九条”都做出从常到变的揣摩和分析，把每条病机之属于一方面的，必从反面或侧面多方引申，并指出，“经言十九条，道其常也；余每举其反者，尽其变也”。这种由常到变的分析病机，虽然上承王冰、刘守真之说（他称王为“深明病机之变”），事实上确足以启迪后人。其次，在《医宗必读》里，对“反胃噎膈”，排除巢氏分五噎十膈的烦琐名称，肯定张洁古的三焦分证及张鸡峰所说“噎膈为神思间病”。李氏还根据自己经验，提出“二症皆膈间受病，故通名为膈”，并用阴阳虚实补泻等治法及兼顾预后。既守绳墨，又抒已见。其于“咳嗽”病因，对《内经》引文作了合理的分析和归纳，有所补充，并不局限于经文。“喘症”以虚实概括《内经》的多种病因，他认为虚喘是“子母情牵”（即金水不相生）、“仇雠肆虐”（即木火刑金）二因；实喘是“火逆上而气不下”二因。简明切要，胜过所引内经的繁文琐语。其于“疝症”，也突破巢氏及张子和所定的七疝名目；治法也有新的化裁。说明李氏的治学方法是经权结合，常变互用，所以他的著作是“平易有裨初学”。

3. 由博返约，提要钩元

这一治学方法，是对学问的提炼过程，是去粗取精的过程，也是学术升华的过程，更是认识从感性到理性的过程。反映在李士材治学态度上，主要从下列两个方面看出。

吸取前人学说方面：第一步是“纳”，有计划地纳，有选择地纳，通过消化，进入到第三步的吸收，把前人的东西，变为自己的养料。李士材对这方面是做到家的，其突出处在于由博返约的反复筛选。《删补颐生微论》对32家学说的评议，既点明诸家的精到处，也说出诸家的偏颇处；精到部分吸取它，偏颇部分借鉴它，这是“纳”的实际受用，也是由博返约的硬功夫。李士材学说之所以被称为平正不颇、平易近人者，主要在于他有抉择地吸取前人学说，加上自己经验，通过融会贯通，这是使他治学成功的唯一因素。由于他治学有成就，因此反映在写作上当然也是成功，特别其代表作《医宗必读》与《内经知要》，从明末到现在350多年来，拥有许多读者，几乎每个医家都诵习它而称道不衰，绝不是偶然的幸致。

著书立说方面：这是在吸取前人学说通过由博返约结合自己的见知而表达于文字的结晶。在这一过程中，仅仅由博返约是不够的，还须再加上提要钩元的一番苦功夫。李士材在这一方面也做得比较出色。从数量来说，他的著作卷帙都不多，《医宗必读》是他著作中卷帙最大的一部分，也只十卷，其他都只二至四卷；从质量来说，他的著述虽然不都是精粹之作，但确实都经过“记事提要，纂言钩元”的一番苦心经营。试看《内经知要》，从《素问》《灵枢》十八卷中精选为两卷，并加简明注释，虽然有人嫌其选得太简，不过其提要钩元的成就，诚如薛雪所谓能“方便时师之不及，用功于鸡声灯影者，亦可以稍有准则于其胸中”。又如《伤寒括要》，从历来认为难理解、难整理的《伤寒论》中，辑其精要部分，加以综合，成一家言。他自己评定为“括义详而征词简”，确是实际。最使人感到惬意的，《医宗必读》中的《本草征要》，把440种药物的性能主治及其应用，都纳入《必读》三、四两卷中，词句简洁，含义浓郁；这种披沙拣金的写作，非具有真

实功夫者不能做到。三种著作以“知要”“括要”“征要”为名，可见李氏治学致力所在。

4.立言审慎，精益求精

由于士材治学态度谨严，方法踏实，因此他的写作多数在学验足以自信时才构成，且又反复修订，不肯掉以轻心。《颐生微论》初稿写成于1618年，而《删补颐生微论》成书于1642年，其中25个年头的修订工作（虽曾插入《医宗必读》及其他两种的写作），不知经过多少次增删和修改。因我现在所见到的是删补本，不是初稿本，其初稿的书名，只见于《医案必读》提到《颐生微论》，又“虚劳门”“痿门”医案中提到患者读《颐生微论》而邀诊。估计《颐生微论》初刻本不多，经李氏不断修订，严加取裁，25年后才成《删补颐生微论》，此其一。李氏在《医宗必读》说：“究心三十余年，始知合变”，并说：“曩所著《颐生微论》诸书，未尽元旨。”因知《颐生微论》属稿于《医宗必读》之前，而《删补颐生微论》的印行，反在《必读》之后；其对待著作的审慎，可以概见，而其精益求精的用心，更可想象了，此其二。

还有，关于某些学术问题，在李氏著作中，常以后说来补正前说，做到实事求是，明理惬心，不肯以传闻之言，贻误读者。例如，《雷公炮制药性解》中的“豨莶草”，李氏按语谓：“久服大能补益。”而在《医宗必读》中却提出疑问，认为“豨莶草长于理风湿，毕竟是祛邪之品，恃之为补，吾未敢信也”。后在《本草通元》中则进一步纠正说：“余少时信之，及恪诚修事，久服无功，始知方书未可尽凭也。”

上述几个事例说明李氏立言是何等审慎，同时也反映出他治学态度的严肃，方法的缜密，足为我们现在搞医学科研工作的借鉴。

（三）著述概况

李士材的著述，卷帙都不多，文字精炼，深入浅出，便于初学。我所见到的是八种：①《内经知要》；②《医宗必读》；③《雷公炮制药性解》；④《删补颐生微论》；⑤《诊家正眼》；⑥《本草通元》；⑦《病机沙篆》；⑧《伤寒括要》。这些书的编印过程，①②④三种最早，在有关著作中都相互提到，刻印为李氏及身亲见；⑤⑥⑦三种，为其门人尤生洲增补后刻印，成书是李氏死后第12年；（第3种编写年代待考）最后一种《伤寒括要》未刻，1936年绍兴裘吉生收入《珍本医书集成》才流传。这八种书瑕瑜互见，但总是精华多而糟粕少。下面试作简介，酌予评议。

（1）《内经知要》二卷，无自序，编写年月无考，仅有1764年（乾隆甲申）薛雪重校序文。书分道生、阴阳、色诊、脉诊、藏象、经络、治则、病能等八篇，颇能撷《素问》《灵枢》的精要，注解亦简明，秦伯未曾演绎为《内经知要浅解》，各地译释本也有多种。本书上承滑伯仁的《读素问钞》，李氏则侧重于王注，并兼及《灵枢》；从而下启汪讱庵的《素问灵枢类纂约注》。书中"道生"篇，杂入道家术语，应注意其糟粕性。

（2）《医宗必读》十卷，1637年自序刻印行世，首列"读《内经》论"等医学通论十四篇，均可与《内经》相互印证；次列"四言脉诀""脉法心参"及"色诊"，都为望诊、切诊所必需。次列本草，采用歌赋体裁，复加注释，并附禁忌。接着是证治部分，先伤寒，次杂病；伤寒是辑录《伤寒论》中最精要的法和方，并酌取陶节庵治验，颇具简要明朗感。杂病共37类，每类都先述《内经》，次集各家言论，参以己见，后附治案。选方则择古方中切要者，共607方，另自制方七个，亦颇具匠心，《医宗金鉴》及《类证治裁》均引用它。《医宗必读》是一部好书，但亦有未纯之处，如论伤寒传至三阴之症，误引直中阴经之方混一立治；虚劳吐血首列苏子降气汤，极为不可。肖京在《轩岐救正论》中称《医宗必读》为"词简而明，法精以详"。

（3）《雷公炮制药性解》六卷，卷首有李氏序，无年月。该书收药344种，分九类。每种药都有叙述，有按语。其对药性的解说，强调归经入脏腑，按语多引东垣、丹溪、洁古、寇宗奭、王海藏诸家之说，但亦有所辨正，对药效的分析，也比较精审，如认为"山楂消食积而不伤于刻，行气血而不伤于荡""香附惟气实而血不大虚者宜之""泽兰行血而无推荡之患，养血而无腻滞之虞"可与《医宗必读》"行而带补"互参等，都独具见解。本书虽有人认为非李氏所作，据我初步考核，其内容多与《医案必读・本草征要》彼此印证，如"豨莶草"的疗效，《雷公炮制药性解》称引它，《医宗必读・本草征要》开始怀疑它，《本草通元》更正它，认识的过程是逐步发展而不是前后矛盾。从而可知《雷公炮制药性解》为李氏所作，估计成书还在《医宗必读》之前。此外，杨时泰《本草述钩元》"豨莶草"条下，很明白地以《雷公炮制药性解》按语作为李士材说。又据近人谢仲墨《历代医书丛考》引范汤溪说："本书（《雷公炮制药性解》）有明代天启时钱允治刊本，亦题李中梓著。"从而可以断定《雷公炮制药性解》为李氏所作。

（4）《删补颐生微论》四卷，初稿刊行于1618年（原书未见），通过不断修改补充，于1642年成《删补颐生微论》，有李自序并凡例，门人沈朗仲校订。全书共24篇，每篇各列专题，以“药性论”最多，“脏腑”及“医方”次之。其精粹篇文如“先天论”“后天论”，突出重点，抓住脾肾主要内容，深入推论，颇有独到处；“宣药论”强调制方理法的重要性，指出君、臣、佐、使的实际意义，说明七方、十剂的具体应用；“化源论”“知机论”“明治论”等篇，都有不少的学术经验。

（5）《诊家正眼》二卷，为李氏门生尤乘增补，于1667年（清代康熙丁未）尤侗增序刊行。据尤乘序称，“《诊家正眼》向有原刻，始于本朝庚寅（1650年），惜乎即遭散失，越十年，予重加考订，付之剞劂；后复校《本草通元》《病机沙篆》，合为《士材三书》”。按照尤侗序《士材三书》（1667年）的年份推算，《士材三书》的刻印是在李氏死后12年，因此《士材三书》中部分内容为尤乘增补。《诊家正眼》上卷多辑自《内经》《难经》及滑伯仁、朱丹溪之说，其中有十篇（如望色、望形、望舌、问因、闻声、死候等）为尤乘所增；“因形气以定诊”一篇，则是从《医宗必读》转载过来。下卷论脉，主要释28脉，颇有创见，因此，《诊家正眼》为清代林之翰《四诊抉微》中多次引用，是有其可取的学术基础。

（6）《本草通元》四卷，为尤刻《士材三书》的第二种，所辑药物分部，与《医宗必读·本草征要》大致相同，引申前人之说有所增益。其说理都从实际出发，如说“苍术宽中发汗，其功胜于白术；补中除湿，其力不及白术”，故“卑监之土，宜与白术以培之；敦阜之土，宜与苍术以平之”；说生熟地“脉洪实者宜于生地，脉虚软者宜于熟地，六味丸以之为首，天一所生之源也；四物汤以之为君，乙癸同源之治也”；说大黄“本血分之药，若病在气分用之，未免诛伐太过。泻心汤治心气不足而邪气有余，虽曰泻心，实泻血中伏火；仲景治心下痞满用大黄黄连泻心汤，此亦泻脾胃之湿热，非泻心也”。

（7）《病机沙篆》二卷，为尤刻《士材三书》之三。本书以叙述内科杂病的证治为主，共45种，比《医宗必读》多九种，叙述病证后不列方药，不载医案，但都有针灸疗法，这是个特点。

（8）《伤寒括要》二卷，上卷“伤寒总论”起至“肉苛”止，撷取《伤寒论》要义，参以成氏《伤寒论注》、庞氏《伤寒总病论》及陶氏《伤寒六书》。读《医宗必读》伤寒门尚有疑义未晰者，读此卷当有所会通；下卷五证总论（即百合、狐惑、目赤黑、阴毒、阳毒）起至中暑、中暍止，末附仲景113方外，复附以杂方56个。书成于1649年，未刊，直至1936年由裘吉生氏收入《珍本医书集成》，自序谓“括义详而征词简”，对于仲景原文有复字及不紧要字稍稍节去，然其要旨，固已摭拾无剩。本书以概括要义为主旨，侧重综合分析，有由博返约和披沙拣金的工夫。清人汪琥称其“其证备，其法详，其论明而且简。书名《伤寒括要》，可为称其实矣。”

综览李氏八种著述，特再总结如下：①对《内经》《伤寒论》《本草纲目》做了不同程度的提要钩元，并采诸家学说，加以融炼，有所发挥；②论药、论脉、论证治，既有专著，又有合辑，可以彼此印证，窥其全貌；③议论平易，精粹的多，烦琐的少，切实的多，浮夸的少，大部分可法可师。对于这八种著作我初步认为一“读”（《医宗必读》）一“论”（《删补颐生微论》）与二“要”（《伤寒括要》《内经知要》），为李氏的代表作。

（四）学术见解

如前所述，李氏的著作，内容精炼，概括面广。我们读其书，当然向往其学术经验，撷精华，摭论点，把他的医学理论，古为今用地指导我们临床实践。

1.“先后天论”与“化源论”

（1）“肾为先天本、脾为后天本论”，《医宗必读》列为专题，从两脏的生理功能联系到方药治疗，议论爽朗，阐述精当，后人固已口诵心维，赏其旨趣。在《删补颐生微论》里则分作“先天根本论”和“后天根本论”两个专题，议论更广泛深入。首先，他以精、气、神的相互关系来阐述肾为先天本，认为“精者，水之华也；神倚之如鱼得水，气倚之如雾覆渊”，比喻确切，体会入微；接着，还把“精”分析为先后天，引《灵枢·本神》“生之来谓之精”，为先天元生之精；《素问·经脉别论》“食气入胃……散精于脏”，为水谷日生之精；并认为“日生之精皆从元精所化，而后分布五脏，盈溢则输之于肾”，把元生之精与日生之精相互促进，突出了精的重要性，从而更明确“肾为先天本”的实际意义。其结论是“足于精者，诸疾不生；穷于精者，诸邪蜂起”，作为养生治虚的主要一环。其次，以《素问·经脉别论》“食气入胃，散精于肝……合于四时五脏阴阳，揆度以为常”的理论，阐述脾胃为后天之本。这里既把理论与临床实践结合起来，又把前人经验与自己见解结合起来，扼要地解说为“其脏脾，其腑胃，水谷从而腐熟，他脏赖以灌输”；并引证前人治验，指出“东垣于劳倦伤者，立补中益气汤，纯主甘温，兼行升发；易老于饮食伤者，立枳术丸一攻一补，不取速化，但使胃强不复伤耳”。最后他还精湛地加以综合，“余常统而论之，脾胃者，具坤顺之德，而有乾健之运。故坤德或惭，补土以平其卑监；乾健稍弛，益火以助其转运。此东垣、谦甫以补土立言，学士、用和以壮火垂训，盖有见于土强则出纳自如，火强则转运不怠”。通过这样由简要到广泛的阐述，使“肾为先天本、脾为后天本”两个理论应用于治理虚弱疾患更为明白，更为切合。

（2）化源论：“资化源”，这一名词，多次见于《素问·六元正纪大论》，原文为“必折其郁气，先资其化源”，王冰注曰：“折其郁气，泻有余也；资其化源，补不足也……化源者，化生之源。”张介宾解说为“化源者，即必求其本之义”，后此医家皆宗之。李氏的“化源论”，实总王、张二家之成，并从“虚则补其母，实则泻其子”的理论，衍化为隔二隔三等一系列治法。在《删补颐生微论》中有专篇论述，举例为以下四个方面。

“脾土虚者，必温燥以益火之源；肝木虚者，必濡滋以壮水之主，肺金虚者，必甘缓以培土之基；心火虚者，必酸收以滋木之荣；肾水虚者，必辛润以保金之宗；此治虚之本也。”

“木欲实，金当平之；火欲实，水当平之；土欲实，木当平之；金欲实，火当平之；水欲实，土当平之；此治实之本也。”

“金为火制，泻心在保肺之先；木受金残，平肺在补肝之先；土当木贼，泻肝在生脾之先；水被土乘，疏脾在滋肾之先；火承水克，抑肾在养心之先；此治邪之本也。”

“金太过则木不胜，而金亦虚，火来为母复仇；木太过则土不胜，而木亦虚，金来为母复仇；水太过则火不胜，而水亦虚，土来为母复仇；火太过则金不胜，而火亦虚，水来为母复仇；土太过则水不胜，而土亦虚，木来为母复仇。此皆亢而承制，法当平其所复，扶其不胜。”上述四个治法，都是根据《内经》理论而制订。其应用于临床，《医宗必读》有举例，如治钱赏之遍体肿胀，脐突背平，用《金匮要略》肾气丸料大剂煎服，兼进理中汤，服五日无效；改用参、附加牛膝、茯苓，三日之间，小便解下四十余碗，腹有皱纹。这是资脾肾之化源，使气化通畅，小便利而水肿消；又如治毛孺初痢疾，用附子理中汤去甘草，益命火以资脾土之化源，使阳和煦布，阴翳自消。另有由于肺、脾、肾三脏之化源失资而发病，当推“小便闭癃”的治法为最切实。据李氏介绍：肺燥不能生水，则气化不及州都，法当清金润肺

（车前、紫菀、麦冬、茯苓、桑白皮之类）；脾湿不运而精不上升，致肺不能生水，法当燥脾健胃（苍术、白术、茯苓、半夏之类）；肾水燥热，膀胱不利，法当滋肾涤热（黄柏、知母、茯苓、泽泻、通草之类）。他还特别强调，有实热者，非予纯阴之剂，则阳无以化（上焦热者栀子、黄芩；中焦热者，栀子、芍药；下焦热者，黄柏、知母）；有火虚者，非予温补之剂，则水不能行（《金匮要略》肾气丸、补中益气汤）。这一系列有所发挥的治例，把"资化源"的理论贯穿到临床应用，对我们有一定的启发。

2. 治病着重于扶助正气

士材行医于明末的江南地区，医学流派宗薛立斋，对当时风土及体质分析，倾向扶正为主，加以他在诊疗方面所接触的，又多系文人学士、商业主及中小官僚等易实易虚、多虚少实的患者。其在《医宗必读》中反映出，"临床施治，多事调养，专防克伐；多事温补，痛戒寒凉"，并指出以稳健为主的用药法，"假令病宜用热，亦当先之以温；病应用寒，亦当先之以清。有积宜消，必须先养胃气；有邪宜祛，必须随时逐散。不得过剂，以伤气血"，结论是"气血者，人之所赖以生者也。气血充盈，则百邪外御，病安从来；气血虚损，则诸邪辐辏，百病丛集"。下面举出三个治例，以印证他治病着重扶正的见解是符合因人、因地、因时制宜而结合客观实际的。①他治伤寒，在"正胜则愈，邪胜则死"的前提下，既用大承气汤于韩茂远、王月怀，也用麻黄汤于张尔和；但始终强调"正气实者，虽感大邪其病亦轻；正气虚者，虽感微邪其病亦重。气实而病者，攻之即愈……所可虑者惟挟虚耳"。他还列举张仲景《伤寒论》"立397法，治虚者100有奇；垂113方，用参、桂、附者80有奇"，以为证。②对于痢疾，既提示"因于湿者去其湿，因于积滞者去其积滞，因于气者调之，因于血者和之。新病而实者，可以通因通用；久病而虚者，可以塞因塞用"等常治法，更谆谆告诫曰："气本下陷而再行其气，后重不益甚乎？中本虚衰而复攻其积，元气不愈竭乎？湿热伤血者自宜调血，若过行推荡，血不转伤乎？津亡作渴者，自宜止泄，若但与渗利，津不转耗乎？"等一系列为了避免治实而转致虚的流弊，最后归结以脾肾两脏之宜补宜温，作为对久痢虚痢的调理方法。③治秦景明痰饮病久，结成窠囊，先进补中益气汤，后以瓜蒂散涌吐，七补七涌，百日而窠囊始尽，后用六君汤、八味丸调理（俞东扶《古今医案按》）。先补后攻，攻后再补；其法也是建立在治病以养正为主的基础上，以前人所谓

“治痰不理脾胃非其治也”的理论用于临床实践。

至于治虚劳症，则不仅仅养正和补虚，而是着重于治本。他认为“脾肾分主气血。水为万物之元，土为万物之母，二脏安和，一身皆治，百疾不生”，并统一了孙思邈“补脾不如补肾”和许叔微“补肾不如补脾”的两家说法。

3.“别症”与“知机”

我们现在所谓“审证求因”“辨证施治”，李氏称作“别症”“知机”。在《删补颐生微论》中各列专篇，在《医宗必读》和《内经知要》里也反复叙述，作为重要议题。

关于别症，他列举治例，以证实他理论的可靠性。他认为“脉有雷同，症有疑似”，在这“雷同”与“疑似”的脉症中，提出难于辨别而必须辨别者四个方面：一为“水火亢制，阴阳相类”；二为“脏之发也混于腑”；三为“血之变也近于气”；四为“大实有羸状，至虚有盛候”。这四个方面，也即是阴阳、脏腑、气血、虚实的辨证施治。接着，他又举治例作为印证。

（1）东垣治劳倦发热，口干烦躁，面目皆赤，脉来鼓指而按之豁然的内真寒外假热，与恶寒发热，两脉细微，按之甚数的内真热外假寒相对勘。前者以参术姜附冷服取效，后者以黄连、石膏、清火之剂，乘热服而治愈。说明水火亢制而有兼化之象，设不从脉而按症治之，则祸不旋踵。

（2）一人平素劳心，患小便不通，前医予六一散不效，再用木通、泽泻、茯苓、车前等药又不效；诊脉两寸洪数，知为心火刑金，故气化不及州都，亟用黄连、茯神、参、麦、牛膝，一剂而愈。另一患者为饭后腹痛胀闷，众皆疑其脾虚多食，不能运化，治以枳、术、青陈皮、神曲，胀闷转增；诊得右关洪滑，知为胃火上冲，用石膏、陈皮、甘草、黄芩、升麻，二剂而胀减，再用四君子汤加姜汁炒山栀，十剂而康。前案说明脏病（心火刑金）治腑（通利小肠膀胱），不切病机；后案说明腑病（胃火蕴结）治脏（健脾疏脾），也不切病机。他还启示我们“脏腑本不相悬，而用药若斯之异”。

（3）李氏对气血的辨证施治，更有卓识。一妇人多郁多产，体渐瘦，肢微肿，咳嗽吐痰，动辄头晕耳鸣，有用八珍汤久而无功；李认为肝脾郁伤血分，先用逍遥散加木香、龟板、熟地，十剂而病减其七，再用八珍汤加丹皮、香附而瘥。另一童孩发热咳嗽，头晕瘦弱，前医都治以二冬、二母、四物、芩、柏，反见似疟非疟，倦怠异常；李诊得右三部极弱，诊为脾肺气虚、火不生土之候，用补中益气加姜、桂，十剂而安，四十剂而平复。他的理解是，治气者主阳而升，治血者主阴而降；现证颇类，而治法恰不相侔。

（4）对于虚实的辨证施治，李氏一再强调“大实有羸状，误补益剧；至虚有盛候，反泻含冤”。他在《医宗必读》及《删补颐生微论》中引证病例，反复阐明，这里不具述。

关于“知机”，李氏以《素问·至真要大论》“审察病机，无失气宜”为提纲，申之以“病机十九条”。他的病机说分类取法于刘河间，印证五脏、五运、六气，并有所发展。他在《内经知要》中对每一条病机，都做了从常到变的解释，提出“只熟于理而已。理熟则机得，机得则言中”，要言不烦，是李氏运用病机说的总括。

4.“明治论”的组成

在“因病制宜”的前提下，李氏对治疗方面也有一套粗具规模的理论。它以“三法”“四因”“五治”“六淫”“八要”为基本论点，来自临床，还以指导临床实践。

“三法”——初、中、末，即用于病的初期、中期和后期。他认为初法当用峻猛，缘病起新暴，感之轻、发之重，以峻猛之药亟去之；中法当用宽猛相济，因病程已有时日，须缓急得中，养正祛邪，相兼治之；末法当用调理，药性平和，安中补益，因病久邪去而正亦微。这三法，对急性病、虚中夹实病及慢性调理病，均可采用。

“四因”——本条撷取王冰注《素问·至真要大论》“非调气而得者，治之奈何”，原文较长，李氏简引做治因之例。一为因气动而内有所成病，积聚癥瘕之类；二为因气动而外有所成病，痈疽疮疡之类；三为不因气动而内有所成病，留饮澼食、忧结劳伤之类；四为不因气动而外有所成病，瘴气、蛊毒、跌仆、兽伤之类。治法：有独治内而愈者，有兼治内而愈者；有独治外而愈者，有兼治外而愈者；有先治内后治外而愈者；有先治外后治内而愈者；有须齐毒而攻击者，有须无毒而调引者。王冰这一辨因施治原则，经李氏采辑举要，更有其实用价值。

“五治”——和、取、从、折、属。一曰和，假令小热之病，当以凉药和之；和之不已，次用取。二曰取，为热势稍大，当以寒药取之；取之不已，次用从。三曰从，为热势既甚，当以温药从之；从之不已，次用折。四曰折，为病势极甚，当以逆制之，制之不已，当以下夺；下夺不已，当用属。五曰属，为求其属以衰之，如热陷骨髓，针药之所不及，故必求其属。

按照临床实际，与其强调“五治”的衔接性，无宁看作五种治法的随机应用，比较灵活些。

“六淫”——阴、阳、风、雨、晦、明。一般医家对六淫的习称是风、寒、暑、湿、燥、火；古代是以阴阳风雨晦明作六淫的。其说始于战国时代的扁鹊，有“阴淫寒疾，阳淫热疾，风淫末疾，雨淫腹疾，晦淫惑疾，明淫心疾”的说法。李氏理解为阴淫寒疾则怯寒，此寒水太过，别浅深以温之；阳淫热疾则恶热，此相火太过，须审虚实以凉之；风淫末疾，末谓四肢，必身强直，此风木太过，须和冷热以调之（在阳则热，在阴则寒，寒则筋挛骨痛，热则痿缓不收）；雨淫腹疾，则湿气濡泄，此湿土太过，以平剂渗燥之，兼察冷热之候；晦淫惑疾，邪晦所干，精神惑乱，此燥气太过，当滋养之；明淫心疾，心气鼓动，狂邪谵妄，此君火太过，当镇以敛之，这种解释还是接近实际的。

“八要”——虚、实、冷、热、邪、正、内、外。此即现在习称的“八纲”，小有异同，这里不复述。

5. 会通《伤寒论》，审察伤寒症

李氏晚年（1649年）著《伤寒括要》，学术已臻炉火纯青。其对张仲景原书的会通，分析综合，使读者有数可据；叙述六经证治也时见新义，成一家之言。

他认为“仲景397法113方，医者但能诵之，欲条分缕析以实其数者，未之前闻也”（按：明代赵开美翻刻宋版《伤寒论》，其397法，于每篇之首注共几法，先节录原文，开明第一第二次于原文之下，又列一二三之数，总计全书治法。士材未见赵刻本，所以这样说）。经他考核，太阳上篇66法，中篇56法，下篇38法；阳明篇77法；少阳篇9法；少阴篇46法，厥阴篇54法；杂病篇20法；霍乱篇9法；阴阳易瘥后劳复篇7法。共得397法。太阳篇73方，阳明篇10方，少阳篇1方，太阴篇2方，少阴篇14方，厥阴篇6方，霍乱篇3方，阴阳易瘥后劳复篇4方。共得113方。李氏还客观地加以总结说：“方者，定而不可易；法者，活而不可拘。非法无以善其方，非方无以疗其症。学者先以方法熟习之，后以方法融会之，则方可以随时变，而不逾仲景之法；法可以随症立，而不外乎仲景之方。”该说法指出研读《伤寒论》的入门工夫有一定的实践处。

对于看伤寒病的要诀，他着重于“问因、察症、正名（即定名）”，提出“凡至病家，未诊先问，最为要法”，并强调六经形症，各当详审，治法谨守前人的汗、吐、下、温、清、补六法，而有所化裁。

李氏的医学见解是士材学说中一个重要组成部分。上述几点，有的已为学者所注意而引起重视，有的是我初步提出认为值得讨论的。

（五）诊疗经验

李氏受了朱丹溪《脉因证治》的学术影响，诊疗中强调审脉求因、辨证论治。其治病立法、遣方选药，渊源于薛立斋而通变胜于立斋，参考《证治准绳》而简练精于《证治准绳》；这是李氏在医学上继承前人、别出心裁之处，其所以自成一家者，即在于此。撮其大要，约为以下五点。

1.“博涉知病”

明代医家，李氏是学验兼优的一个。从李氏八种书中，寻绎他的治验，似以伤寒及内科杂病为长，妇科亦有独到处。这些经验的获得，一方面得自读书与临证；一方面得自经常接触患者，观察病情，此即《褚氏遗书》所谓“博涉知病”。“知病”的实际经验如下。

（1）辨析心痛与胃痛：《内经》论述心痛凡十种，李氏认为皆他脏病干之而痛，非本经自病。《金匮要略》的九种心痛丸，主治九种心痛，其中多数包括胃脘痛，有的还是腹痛。《诸病源候论》祖述《内经》；《备急千金要方》《外台秘要》转引《金匮要略》，所以心胃痛的不甚分清，其来已古。李氏在《医宗必读》中剖析为“胸痛即膈痛，其与心痛别者，心痛在岐骨陷处，胸痛则横满胸间；其与胃脘痛别者，胃脘痛在心之下，胸痛在心之上”，部位分明，使人知所辨识。他强调胃痛多于心痛（胸痛），理由是胃属湿土，处中焦，为水谷之海，五脏六腑十二经脉皆受气于此，壮者邪不能干，弱者着而为病。偏热偏寒，水停食积，皆与真气相搏而痛。肝木相乘为贼邪，肾寒厥逆为微邪；挟他脏而见证，当与心痛相同，但或满或胀，或呕吐，或不能食，或吞酸，或大便难，或泻利面浮而黄，本病与客邪必掺杂而见。他举出胃痛的病因病机，有本腑自病的，有相互掺杂的，心痛则无此夹杂。从痛的部位及其伴发证，说明心痛与胃痛是可以辨析的，而且必须辨析的。临床上某些患者所诉说的心痛，有的系一般胸痛，有的还是《内经》所说的胃心痛——“腹胀胸满，心痛尤甚”为主证，但与痛在岐骨陷处的心痛则不同。

（2）肿胀分别虚实：《医宗必读》证治部分，其辨证之明晰，论治之精切，当推肿胀篇为最。他首先把《内经》所论述的虚胀、实胀、寒胀、湿胀及六气所致的肿胀做了分析，在内脏落实到脾、肺、肾，作为辨证施治理论基础；接着按其临床经验，侧重于阴阳虚实辨证。他认为阳证必热，热者多实；阴证必寒，寒者多虚。先胀于内而后肿于外者为实，先肿于外而后胀于里者为虚。小便黄赤，大便秘结为实；小便清白，大便溏泄为虚。脉滑数有力为实，弦浮微细为虚。其施治的经验，认为治实颇易，理虚恒难。理由是虚人气胀为脾虚不能运气，虚人水肿为土虚不能制水。治法是察其实者，直清（意味是导泄）阳明，反掌收功；苟涉虚者，温补脾肾，渐次康复；其有不大实亦不大虚者，先以清利见功，继以补中调摄。其对肿胀的虚实辨证施治，可称简明扼要。医案所载，也按照上述论证加以充实而更具体。

（3）腰痛分外感内伤：头痛身痛分外感内伤，医书多载；腰痛亦强调外感内伤，则是李氏积多年诊疗经验而证实的。他在《素问·六元正纪大论》"太阳所至为腰痛"及《素问·脉要精微论》"腰者肾之府，转摇不能，肾将惫矣"的启示下，认识到"太阳腰痛"为外感，"肾经腰痛"为内伤；还认识到外感腰痛多因于寒、湿、风、热，内伤腰痛多由于瘀血、气滞（闪挫）、痰积、肾虚，各提出不同的脉证及治法。特别对风邪腰痛的辨证，从"行痹"引申联系，治用五积散加防风、全蝎或牛膝酒，均极适应；热邪腰痛（主要是湿遏化热或风从热化），治用甘豆汤加续断、天麻，药简而疗效可靠。李氏也提出外感腰痛，风热寒湿皆能为病，大抵寒湿多而风热少。这一概括，也是符合临床实际的。

此外，李氏在论述中风分类的基础上，对于伤风也强调分虚实辨证施治，提出"治虚之法，固其卫气，兼解风邪，若专与发散，或汗多亡阳，或屡痊屡发，皆治之过也。治实之法，秋冬与之辛温，春夏与之辛凉，解其肌表，从汗而散"。还有小便黄赤，一般皆以下焦有热辨证，多用清利法；李氏则根据《内经》肝胃实热、肺肾虚寒及脾气不足等病机，进行分析。这一系列临床经验，我初步认为都是李氏"博涉知病"的结晶。

2. "多诊识脉"

李氏对于脉诊，也富于经验，他自己也认为"能得于心而应于手"。《医宗必读》中的《脉法心参》及《士材三书》中的《诊家正眼》，就是他关于脉诊的代表作。清代林之翰《四诊抉微》，是汇集望、闻、问、切四种诊法的一部专辑，其中引用李氏脉诊之说甚多，更足征信。李氏论脉的精到处，约为以下两个方面。

（1）对脉象的辨识：士材辨脉，特长在于细致深入，把相似而不是相同的脉象，做精细的剖析。①迟、缓不相类：李氏认为迟以至数不及为义，缓以脉形宽缓得名（迟脉三至，迟滞不前；缓脉四至，宽缓和平）。以此推勘，迟而不流利则为涩脉，迟而有歇止则为结脉，迟而浮大且软则为虚脉。其反复强调迟不等于缓。②微、细不相类：李氏认为微脉的形象，以“似有若无，欲绝非绝”八字，最为传神，形容透彻；而细脉顾名思义是细小，其状如丝。微脉模糊难寻，细脉显明易得，故细比微稍稍大。他还以旧算数十微为一忽，十忽为一丝，十丝为一毫，十毫为一厘，则一厘之少分而为万，才名为微。从而说明微脉的渺小难见，比细更甚。③濡、弱不相类：李氏认为濡即软之义，必在浮候见其细软，若中候、沉候则不可得而见；弱为沉而细小之候，《脉经》所谓“弱脉极软而沉，细按之乃得，举手无有”。以此肯定了濡脉是细软见于浮分，弱脉是细软见于沉分。④长脉、芤脉的实际：旧说“过于本位”为长脉，李氏在临床考察中，认为此四字作为长脉的定义，不恰当，事实上也无此脉象。如果寸而上过，则为溢脉；寸而下过，则为关脉；关而上过，即属寸脉；关而下过，即属尺脉；尺而上过，即属关脉；尺而下过，即属复脉。因此，所谓“过于本位”，是理之所必无，而义之所不合。惟其状如长竿，直上直下，首尾相应，比较形象，其主病多是有余的疾患。关于芤脉，李氏首先说明其“两边俱有，中央独空”，如按葱管的脉象，举例以指按葱，浮按着上面的葱皮，中按正当葱的空处，沉按又着下面的葱皮。以是审察，则芤脉之名和象，一般能得于心而应于手。他还肯定王叔和、刘三点“中空边实”及“有边无中”的说法，纠正高阳生《脉诀》所谓“两头有，中间无”，以“头”字易“边”字的错误（因“两头有，中间无”，则是上下脉划然中断，而成阴竭阳绝之诊）。略举四点，以见李氏的辨脉都根据临床实践，反复观察印证，不仅以议论细致深入见称。

（2）察脉辨证：是中医临床诊病的精要部分，李氏在这方面，更有其实践经验。撷其五点，以见一斑。①实脉为邪热积聚之甚：李氏认为实之为义，邪气盛满，有余之象，脉象既大而兼长，既长大而且有力。既长大有力而且浮中沉三候皆然，则诸阳之象具备。见此脉者，必有大邪、大热、大积、大聚。在他的医案中，以香、连、归、芍、陈皮、枳壳加大黄，治张缃庵脉滑而有力（实脉）的积滞下痢；以四物加郁金、桃仁、穿山甲再加大黄，治董元宰妇两尺沉实、少腹痛的怒后积瘀、咳嗽、吐血，都可以作为实际印证。②疾脉是临危脉象：李氏认为平人一息脉四至，按照一昼夜呼吸气在人身经脉中流行的常度，是正常的；如果脉搏快速到一息六、七至甚或八至的疾脉，则患者必喘促声嘶，呼吸仅出入于胸中数寸之间，而不能达于下腹部。此乃真阴竭于下，孤阳亢于上，而气之短已极矣。李氏说明疾脉是临危脉象的所以然，理义透彻。其病变为“阴阳离决”（即体内阴阳二气不互根的表现）之前趋，呼吁医者遇到出现这种脉象的患者，必须争分夺秒想尽办法去抢救。③促脉有内伤、外感或虚或实之不同：促脉的脉象，为急促之中时见一歇止。李氏认为它的机制得于脏气乖违（实证）者十之六七，得于真元衰惫（虚极）十之二三；或因气滞，或因血凝，或因痰停，或因食壅，或外因六气，或内因七情，皆能阻遏其运行之机，故脉行往来急速之时，忽见一止。如止数渐减，则为病瘥，止数渐增，则为病剧。他还进一步分析，若脏气偶尔乖违，阻其运行之机因而歇止者，其证为轻；若真元衰惫，阳弛阴涸，失其揆度之常因而歇止者，其证为重。并以王湛六患脾泄，神疲色瘁，脉十余至一见歇止，断以必死为证，说明李氏以脉决诊是有真谛。④结脉应分虚实：结脉为迟滞脉中时见一歇止，前人说它“徐行而怠，偶羁一步”。李氏阐明结脉的机制，认为热则流行，寒则停滞，理势然也。人体少火衰弱，中气虚寒，失其健运，则气血痰食互相纠结，故脉应之而成结。他据临床经验，强调结而有力者为积聚，结而无力者为真气衰弱，失其运行之常。这一指出，给我们诊疗冠状动脉粥样硬化性心脏病及心肌梗死的凭脉辨证提供有意义的参考。⑤代脉的决诊因人、因病而定：代脉是歇止脉中之止有常数者，《内经》认为其是脏气衰微，脾气脱绝之诊。李氏认为伤寒心悸，怀胎三月，或情志突受剧烈刺激，或跌打重伤及风家病，都不忌代脉；并举黄桂岩心痛夺食脉三动一止案，引古人谓“痛甚者脉多代”及“少得代脉者死，老得代脉者生”，决诊为“桂岩春秋已高，胸腹交痛，虽有代脉，不足虑也”，果越两旬而愈。这对痛症的脉诊，亦可作为参考之一助。

3.“屡用达药”

李氏论药的述作，每味着墨不多，大部分精当明晰。内容有的阐性能，有的述疗效，有的谈用法，有的通过两药对比而分析其应用范围；阐幽发微，理论都来自临床实践。清·杨时泰《本草述钩元》常引李说，足证李氏论药有他的独到处。摭拾若干条，以资研索。

（1）阐性能：①款冬虽温而不助火，可以久任；世多以枇杷花伪充之，故其效不著。②沉香温而不燥，行而不泄；扶脾而运行不倦，达肾而导火归元。有降气之功，无破气之害。③山药性缓，非多用不效（傅青主完带汤中，山药用至一两；张锡纯医方及案，山药用量亦大。不可谓非受李氏的影响）。

（2）述疗效：①艾性温暖，有彻上彻下之功。服之以祛寒湿，可转肃杀为阳和；灸之以通经络，可起沉疴为康泰。老弱虚人下元畏冷，以熟艾敷脐腹，有殊效。②旋覆花之功用颇多，总不越乎通血、下气、行水。③石斛气浅力薄，得参、芪便能奏功。④驴皮胶入肝肾，治血症、风症（虚风内动）多功；凡木旺风淫、水衰火盛之证，用之辄效。⑤凡滋阴降火之药，多是寒凉损胃，惟龟甲益大肠、止泄泻，使人进食。

（3）谈用法：①黄芪古人多用蜜炙，李氏常以酒炙助其走表，又行滞性；若补肾及崩带淋浊药中，皆须咸水拌炒。②檀香为理气要剂，宜汤泡，勿入煎。

（4）两药对比：①宽中发汗，苍术胜于白术；补中除湿，白术优于苍术。大抵卑监之土（脾胃虚弱），宜白术以培之；敦阜之土（脾胃壅滞），宜苍术以平之（清人张隐庵亦宗此说）。②半夏辛而能守，南星辛而不能守，其性烈于半夏。南星专主风痰，半夏专主湿痰，功虽同而用有别。③防己泻血分湿热，木通泻气分湿热。④羌活善行气分，舒而不敛，升而能沉，入手足太阳以理游风；独活善行血分，敛而不舒，沉而能升，入太阴肺、少阴肾以理伏风。

4. 议古方，制新方

李氏在《删补颐生微论》里评议古方，着重于轻重奇偶之制，君臣佐使之法，备为发明，动中窾要。其论白虎汤，认为成氏（成无己《伤寒明理论》）以知母为君，石膏为臣，不合实际。他说："知母之寒不及石膏，况知母但主内热，不能解肌，只用六两（汉方制），恐非君也，宜作臣；石膏色白入肺，其性又雄，且用一斤（汉方制），恐非臣也，宜作君。"说理切实，能使成氏首肯，读者窍开。其论百合固金汤，赵蕺庵不欲以苦寒伤生发之气，故以甘药主之，但清金之后，亟宜顾其母气，方为至治。若专事于肺而不取化源，则不唯土气难强，即金气亦终不可足也。其论十灰散，药炭与墨汁苦涩之味聚而用者，苦能胜火，涩可固脱，更得童便引之下行，尤尽折服之妙。其论龟鹿二仙胶，认为一阴一阳，无偏攻之忧；入气入血，有和平之美。由是精生而气旺，气旺而神昌。这些方议，都是从理论深度进行阐发，不停留在药效及方义上，其可贵处，在于能指导学者重温古医典籍。

在应用方面，《删补颐生微论》所选100个汤、散、膏、丸，主治明确，既不笼统，也不浮夸。尤其《医宗必读》中对苏子降气汤的灵活运用，更能曲尽其妙。既用于上盛下虚、血随气逆的吐血；又用于怒气伤肝、气失升降的头痛；还用于气滞胀闷、大便不通的气闭。上中下三焦的气机壅逆证，都使之曲畅旁通，虽然秦景明祖孙指出苏子降气汤不适宜治疗阴虚吐血，但事实上李氏所治的是上盛下虚的病机，而非阴虚火炎的病机，只要辨证明确，用之何妨。

关于他七个自定方（全方见《医宗必读》六、七两卷），为李氏用之有效的验方，各有精切的用法及加减法，并介绍治疗效果。“新定拯阴理痨汤”“新定拯阳理痨汤”二方，《医宗金鉴》“虚劳门”俱转引，加减法亦全部引用；“新定清宁膏”《医案金鉴》“咳嗽门”列在“太平丸”之前，其疗效可以想见；“新制利金汤”主治气壅之痰，林珮琴《类证治裁》转载，治痰饮在肺，涩而难出；“新制润肺饮”《医宗必读》无主治，《类证治裁》点出本方适用于燥痰，并加杏仁、白蜜；“肺痈神汤”，则为治肺痈的通用方；“新制阴阳攻积丸”，《类证治裁》积聚门曾列为首方，并全录李氏方议。这些自定方，李氏创立于前，吴谦、林珮琴等采用于后，还有所补充加减，从而扩大其应用，证实其疗效，无疑是李氏诊疗经验的一个组成部分。

5. 妇科病审因施治，强调郁证

《医宗必读》证治部分无妇科病分类，但《本草征要》《本草通元》及《雷公炮制药性解》某些药中，多提到某药对妇科病的应用，《删补颐生微论》十九、二十两篇，则专题论述妇科病的病因和治法。

李氏对妇科病的诊疗原则，一方面以孙思邈《备急千金要方》妇人门为基础，参酌《褚氏遗书》；一方面还是根据薛立斋学说，并结合易思兰的诊疗方法。他认为凡病皆生于七情，而后六淫之邪乘虚来犯。他还按照当时的社会环境，认为妇女往往有怀未能畅达，有病不肯告人，含羞讳疾，偏信师巫，所以受病之处，蒂固根深，卒难痊愈；接着阐述《备急千金要方》所谓妇女“感病倍于男子”的实际，主要为经产带下三十六病，损伤气血，夹症多端。在“凡病皆生于七情”的思想指导下，他体会出妇科病以“气郁”为致病的主要因素，病机分析为久郁生火，火贼元气，元气受贼，外邪并侮，现症即有百端，惟“郁伤元气”，可一言以蔽之。这“郁伤元气”四字，初步认为是李氏诊察妇科病审症求因的一个方面。

病因已总结出来，他便进一步从病机上分析它的治法，同时以探讨的语气，给我们做出启发“曰‘郁’，则芳香达气似不可少；曰‘伤元气’，则养卫和营，又安可缓哉”。主方是两个：首先，逍遥散养卫和营，疏气解郁，接着，归脾汤补虚散郁——养心则神和，疏气则郁解。至此，李氏对某些妇科病的病因、病机和治法，从气郁的角度上探骊得珠，供我们研究和验证。溯其源，即是薛立斋学说的灵活运用。

此外，李氏对于“暗产”（习惯性流产或“不孕”）的病因，也有明确认识，并指出必要的防治法。他强调一月堕胎，人皆莫觉，一次堕，第二次亦堕，只以为经行，宁知其胎已堕。故播种（早孕有感觉）之后，勿复交接（性交），以扰其子宫；勿令过劳，勿令疾行，勿令跌仆，勿令洗浴（古代妇女多坐浴，易使早孕堕胎），勿过醉，勿令大惊恐。多服健胃和中、平肝养气之药，随时调护，可无遗堕之虞。这一指出，脱胎于《景岳全书·妇人规》，其中提到生活方面的预防，治疗方面的调养，更为可取；特别早孕时期应禁止性交，尤其值得注意！

6. 治泻九法与癃闭七法

李氏治泻九法，见于《医宗必读》“泄泻门”，是杂病治法中比较精湛的一组，理法兼赅，他自己也认为是“治泻之大法”。清代张路玉《张氏医通》，罗国纲《罗氏会约医镜》都全部转引它，可见这组治法的实用价值，现摘述如下。

淡渗：适用于湿滞泄泻，使湿从小便而去，理论根据是“治湿不利小便，非其治也”。

升提：适用于气虚下陷作泻，理论根据是“下者举之”。

清凉：适用于暴注下迫的热泻，理论根据是“热者清之”。

疏利：适用于痰凝气滞、食积水停的泄泻，理论根据是“通因通用”。

甘缓：适用于泻下有急迫感，理论根据是“急者缓之”。

酸收：适用于久泻中气耗散，理论根据是“散者收之”。

燥脾：适用于脾为湿困而作泻，理论根据是“湿者燥之”。

温肾：适用于脾肾虚寒的泄泻，理论根据是“寒者温之”。

固涩：这法比酸收又进一步，适用于久泻滑脱，理论根据是“滑者涩之”。罗国纲补上“平肝”一法，适用于肝木侮脾的泄泻，更臻完备。

继治泻九法之后，另有治癃闭七法，比治泻九法更具体，每一法都提示病机，举出药例，精当简练，不愧医学家述作。由于这组治法，注意者不多，据我临床经验，其应用价值不在治泻九法之下，而理论性更强，特在此提出，作为李氏诊疗经验的最后举例（详见《医宗必读》卷八）。

（六）学派流传

由于士材学说的自成一家，独树风格，因此谢利恒《中国医学源流论》专为李氏立一学派。这不仅是李氏本身的学术经验足以传世，也由于他一传、再传、三传的弟子都足以承前启后，继往开来，使明清年间苏浙地区的医学，愈来愈发扬光大。据有关文献查悉，士材学说，一传于沈朗仲，再传于马元仪，三传于尤在泾（《中国医学源流论》）；至尤在泾士材学说更丰富多彩。这里略予申述，便于循源溯流，供研究李氏学说者探讨。

1. 沈朗仲之学

沈朗仲为李氏大弟子，得李氏薪传，并协助李氏校订《删补颐生微论》；本文第一节已叙述。他的医学造诣，是青出于蓝而胜于蓝。《苏州府志》载："沈颜，字朗仲，以医擅名，品行高雅，士论重之。"他著有《病机汇论》十八卷，其书体例仿朱丹溪《脉因证治》（每病先论脉，次论因，次论证，次论治），而精当渊雅则过之；内容宗其师《医宗必读》，而赅备则过之。该书收采病种60个（比《医宗必读》多24个），每病一类，其小症不及另立一类者，分附各该病门下；每类采辑前人议论，远绍《内经》《难经》《伤寒论》《金匮要略》，近至张景岳、喻嘉言辈。每条议论前，有沈氏自拟标题冠其首，展阅时尤为一目了然；各家议论后，再列沈氏按语及药方，借以综述本病的病因、病机和治法。该书无疑是《医宗必读》证治部分的加深加博。

2. 马元仪之学

马元仪，江苏苏州人，习医于沈朗仲，因沈而同时受业于李（据了解他还从学于喻嘉言、张路玉）。长州尤珍称马"为李士材、沈朗仲入室弟子，得其指授，为时良医，而于伤寒症尤擅长"；张大受称其"精于医，其学独出于云间（即松江）沈李二家"（均见《病机汇论·序》）。

马氏著作，主要是医案，自定为《印机草》，一卷，73例。初刻附于其师《病机汇论》之后，另有周学海评注本。其议病及用药法，多与李、沈两氏瓣香一贯，特别与士材医案确有相印处。这里，有必要举《印机草》一例喘息案，加以探索，"咳嗽多痰，气逆作喘，不得安枕，自汗少食，诊脉虚微无力。此劳倦致伤脾肺。盖脾为元气之本，赖谷气以生；肺为气化之源，又寄养于脾土者也。法当实脾以补肺。参、芪、草、川贝、紫菀、苏子、杏仁、桔梗、防风；兼进七味都气丸以培母"。其察脉辨证，论病施治，置于李氏医案中，几难辨认，和《医宗必读》及《病机汇论》所论述的理法方药，不仅相印，简直是形神俱化。

3. 尤在泾之学

尤在泾，江苏吴县人，从马元仪学医，并协助校订《病机汇论》及商榷其他著作；晚年医名鼎盛，与叶天士、徐大椿、王子接辈联镳接轸，辉映后先。其所著有《金匮要略心典》《金匮翼》《伤寒贯珠集》《医学读书记》《静香楼医案》等五种，学术经验超“三师”。现从他的著作中，略窥其学术发展概貌。

（1）《金匮要略心典》三卷，徐大椿称它“条理通达，指归明显，辞不必烦而意已尽，语不必深而旨已传……”正由于尤注《金匮要略》明白晓畅，不浮不溢，所以为《医宗金鉴》所采用。而且尤注《金匮要略》是全璧，文体比士材选注《内经》完整，从注疏角度上评议，尤氏的《金匮要略心典》，不仅是《金匮要略》注本之后起之秀，如实地说，是后来居上，突破士材的《内经知要》。

（2）《伤寒贯珠集》其写作与李氏的《伤寒括要》途径各出。唐大烈在《吴医汇讲》中称其书比喻嘉言《伤寒尚论》明晰，誉之为“如雪亮月明，使人一目了然，古来未有”。近代医家对这本书的评价，亦高出《伤寒括要》。

（3）《医学读书记》三卷，《续记》一卷，为尤氏的读医随笔。其内容简而精，微而明，议论细致深入，辨证论治部分，确能出于蓝而胜于蓝。如“噎膈反胃之辨”“泻痢不同治”等等，均较李、沈有发挥；“方法余论”中有三条从《删补颐生微论》转引，并加补充，全书精湛处直驾李氏《删补颐生微论》之上。

（4）《金匮翼》八卷。其书编写法仿沈氏《病机汇论》，所列病类更相似，治法方面，既有继承部分，也有发展部分。如中风门的“卒中八法”（开关、固脱、泄大邪、转大气、逐痰涎、除风热、通窍隧、灸腧穴），与《病机汇论》“治中风三剂”（治表之剂、镇坠之剂、发表攻里之剂），承前启后，呈现出明显的继承与发展。

（5）《静香楼医案》两卷，江阴柳宝诒评选本。审其方案及用药，部分脱胎于其师《印机草》，部分则接近《临证指南医案》，这一发展，也值得探索。这是尤氏在士材学派上的一个出新，也是他在师传基础上的从头超越。

上述李氏学派，由沈而马，由马而尤，不论在理论研究还是临床经验上，他们都各有师传，各有发展。发展的具体表现：学术上从"平易不颇"进入到精深广博，医风上从伤寒发展到温病。其中马元仪、尤在泾授受之间，由于因时、因地、因人的各种关系，加上良师益友的熏陶，温病学说的兴起，酝酿出尤在泾之学，比师传发扬光大，毫无疑问，是理所当然和势所必然的。

关于李士材学说略论，这里暂告段落，其间有语也未详或引而不发处，因写作时为了照顾全文布局，避免过于冗长，某些内容，拟另撰专文讨论，并此附及。本文中有主观见解及以谬承谬处，希望读者指正。

二、李士材学派考略

李士材的学说在中国医学史上有一定的地位，这是大家所公认的。有关其学说的探讨，我已有专论发表于《浙江中医学院学报》（1978年2~4期）。现在谈谈李士材学派。

李士材学派之见于著录，首推谢利恒的《中国医学源流论》，他说："明末诸家中虽无特见，而大体平正不颇者，当推李士材……士材之学，一传为沈朗仲，再传为马元仪，三传为尤在泾。"

由于士材文学修养扎实，医学造诣也精，他所著录医书八种——《内经知要》《雷公炮制药性解》《医宗必读》《删补颐生微论》《诊家正眼》《本草通元》《病机沙篆》《伤寒括要》，议论都能深入浅出，大致上精当切要。自从他的《颐生微论》《诊家正眼》初刻问世后，即有不少学者从他受业；而《医宗必读》的问世，风行既广且速，更引起许多学者景仰，协助校订者有之，执经问难者有之。其书读者之多，版行之广，当时医家也认为独出，这是士材学派形成之所以然（详见《症因脉治》《吴医汇讲·卷九》）。

讨论士材学派，应以沈朗仲、尤生洲、蒋士吉为同门，而以沈为之长。尤、蒋两氏，著述虽多于沈，但不若沈之协助校订《删补颐生微论》与李氏有较长时间的切磋，且为其师在序文上称道。沈之嫡传弟子马元仪，学术传授，著作整理，一如李之于沈；马元仪为沈朗仲校订《病机汇论》，并加按语阐发，按语之切实发挥，胜于《病机汇论》原辑，可谓沈朗仲之辑，得马按而益彰。马之嫡传弟子为尤在泾，马元仪序《病机汇论》后段说："门人尤子在泾，以儒家子攻医业，其于《灵枢》《素问》诸书，颇能抉其精微；风晨雨夕，辄过余讲究斯理，与余相得甚欢，因与参订《病机汇论》一书。误者正之，缺者补之，是书遂益可观。”其叙述师生协作之经过及奖掖门生之心声，溢于言表，从而可见马、尤之瓣香一贯。

为了使李氏学派得到源清流析的印证，有必要把李沈、沈马、马尤三代师生的学术传授与继承，作一粗浅探索。探索的方法：①从授受过程中摭事实；②从有关著作中找佐证；③从学说发展中议浅深。

（一）传道期

1640年，沈朗仲从李受业，参加《颐生微论》的删补；1642年删补告成，李氏在序文中有这样的称述“庚辰（明代崇祯十三年，1640年）秋，吴门沈子朗仲翩然来归，一握手而莫逆于心，端凝厚藏，慷慨浩直……《灵枢》诸经典，了然会大意……于是相与辨几微，参损益，跻颠极，破偏拘”“吾道之不孤，其有赖于朗仲也乎”，足见李沈的师生关系，逾越寻常，从序文末两语之期望与称道，可以相信，朗仲是士材的得意门生和得力助手。

从沈氏的《病机汇论》中不难看出，他以《病机汇论》名书，主要在于羽翼《删补颐生微论》，另外还是尊重其师“病固有机，微而实显”的意旨。体例，仿丹溪《脉因证治》而精切过之；内容，遵师门《医宗必读》而赅备过之；所引文献，各按内容立标题说明，以启其端，展阅时尤为醒目。其引文的学术思想，多依据《医宗必读》，但有所加深、加广。举中风为例，“脉法”采《金匮要略》《脉经》；“论因”采河间、东垣、丹溪、严用和、许叔微；“论证”除上述几家以外，益以士材、景岳之说；“论治”比《医宗必读》大有增益，共15条，除上列10余家外，还采集张子和、喻嘉言等说，但议论不脱士材家数，特别是选用方药，《病机汇论》所选25方中，与《医宗必读》相同者17方，足证其谨守绳墨，不愧李氏薪传；其他各门，亦皆类是。如实地说，《病机汇论》是《医宗必读》五至十卷的衍化物，是士材学说的继承；增广部分，则是朗仲学术经验的新创获。谢利恒《中国医学源流论》认为，“《病机汇论》十八卷本朗仲所辑，元仪晚年与在泾参订成之……辑前贤方论，皆终于士材，实士材一派之学最完全之书也”。这一评定，恰如其分。其书影响所及，1687年上海李用粹的《证治汇补》，可以说是《病机汇论》之别裁。士材学派的流传，也由此渐趋广远。

此外，士材还有两位可与朗仲媲美的学生，他们各以不同形式继承和传播李氏学说，使李氏学说更有发扬。一为《士材三书》的增补者尤生洲。《士材三书》的内容，多取自《医宗必读》《删补颐生微论》及《雷公炮制药性解》，引录文献各有增益，疑是士材撰作《医宗必读》《删补颐生微论》及《雷公炮制药性解》之初稿或编余稿，尤氏分编为《士材三书》，并加增补。至于《病机沙篆》里增入针灸疗法，则系尤氏的作品，因李氏杂病治法，谈针灸的绝少，而尤刻《藏府性鉴》，则多附有针灸穴法。尤氏编印《士材三书》为1667年，距士材卒后12年。

一为《医宗说约》的作者蒋士吉。《医宗说约》一书，为医家所熟悉，而蒋氏系李氏学生则少人注意。尤生洲称其“往来松、浙间，临证既多，活人无算”。蒋受业于李，虽不同朗仲之见于李氏笔述，也不似生洲之编印李氏遗著，但在《医宗说约》卷一“脉法”按语、“治法虚中实”第一附案和卷四“伤寒阴阳毒症”按语中，先后三次提到“先师李士材”“士材先师”，说明其部分学术经验得自士材师传，绝非只是以书名“医宗”两字作为继承的标志。从这三处称述，我初步认为蒋曾从学于李，在“往来松、浙间”时，亦尝问业受益，可能由于其时蒋已有年，且亦医名闻于当地，李不欲屈蒋于门墙之列，所以尤生洲在《医宗小补》序文中，称士吉为先生而不称同门，亦秉承师意而尊之之义。《医宗说约》的部分内容脱胎于《医宗必读》，但有独辟蹊径处。《郑堂读书记》称其“言浅意深，词简法备，使读者不致望洋兴叹，亦守约之一法也”。其书“诊法”“本草”，多出入于《医案必读》《诊家正眼》《本草通元》之间；“伤寒”取材于陶节庵的《杀车槌法》，参以士材《伤寒括要》；“杂病”编写新颖，时出经验，尤详于疡科。该书是源于士材学说而突破士材学说的一本著作，所以亦见称于医林。

上述尤、蒋两氏，各有三数种述作，徒以他俩的学术传授，都仅及身而止，未获一传再传，在论述士材学派时，不得不推沈朗仲为传道授业之长，尤、蒋两氏则为主要的授业者。

（二）继承期

朗仲嫡传弟子马元仪，在士材学派中是一位承先启后的人物。元仪的医学造诣，是青出于蓝而胜于蓝的。这位医学家，既受业于沈朗仲，同时问业于李士材、张路玉，还私淑于喻嘉言，此公真是一位商量旧学的“多师者”。他为朗仲校订《病机汇论》，一如其师协助李氏删补《颐生微论》，而精心编校则过之。他对《病机汇论》每一门病类都加上按语，既综合《病机汇论》所引述的精要部分，也发挥自己的经验，可以说是马元仪论医的结晶。如果有人把它摘成专辑，其学术价值，肯定在姜思吾所编的《马师津梁》之上，因为《病机汇论》中的按语是元仪自撰的。这里采录马元仪在《病机汇论》的按语中的一则治法，以窥出他既有师承，又有阐发的一斑。

积聚治法，《医宗必读》据王肯堂的《证治准绳》分初中末为治，并以"阴阳攻积丸"攻补交替使用。《病机汇论》引证王肯堂原文，马氏按语则进一步阐发，从初中末分治中，点出攻、消、补三法随宜应用。他指出"攻者，攻击之谓，凡积坚气实者，非攻不能去之""消者，消磨之谓，凡积聚不任攻击者，当消而去之""补者，调养之谓，凡脾胃不足，虚邪留滞者，但当养其正气……此治积之要法也"。下面还按照李氏用"阴阳攻积丸"经验，根据患者体质虚实，采取攻补缓急的消积法做了补充，"尤有要者，则在攻补之中，又分缓急之辨。如积聚未久，而正气未损者，当以积聚为急，速攻可也，缓之则足以滋蔓而难图；若积聚既久，而元气受伤者，当以元气为急，缓图可也，急之则适以喜功而生事。此缓急之机，即万全之策也"。这一按语逐步分析，逐步阐发，愈阐发愈深入、愈明白晓畅，对《病机汇论》对士材学说都起到发微作用。

（三）发展期

士材学派，三传而至尤在泾，其学术之精深渊雅，超过三师（李、沈、马）。对《伤寒论》《金匮要略》之次注，温病学说之出新，均有所突破。这些都在他的著作中体现出来了。尤在泾是个积学之士，"弱冠即喜博涉医学，自轩岐以迄近代诸书，搜览之下，凡有所得，或信或疑，辄笔诸简……"（《医学读书记·自序》）而成《医学读书记》。上卷校疏《内经》，中卷校疏《伤寒论》，下卷评述各家证方，议论均极精切，较士材《医宗必读》《删补颐生微论》等论述，有过之无不及。其中"方法余论"引李氏《删补颐生微论》两则，颇能得其神髓；《医学读书记续记》里"寸口分诊脏腑定位""噎膈反胃之辨"及"泻痢不同"等篇，则是据李氏说而精切有加。《伤寒贯珠集》及《金匮要略心典》两书，是尤氏研经专著，清初徐大椿、唐大烈及近代章太炎、陆渊雷诸氏均盛称之，其特点在于深入浅出，精当明畅，与李氏的《内经知要》，异曲同工。

尤氏从学马元仪，元仪极器重他，据其孙尤世楠所述《金匮翼·大父拙吾府君家传》说："大父少时学医于马元仪先生，先生负盛名，从游者多，晚年得大父，喜甚，谓其夫人曰：吾今日得一人，胜得千万人矣！"马元仪序《病机汇论》亦提说："门人尤子在京（泾），其于《灵枢》《素问》诸书，颇能抉其精微……与余相得甚欢，因与参订《病机汇论》一书，误者正之，缺者补之，是书遂益可观。"其学术授受过程，仿佛马之于沈，沈之于李，而尤氏更可述可传，因其所继承之学，到他而更加浸沉浓郁了。还有他的《金匮翼》，其编撰则是《病机汇论》的发展，所列病类，与《病机汇论》极相同，治法则发展多于继承，如中风门的"卒中八法"，即开关、固脱、泄大邪、转大气，逐痰涎、除风热、通窍隧、灸腧穴，完全是《病机汇论》"中风三剂"（治表之剂、镇坠之剂、发表攻里之剂）的加广，确能与中风病机宛转相赴；还有"治痰七法""治痢七剂""治疝八剂"等几套治法，足与《医宗必读》的"治泻九法""癃闭七法"先后辉映。我们还可以从《静香楼医案》里，领会他师古而又宜今的议病遣方，深佩他对其师《印机草》的善于继承。他运用河间、景岳的议病，撷取丹溪虎潜丸法治疗类中（柳宝治《评选静香楼医案》类中门第三案）；运用五行相克、五脏相贼的古医理论分析产后杂病的病机（《评选静香楼医案》妇人门末案）。这种造诣肯定是在《印机草》的迪启下（尤案前者脱胎于《印机草》喘息类"咳嗽多痰"案，后者借鉴于《印机草》妇科"产后胸中作痛"及"少腹满痛"案），结合他精卓的学验，融炼而成"古为我用"的治案。

上述李氏学派，由沈而马，由马而尤，不论在学术研究或临床治疗方面，他们都既承师传，又自创新路。创新的大体是学说上从"平正不颇"到深沉精切；治疗上从伤寒发展到温病。其中马元仪与尤在泾授受之间，由于因人、因时、因地的关系，加上良师益友（尤在泾与叶天士同游于马元仪之门）的熏陶，温病学说的兴起，酝酿出尤在泾之学较师传发扬光大。尤氏之后，其及门有沈安伯、陈步羔、朱青溪等十余人，影响更深远。唐大烈序《吴医汇讲》时曾说："吾吴文献之邦，乃良医荟萃之域……《印机草》识元仪临证之慎重，《医学读书记》知在泾学业之深沉。"以著作来评价马、尤的学术经验，我看还是比较符合实际的。

士材学派影响所及，苏、浙间医风之盛，三百年来迄未稍衰。本文把士材学派分三个时期叙述，用从源索流、从流溯源的方法，以人为经，以书为纬，考证中略作对比，以资探索。

三、《医宗必读》与《删补颐生微论》

李士材的名字，因《删补颐生微论》而知名于当时，因《医宗必读》而盛称于后世。三百多年来，其名为一般医生所熟悉，其书为一般医生所诵习；他的医学造诣，也为当时和后世医家所推崇，在明代的医学史上有他的一定地位。

李士材的著作，我们所看到的为八种：《删补颐生微论》《医宗必读》《内经知要》《雷公炮制药性解》《诊家正眼》《本草通元》《病机沙篆》《伤寒括要》。其中以《内经知要》和《医宗必读》流传最广，影响最深，特别是《医宗必读》（以下简称《必读》）。因其书既有便于诵习的脉诀、药性，又有应用于临床实践的证治方药；既能给读者以指导，当然读者亦感到有益。其《删补颐生微论》（以下简称《微论》），内容与《必读》同中有异，各具特点，由于阐述理论的多，介绍临床证治的少，因而书不甚行，不能与《必读》为每个医者所诵习相比；也可能因为书名“颐生”二字，当时人认作养生书而未予注意。其实，《微论》对医学理论的阐述和发挥自成系统，以说理带动治疗，极大部分能反映出李氏学术见解及临床经验。两书对勘，更能相得益彰。爰就《必读》与《微论》的主要内容略予评述，以作研究李氏学说的一个组成部分。

（一）两书的写作和行世经过

两书写作时间，《微论》为早。《微论》有两种版本，初稿写于1618年（明代万历戊午），名《颐生微论》，写作动机，因其两子俱为当时医生药误而作，以后一再修订，于1642年（明代崇祯壬午）成《删补颐生微论》，并有其门生沈朗仲协助，“相与辨几微，参损益，跻颠极，破偏拘”。通过师生悉心增删，肯定后稿比前稿多所改进。我所见到的为金阊传万堂刻本，书为四卷，论24篇。初稿刻印比《必读》早十九年，行世颇广，不少亲友及患者有因读了《微论》而慕名求治的。《必读》成书于1637年（明代崇祯丁丑），其自序中也提到“曩所著《微论》（指初稿）诸书，未尽元旨，用是不揣鄙陋，纂述是编”（指《必读》）。其时《必读》已刻印成书，对《微论》的删补更有时间，有取舍依据，过了三年（1640年），又得沈朗仲作为删补《微论》的得力助手，使《微论》趋于完善，成为与《必读》互相辉映的医籍。

据上述资料考核所得，《微论》初稿成于《必读》出版前十九年，而删补本的印行却在《必读》出版的后五年。具体成书年代：1618年《微论》初稿刊行；1637年《必读》刊行；1642年《微论》刊行。在1618～1637年的19个年头里，李氏总结古今学说经验，著述《必读》，“究心三十余年，始知合变；为后学作渡河之筏”。其学验与年俱增，述作自然邃密，在1637～1642年的五个年头里，删补《微论》初稿，使之精益求精，“期丝毫不有误于后世”。其认真对待著述的态度，我们可以直接从两书的自序中看出，也可以间接从他利用前后两段时间的间隙不断修订其著作中看出。

至于两书流传范围的广狭，则《必读》广于《微论》三至五倍。尽管李氏在《微论》自序中有“镌而悬之肆，乃翕然遍走天下”之说，但我们知道《必读》刻印后明末清初阶段，李氏的同乡秦景明、徐叶壎先后有“《医宗必读》书广为流布”及“《医宗必读》一书固已脍炙人口”等称述；说明《必读》在当时已盛行于世，远非《微论》可比。曹炳章认为《必读》“前后翻刻本有十余种之多”。则知两书的流传数量，确有一定差距。不过这都是悬揣之约数，我们要从实际镂刻版次数来推算。据不完全统计，《必读》的版印次：①明代崇祯十年丁丑经纶堂刊本；②清光绪九年群玉山房刻本；③清光绪三十三年崇文书局刊本；④文成书局石印本；⑤1914上海锦章图书局排印本；⑥世界书局刊行本；⑦1957年上海卫生出版社翻印本。特别后一次的翻印，可以说是前六次刻印数总和的几倍。从以上关于《必读》的镂刻版次及翻印数，《微论》真是瞠乎其后，也反映出两书的流传量是有广狭的。

（二）内容的比同析异

由于《必读》和《微论》的撰述，写作时间有先后，修订过程有短长，以及个人修订与师生共同修订的不同，因此，两书中某些内容有相同的，有同中见异、异中见同的，有存于此而删于彼或略于前而详于后的。通过校勘研究，可供探讨的举出几例如下。

（1）两书内容全同或基本相同的，如关于“辨脉”及“伤寒、虚劳论病”。具体内容：《医宗必读·脉法心参》中“脉有相似宜辨”“脉有相反宜参”二篇，与《删补颐生微论·审象》的“比类”“对举”两条，内容及字句完全相同；《必读》的“脉以胃气为本”及“真脏脉见乃决死期”二篇，与《微论·审象》“察平脉”“审真脏”二条内容及字句基本相同。又

《必读》五至十卷共列病症治法37类，与《微论》并见者两类：①伤寒；②虚劳。《医宗必读·伤寒》按语：“得其要领易于拾芥……谓伤寒无补法可乎？”一段文字，与《删补颐生微论·伤寒》中段全同；又《医宗必读·虚劳》按语首段，“夫人之虚，不属于气，即属于血……水壮而火熄，毋汲汲于清心（凉）”，与《删补颐生微论·虚劳》亦全同。

（2）有同中见异，异中见同的，如关于“先后天”。《必读》题为“肾为先天本脾为后天本”，《微论》析为二题，“先天根本论”“后天根本论”。议论的广狭当然随题材的分合为转移，《必读》所述的以简要胜，但多引而不发之处；《微论》则从两个题材分别发挥，同中见异，从生理谈到病症及治法，比《必读》所述详明，其精切处，在于引证古说，言之有物。《必读》述“肾为先天本”，只从“肾为脏腑之本，十二脉之根，呼吸之本，三焦之源，而人资之以为始者也”立说；而《微论》则着重于精、气、神的相互关系，提出“精者水之华也，神倚之如鱼得水，气倚之如雾覆渊……”并落实到“足于精者，诸疾不生；穷于精者，诸邪蜂起”，把肾为先天本的意义，做了进一步发挥。其于“脾为后天本”，《必读》只从“人有此身，必资谷气，谷气入胃，洒陈于六腑而气至，和调于五脏而血生，而人资之以为生者也”立说，着重以运化水谷精微为论点；《微论》则引证东垣、谦甫、洁古诸家，溯流寻源，把议论贯穿到“火为土母”的深层，由此及彼地会通为“脾胃者，具坤顺之德，而有健全之运。故坤德或惭，补土以平其卑监；乾运稍弛，益火以助其转运。此东垣、谦甫以补土立言，学士、用和以壮火垂训，盖有见于土强则出纳自如，火强则转输不怠……”使肾为先天本、脾为后天本的理论从分合中说得更清楚一些。

（3）有存于此而删于彼或略于前而详于后的，如辨正《脉诀》及记录《医案》。关于辨正《脉诀》，《医宗必读·脉法心参》列为首篇，举例四条，以《内经》脉法正《脉诀》的谬误，加以论定：①辨正大小肠配于寸上之误；②辨正三焦无形之误；③论定膻中即是心包络；④论定不能以右肾为命门。其说理及论证，与《删补颐生微论·辨妄》同，文字小有出入。但《删补颐生微论·辨妄》原系八条，尚有后半，为《必读》所未及，即①辨正“男女脉信异常”之谬；②辨正“一脏气绝尚能活四年”之谬；③辨正“健人脉病号行尸，病人脉健亦如之”之谬；④指出至数脉不能用图表说明。这四点《必读》无。关于《医案》，《微论》列30则，与《必读》同者14则，文字亦小有出入。

分析上述同异互见的所以然，初步认为有两种可能：一是《必读》成书时部分采用《微论》，有的转录全篇，有的选用片段；二是《微论》在《必读》成书后经过删补，全同的是《微论》原稿，同中见异的是《微论》后来删补部分。是否如此，有待论定。

（三）《微论》侧重说理，《必读》指导临床

《微论》《必读》两书，经一再校阅，除某些内容有相同外，还探索出它们各有重点，虽然同属于辨证论治之书，但《微论》侧重于说理，《必读》着意在临床。从著述体例来说，前者类似于医案医话，后者类似于临床手册。两书合勘，可以窥见李氏学说及医疗经验的大部分，也可以作为研究士材学说的阶梯。这里初步就两书的主要内容，略做分析。

1.《微论》四卷，共24篇，按其内容可归纳为九类

（1）“医学源流”，评议古医家32家，析其精粗，议论中肯，可与吕元膺的《医门群经辩论》及《诸医论》后先辉映。

（2）“脏腑功能”，阐述脏腑、经络的功能与病变，兼及五脏的平脉、病脉和死脉，均以《内经》原文为主，张洁古《脏腑标本药式》为辅；并从“肾为先天本，脾为后天本”中突出精、气、神三者的重要作用。

（3）“诊法”，摘录古医典籍关于四诊的精华，有所阐发，并分辨脉象“比类以晰其似，对举以别其殊，辨兼至以定名，察平脉以昭治，分六气以测证，审真脏以知变”，然后辨证《脉诀》的谬误部分。

（4）“论药、释方、明治”，这四篇是理论贯穿临床的精粹部分，指出用药的“君臣佐使，逆从反正”的要则，还指出“五过”的必须避免，是士材用药的心得处；后述“七方”“十剂”，斟酌古说，加以融化。药“选四大家恒用最切要者120种，附录20种，新补（指比《微论》初稿有增益）20种，悉以时珍《本草纲目》为主，剪繁去复，独存精要，采集名论，窃附管窥，比旧本十增四五”。方辑名方最切要者计100首，分丸、散、膏、煎四类，各方主治多根据临床实际，恰如其分地提出，不夸张疗效，也无方不对证之弊。释方亦实事求是，多有可取，如释“十灰散”谓：“用炭药与墨汁苦涩之味聚而用者，苦能胜火，涩可固脱，更得童便引之下行，尤尽折服之妙。”释“不换金正气散”谓：“正气指中气，中气不和，水湿不行，则生痰为患，苍、朴、陈、甘，平胃散也，所以锄胃气之敦阜而使之平；佐以藿香，一身之滞气皆宣，助以半夏，胸腹之痰涎尽化。使正气得以转

输，邪气无由乘隙，可贵孰甚。”这种释方，对方义有一定悟机，用于临床而多效。在理论上，从病因和治则举其要者，提出“三法”“四因”“五治”“六淫”“八要”，各有指导临床的实际意义。

（5）“审病机”，强调辨证审因，其要旨为“脉有雷同，症有疑似，水火亢制，阴阳相类；脏之发也混于腑，血之变也近于气；大实有羸状，误补益剧，至虚有盛候，反泻含冤”。并举前人治例，以证实其说理之来自实践。对于《内经》“病机十九条”，李氏是钻研有素，在《内经知要》中已把它逐条阐述，《微论》里于王冰、刘守真之说，更有进一步的发挥。他认为“古之论病，不曰病形，不曰病体，而曰病机……只熟于理而已。理熟则机得，机得则言中”，把病机与病理结合在一起，是有其清彻的看法。

（6）“察病症”，着重于伤寒、虚劳、妇科三大症。伤寒强调脉证与理，“脉证者，表里、阴阳、寒热、虚实；理者，守其常，通其变也”“治则约六法（汗、吐、下、温、清、补）以尽之”。并对脉、证、治三者做了精要的论述。虚劳“以脾肾分主气血，约而实该，确而可守”。还引申到“脾肺关系”和“脾肾关系”的见证与治法。妇科论证宗孙思邈、寇宗奭二家，提出“现症即有百端，唯郁伤元气一言可以蔽之”。治法举“补虚散郁之归脾汤”为首方，“为其养心则神和，疏气则郁解”。伴随妇科的“不孕症”和“安胎”治法，着重指出“播种（怀孕）之后，勿复交接（性交），以扰其子宫……勿令疾行，勿令跌仆，勿令洗浴，勿过醉，勿令之怒（大怒），勿令之惊（大惊），服健胃和中，平肝养气之药，随时调护，可无遗堕之虞”。其《邪祟》篇，说理清新，分析精确，他认为“《内经》十八卷，未尝有片语及邪祟，其言‘邪气盛则实’者，指六淫之邪耳，非世俗之所谓神鬼妖异也。丹溪云：‘虚病痰病，有似邪祟，以血气失调为身之祟也。’”明末医家有此见解，确是难能可贵。

（7）“气化”，这是治病求本的一个主要环节，联系着因时制宜和因地制宜，重点在“化源”。李氏以《素问·六元正纪论》“资其化源”为主旨，印证到《素问·至真要大论》“诸寒之而热者取之阴，热之而寒者取之阳”，认为“舍本从标，不唯不胜治，终亦不可治”。他反复阐述五脏的虚实证治，畅之以五行胜复承制之理，作为“化源”纵横捭阖的论据，从而使岁气及五方异宜，俱为辨证论治的必要资助。

（8）“医案”，辑录经验医案30例，俱以证情复杂多变者为主，常症、常治概不列入，所采治案，比《必读》的医案“少而精”。主要突出两

点：第一，突出凭脉辨证，脉证与治法针对性强，如治黄贞父肠风下血，治吴师母吐血喘嗽等案；第二，突出议病用药以理论为指导，如治杨文老痰喘，治俞望之郁热呕吐，治新安吴某烦躁发热等案，都属可法可师。例多不列举。

（9）糟粕部分，本篇内容未见，据总目凡例告知，“录善恶之报十条”。毫无疑问是属于因果报应一类的文字，是《微论》中最无聊部分，应该扬弃，不见更好。

以上九类，是对《微论》的初步研究，为了便于综合其要义，特提示其篇与篇、类与类的内在联系，归纳如下（图5-1）。

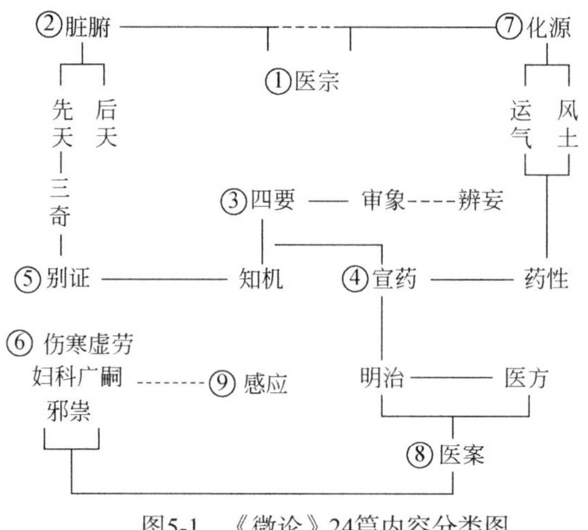

图5-1 《微论》24篇内容分类图

图中实线是篇文内容有直接联系，虚线是有关内容

2.《必读》十卷，其内容大致可分为四个部分

（1）总论（第一卷）：系医论专辑，其中关于指导读书法二篇，指导治病用药法十二篇，都能反映出李氏的学术造诣，是李氏临床实践的经验总结。后列《内景脏腑图说》十二则，多取古说，间有新义，如论定膻中即心包络，印证脏腑部位及经络配合，有一定参考价值。

（2）脉法（第二卷）：本卷分两个内容组成，一为“新著四言脉诀”，一为“脉法心参”。“四言脉诀”，汉·张仲景《伤寒论·平脉法》中已开其先导，宋·崔嘉彦衍绎成帙，明·李时珍加以删补，李士材又补其缺、正其谬，复加注释，更见详明。后世的《医宗金鉴》《四诊抉微》及俞根初之《通俗伤寒论》均采用它。《脉法心参》，首列“《内经》分配脏腑诊候”一篇，辨正大小肠配于寸上之非，辨正三焦列于右尺之非，论定膻中即为心包络，论定以两尺候肾。接着分述脉位、脉神、脉形、脉理、脉象应病及危候、死候等短文28篇，其中以“因形气以定诊之说”“诊贵提纲说”“脉有相似宜辨”“脉有相反宜参”“长短二脉不诊于关说”“重阴重阳”“脱阴脱阳”“阴阳相乘伏”“阴绝阳绝”“老少脉异”“从证不从脉”“从脉不从证”“冲阳太溪太冲”等13篇，尤为精切可取。最后，辑《内经》关于色诊要语附以阐述，另为一篇。这是李氏的论脉专辑，可与《士材三书》中的《诊家正眼》互相阐发。

（3）本草（第三、四卷）：收辑常用药352种，分草、木、果、谷、菜、金石、人、兽、禽、虫等10类。字句仿《药性赋》但不限于原有形式，对每一药的性味功能、归经、主治、禁忌及制法，均概括在四至八句的赋体中，义有未尽，复加诠注，力求精详。其精切处可与《内经知要》媲美，因此士材名之曰《本草徵要》。他认为“本草太多，令人有望洋之苦；药性太少，有遗珠之恨。兹以《纲目》为主，删繁去复，独存精要，采集名论，窃附管窥，详加注释，比之《珍珠囊》详备”。这一自评，非常中肯。

（4）证治类方（第五～十卷）：第五卷“伤寒六经证治”，对每个证候的解说，仿成无己《伤寒明理论》，简明扼要，大体是《伤寒括要》的辑录，部分内容也有渊源于陶节庵的。六至十卷，分论杂病36个病种，都先述经义，次选前人的论述，益以自己的阐发，精辟处超过前人；如对伤风的防治兼顾，对肿胀辨证分虚实寒热，积聚治法有初中末不同。特别分析心痛、胸痛与胃脘的部位有差，胸胁痛与心、肝、肺、心包络四经相关；腹痛分部于脾、肾、肝及冲任、大小肠，每部各有五贼之变、七情之发、六气之害、五运之邪，真是辨析精详，戛戛独造，可与薛（立斋）、王（肯堂）两氏鼎足而三。接着是按证列方，方治及方后说明，均有临床指导意义，便于掌握和运用。后附治案，亦均精切。治疗方面最有裨于临床者，为“治泻九法”，《张氏医通》全部转载它（据初核，《医通》引用李氏书有五种，所以辑录士材学说及治验较多）。还有李氏自定方七个，都可在临床中实际应用：①新定拯阴理劳汤，②新定拯阳理劳汤，③新定清宁膏，④肺痈神汤，⑤新制阴阳攻积丸，⑥新制利金汤，⑦新制润肺饮。这七个自制方，李氏都曾经多次试验。其中“理劳”两方，《医宗金鉴》“虚劳门”俱转引，加减法亦全部引用；清宁膏《医宗金鉴》“咳嗽门”列在太平丸之前；阴阳攻积丸是从乔三余方改制，林珮琴《类证治裁》积聚门列为首方，并全引李氏方议；肺痈神汤则列为治肺痈的通用方；“利金汤”《必读》主治为气壅之痰，《类证治裁》治痰饮在肺，涩而难出；“润肺饮”《必读》无主治，《类证治裁》点出适用于燥痰，并加杏仁白蜜。这些新制方，李氏创造于前，吴谦、林珮琴等采用于后，并有所补充，从而扩大其应用。

它反映给我们的是《微论》与《必读》都属于辨证论治的书，但各有侧重点，前者侧重于反复推理，后者侧重于临床应用，合而诵习，更得其全。

（四）大醇中的小疵

古代医书，往往瑕瑜互见，精中有粗，甚或杂入糟粕，有待后人整理和评议，李氏书也不例外。通过初步研读，我认为两书各存在一些瑕疵，但毕竟是大醇中的小疵，经后人切磋琢磨，转使其书浮尘去而清光现。宋人所谓“旧学商量加邃密”，我们也无妨以此法来探讨古医书。

关于《微论》，因其书出版发行不多，评议者亦少，《浙江采集遗书总录》称其书“皆辨证论治之法，而自抒所得”，这个评议是恰如其分，概括地确认了《微论》的内容和学术价值。《四库全书总目提要》则评其“门类颇为冗杂，“三奇论”中兼及道书修炼，如去三尸、行呵吸等法，皆非医家本术”，这评议部分失之于苛，未免求全责备。所谓“门类冗杂”，大概有鉴于分篇太细，有可并处，或者某些篇幅内容单薄，不能尽如‘脏腑”“药性”“医方”“医案”的长篇。其实篇文的多少长短，各有其特定内容，删之则削足适履，并之则合二为一，俱非恰当。24篇的归类，前面曾列表综合为九，使其络脉贯串，文以类聚，既保持每篇的独立性，也不失其篇与篇之间的连贯性。至于“三奇论”，全篇阐述“治未病”以保养精、气、神为主；他在《医方》解释“龟鹿二仙胶”也认为“人有三奇，精、气、神，生生之本也”。“三奇论”全篇都围绕这一中心，以李东垣“气乃神之祖，精乃气之子；气者，精神之根蒂”为论据，采集前人对精、气、神的调摄法25条，着重于呼吸锻炼、按摩及活动等，均无可厚非。问题在于士材晚年嗜道，涉猎道书，喜谈“修炼”及“去三尸”等说，确是堕入魔障。《必读》卷六虚劳门也有这类糟粕，确应批判和扬弃。

至于《必读》，因版行甚广，诵习者多，评议的也大有其人。首先，李氏同乡医友秦景明在《症因脉治》里对《必读》证治部分，肯定其精确不磨，足供取法，同时也提出四点评议，兹录其第二点：“虚劳吐血条下，首列苏子降气汤，极为不可……苏子、前胡、半夏、沉香辛温升散之味，岂为虚劳吐血所宜？此乃外感吐血之方，不应列入虚劳吐血条内。”

余三点辨论明晰，亦中肯綮。其次，李氏邻县南汇徐玉台，对《医宗必读·四大家论》有不同意见，这是见仁见智，各有见解。由于明人称述“四大家”，均从外感、内伤角度上举人物，不从金元时代举人物；稍前于士材的江西南丰李梴曾说：“仲景伤寒论，万世典也，河间温暑补方，三时用耳，至于……分别阴阳杂证，乃丹溪之独见；东垣又作内外伤以辨之，称为三世（汉、金、元）四家（张、刘、朱、李）之书。”立论明畅，是士材“四大家论”的引导。稍后于士材的苏州邵达也有：“仲景伤寒，河间温热，东垣内伤，丹溪杂病”口号式的提出，说明明人对所谓“四大家”是这样习称的。复次，《必读》所引“四言脉诀”，士材虽已经“补其缺略，正其差讹”，但尚有隙漏及谬误之处。《吴医汇讲》载顾祖庚《脉诀正讹》辨正四条，颇有见地，足资绳谬，这里录其第一条：“‘沉弱阴亏”句，阴字误刻，当作阳字。盖沉弱皆阴脉，有阴无阳，岂非阳亏；况上文有‘浮濡阴虚’句，是此句之紧对面为可征也。注中亦作阴字解，乃因讹成误。”通过这一辨正，大有裨于后学。再次，《必读》以诸血症列入虚劳门，清人陆九芝大加非议，并认为：“世之乐得共捷径者，一见有血，便归入虚劳门中，将行气、开郁，除湿、润燥，泻火、撤热，逐瘀、生新等法，谓皆不宜于虚劳而尽付诸一勾。”我们知道：陆氏医文16卷，议论细致深入，文气淋漓酣畅；笔触所及，经其阐发者，均得曲畅旁通；受其评议者，亦使词无完义。本条也不例外。我则认为李氏以吐血、咳血、咯血三症列入虚劳门，确是太笼统，在辨证角度上易使虚实混淆，但也有应该列入的，如咯血列入虚劳，也是可以，问题在于治法是否真正“将行气、开郁……等法……尽付诸一勾。”以《必读》为证：虚劳门治上感下虚、血随气上的吐血，用苏子降气汤；治怒气伤肝的吐血，用丹皮、芍药、木香之属；都是行气开郁法。治脉洪有力，胸中满痛，精神不倦的吐血，用生地、赤芍、当归、丹皮，丹参、桃仁、大黄之属，是泻火撤热通瘀法。治吐血多而急欲止之，用生地、当归、丹皮、赤芍煎汤，入藕汁、童便各一盅，血余炭、墨灰调匀热服，是逐瘀生新止血法。治血在痰中嗽出，用二冬、二母、白及、阿胶、甘草、薏仁、紫菀、百合、桔梗，是清肺润燥法。治不嗽而血从咯出者，用地黄、牛膝、丹皮、茯苓、当归、青黛、元参、童便，是滋肾凉血法。陆氏所提到治血证诸法，《必读》中实已具备，仅缺“除湿”一法，亦无关紧要，以其在血证中不是正治，也不是常用法。还应该看到，李氏对血症的治疗，与缪仲醇“治血三法”有共通之处，且与王肯堂的证治亦多相符，说明明代医家治法固有其同一途径，同一机杼。陆氏评《必读》不应以血症列入虚劳，失在把实证作虚证看；秦氏评《必读》不应以苏子降气汤治虚劳吐血，失在把纯虚证作下虚上实治。由于分证不当，遂致治法左支右绌，自呈隙漏。而陆氏一笔抹杀《医宗必读》对血症的多种治法，则是无视于客观实际，特举《必读》原证治以澄清之。

最后，还得一提，所谓《微论》“门类冗杂”，非确评，只不过某几篇内容平铺直叙，缺乏精湛之论述，如“脏腑”只引《内经》原文，无所阐发，“风土”仍着而不化，“三奇”及“感应”两篇杂有形而上学的东西；《必读》内容的粗糙处，诚为秦氏、顾氏、陆氏所指出，但毕竟精炼的多，瑕疵的少，曹炳章所谓“佳处多而误处实少”，确为持平之论。对《微论》亦应作如是观。

参考文献

何任，徐荣斋. 1983. 读经读注，经注并参——略谈《金匮》的注本［J］. 浙江中医学院学报，7（1）：1-4.

李中梓著. 1987. 医宗必读［M］. 徐荣斋，范永升点校. 上海：上海科学技术出版社.

徐荣斋. 1958. 略谈成无己《注解伤寒论》的内容和所附图解问题［J］. 上海中医药杂志，4（3）：5-6.

徐荣斋. 1965. 学习《内经》八要［J］. 浙江中医杂志，8（1）：30-33.

徐荣斋. 1978. 略论李士材学说（续）［J］. 浙江中医学院学报，2（3）：8-13.

徐荣斋. 1978. 略论李士材学说（续完）［J］. 浙江中医学院学报，2（4）：6-12.

徐荣斋. 1978. 略论李士材学说［J］. 浙江中医学院学报，2（2）：9-13.

徐荣斋. 1978. 阴阳五行学说教学余义［J］. 浙江中医学院学报，2（1）：52-56.

徐荣斋. 1980.《伤寒论》六经是辨证施治与辨病施治相结合的［J］. 浙江中医学院学报，4（4）：5-8.

徐荣斋. 1980. 李士材学说考略［J］. 上海中医药杂志，14（2）：43-44，35.

徐荣斋. 1980. 以“治学三境界”的精神学习《内经》［J］. 山东中医学院学报，4（4）：1-6.

徐荣斋. 1981.“病机十九条”阐要［J］. 中医杂志. 22（1）：52-56.

徐荣斋. 1981.《内经》识小录（续二）［J］. 河南中医，（3）：46.

徐荣斋. 1981.《内经》识小录（续三）［J］. 河南中医，（4）：27-28.

徐荣斋. 1981.《内经》识小录（续完）［J］. 河南中医，（6）：45.

徐荣斋. 1981.《内经》识小录（续一）［J］. 河南中医，（2）：41-43.

徐荣斋. 1981.《内经》识小录［J］. 河南中医，（1）：32-33.

徐荣斋. 1981. 试析《阴阳应象大论》中的治则［J］. 浙江中医学院学报，5（4）：1-5.

徐荣斋. 1982. 略论晋唐时期之伤寒学［J］. 中医杂志，23（7）：4-7.

俞根初. 1959. 重订通俗伤寒论［M］. 徐荣斋重订. 上海：上海科学技术出版社.

第六章

桃李天下

自1959年浙江中医学院正式成立，徐荣斋先生就开始了执教生涯，至二十世纪八十年代初，先生一直在学校从事教学工作，担任过中医学基础、内经选读等课程的教学，培养了众多中医人才。由于先生临床经验丰富，理论造诣深厚，尤其是对《内经》有精深的研究，1979年受上海中医学院（现上海中医药大学）邀请为研究生讲授《内经》，对“病机十九条”等内容做了专题讲座。

徐荣斋先生1978年开始招收古典医著专业硕士研究生，他指导范永升开展刘完素学术思想的研究，1979年指导蔡定芳开展《内经》治则治法的研究，这两位硕士研究生在徐荣斋先生的指导下，日后均成为中医不同领域的骨干，2018年均被国家中医药管理局评为“岐黄学者”。现介绍如下。

第一节　承古创新享盛名——学生范永升成就介绍

一、范永升学术简历

范永升，男，1955年11月生，浙江金华人，中共党员，医学博士，教授，主任医师，博士研究生导师，曾任浙江中医药大学校长。其为国家973计划首席科学家，首届全国名中医，中医药高等学校教学名师，岐黄学者，国务院政府特殊津贴获得者，第四、五、六批全国老中医药专家学术经验继承工作指导老师，教育部高等学校中医学专业教学指导委员会委员，国家中医药支撑计划专家委员会委员，第五届中华中医药学会常务理事，第六、七届中国中西医结合学会风湿类疾病专业委员会主任委员，世界中医药联合会风湿病专业委员会第一、二届理事会副会长，中华医学会第二十五届常务理事，浙江省特级专家，浙江省文史馆员，浙江省名中医，浙江省中医药学会副会长。国家重点学科——“中医临床基础”学科带头人。

范永升主要从事风湿免疫病的临床与基础研究，对系统性红斑狼疮提出热毒、血瘀、阴亏是其发病的主要环节，以及解毒祛瘀滋阴是治疗该病主要治法的学术观点，并创建了相应的治疗方案；开展了多中心随机双盲对照研究，并在北京、天津、上海等22家医院推广应用，共治疗系统性红斑狼疮患者3万多人次，提高了临床疗效，减少了糖皮质激素用量及副作用。该方案已由国家中医药管理局作为治疗系统性红斑狼疮临床路径发布，相关成果获2011年国家科学技术进步奖二等奖。他还根据激素剂量不同阶段、证候不同类型及不同临床表现，构建了中医药“三途归一”减少激素副作用的治疗方案，提高了疗效，减少了激素的毒副作用。该项目在全国多家医院进行推广，相关成果获2015年浙江省人民政府科学技术进步奖一等奖。

范永升教授在国内外医学刊物上发表论文80余篇，出版著作10余种，获国家、省部级等奖项5项，承担国家973计划、国家自然科学基金等国家、省部级项目5项。

二、跟师徐荣斋教授期间开展的学术研究

（一）对刘完素学术思想的整理研究

1. 创立火热论，确立寒凉治热病的核心思想

刘完素学术思想核心是主火热而用寒凉。刘完素生活于南宋与北金对峙的年代，当时战乱频仍，热病流行，而医学界存在滥用温燥的倾向，其因有三：①张仲景针对伤寒病创立113方，后世往往以伤寒方治温热病，有扞格处。②朱肱《南阳活人书》把仲景六经的阴阳释作寒热，使当时医者对三阴经病概用温药。③宋太医局编著药偏辛燥走窜的《太平惠民和剂局方》刊行后，在整个社会流传极广，“官府守之以为法，医门传之以为业，病者恃之以立命，世人习之以成俗”。由于滥投温燥，使患者轻者致重，危者致死。在这样的情况下，迫切需要有一种新的学说来纠正这些流弊。完素有志于医，精究《内经》数十年。他根据《素问·至真要大论》“病机十九条”中，风寒湿主病各一，惟火热主病占十，提出“六经传受，由浅至深，皆是热证，非有阴寒之证”，热药发表，“须加寒药”，创立以火热析病机，用

寒凉治热病的火热论。其特征如下。

（1）同属阳邪，主于动乱：火热同属阳邪，主动乱而不宁谧，扰于上则头晕目眩，如坐舟车；扰于外则肢体瘛疭、抽搐。如心火旺而肾水衰之志火，会引起骂詈不避亲疏、登高而歌、弃衣而走、逾垣上屋的狂越证。

（2）其性炎上，主于冲逆：火热具有上炎特性，因而它所造成的病变也多有上冲的现象。例如，肺热甚则肺气上逆，息数气粗作喘；胃膈热甚则为呕、涌溢、食不下；肾水亏虚，热气循经上冲而为耳鸣，都属火热炎上冲逆所致。

（3）其性疾速，致病急骤：火热之性急疾，致病急骤势凶，如突然上吐下泻，成于顷刻的霍乱，为火热扰乱三焦、水谷传化失常所致。暴病暴死也，为火性疾速，例如，心火暴甚，肾水虚衰，热气怫郁，蒙闭心神，可引起卒然昏仆、不知人事的中风。

（4）煎灼炼熬，伤津耗液：火热最易伤津耗液，致脏腑筋骨失其润养。如热气燥烁小腿筋脉则可发生转筋。清·王孟英在《霍乱论》中说："至于转筋，已风自火出而有胜湿夺津之势矣。"温热病后期热烁津液，往往会出现手足瘛疭。

（5）灼伤脉络，迫血妄行：火热之性逆乱，常可干扰血行，使其不循常道而外溢。例如，阳热客于足阳明为鼻衄、齿衄，甚则吐血；热客下焦为尿血、便血；温热病，热在营血，迫血妄行，血溢肌腠则发为斑疹。

（6）火性躁动，扰乱心神：火热留扰胸膈则心烦懊憹，反复颠倒，夜不得眠；心火热甚则神浊昧而昏瞀，或躁扰狂越；若火热炽盛内攻则禁栗如丧神守，剧者蒙闭心包而突然昏仆。

（7）火热内甚可致郁结：世人皆知火热升散，而忽视其可成郁结的一面。刘完素对此别有会心，他在《素问玄机原病式·六气为病·热类》中说："郁，怫郁也。结滞壅塞而气不通畅，所谓热甚则腠理闭密而郁结也。如火炼物，热极相合而不能相离，故热郁则闭塞而不通畅也。"以取物比象的方式说明火热不得泄越可产生郁结。

（8）火热微则痒，甚则痛：痒痛主要反映于疮疡和风疹。如火热炽盛，阻遏气血则疮疡焮痛，若热毒渐退则疮由痛转痒，由痒至愈。此外，风热郁于肌腠也常出现全身瘙痒难忍的风疹。

（9）火热至极，易见假寒："大实有羸状，至虚有盛候"，这在《素问玄机原病式》中反映尤为突出。例如，恶寒战栗，"由心火热甚，亢极而战，反兼水化制之，故寒栗也，然寒栗者，由火甚似水，实非兼有寒气也”。

热者寒之，这是火热病的基本治疗原则。但火热有内外之分，部位有高下之异，热势有轻重不同，因而就不能拘于一法，固定不易。完素对火热病，因证而治，别有创新。他喜用葱豉汤、双解散辛凉解表，用白虎汤、承气汤清在里之实热，以凉膈散合天水散清解表里之热，并按表里之热的偏重决定两者比例。对于热遏阳气的厥证，辨其证候，洞若观火；尤其治疗阳气极甚、阴气极弱的厥证，量邪正斗争之盛衰，定攻邪扶正之先后，主张先用凉膈散合黄连解毒汤清泻蓄热，待心胸转温，脉象复实，再用调胃承气汤攻下，稳妥得当，次序井然。对于火郁，他很善于在凉药清热的基础上略佐辛温之品，以便更有效地清泻邪热，如治三焦热壅的妙功藏用丸除苦寒之品外，尚并用少量的荆芥、防风、木香、官桂，这是值得重视的治法。对于上消证用麦门冬汤清热生津，证候方药，丝丝入扣。从上所述可尽窥完素火热病治法之精湛。

2. 首创中风内风论，别开中风病机之生面

中风有二义，一为风寒表虚；二为肝阳化风。一般情况下中风均指后者，即具有突然昏仆、不省人事、口眼㖞斜、言语謇涩、半身不遂等临床特征。以其发病突然如矢石之中的，类似暴风摧残树木而枝断干摇，故名曰中风。

然而追溯中风的表里不分、内外混合的历史不可谓短，《灵枢》《素问》之下，竟达千载之余。例如，《素问》中风明言外感，肝阳化风列于厥证之下，不在中风之列。《素问·脉要精微论》说："中恶风者，阳气受也。"《素问·风论》说："饮酒中风，则为漏风；入房汗出中风，则为内风；新沐中风，则为首风。"其风皆由外而来，不及肝阳。再如，《素问·生气通天论》曰："阳气者，烦劳则张，精绝，辟积于夏，使人煎厥。目盲不可以视，耳闭不可以听，溃溃乎若坏都；汩汩乎不可止。阳气者，大怒则形气绝，而血菀于上，使人薄厥。有伤于筋，纵，其若不容，汗出偏沮，使人偏枯。"《素问·调经论》则说："血之于气，并走于上，则为大厥，厥则暴死，气复反则生，不反则死。"以上所列诸证均与肝阳化风极相类似。

刘完素不仅对外感火热有阐发，而且对内伤之志火也有较深的研究。在《素问·至真要大论》"诸风掉眩，皆属于肝""诸暴强直，皆属于风"的启发下，他把火性疾速与中风发病之卒骤相联系，纠正往昔谬误之说，提出"所谓中风瘫痪者，非为肝木之风实甚而卒中之，亦非外中于风。良由将息失宜，心火暴甚，肾水虚衰不能制之，则阴虚阳实而热气怫郁，心神昏冒，筋骨不用而卒倒无所知也。多因喜怒思悲恐之五志，有所过极而卒中者；夫五志过极，皆为热甚”。此处一针见血地指出世俗中风之误是“言末而忘其本”。这是《内经》千载之下分清中风病机第一名论。河间的中风论可归为三点：其一，中风由内引起，不是外中风邪；其二，中风本质是心火暴甚，肾水虚衰，阴虚阳实，热气怫郁，心神昏冒；其三，引起中风的因素是平素将息失宜，诱因是情志急剧波动。

完素不仅对中风病机有卓越的贡献，在观察症状及判断预后等方面也有一定的成就。例如，中风分别轻重，“若微者但僵仆，气血流通，筋脉不挛；缓者发过如故；或热气太盛，郁结壅滞，气血不能宣通，阴气暴绝则阳气后竭而死”。他认为中风口噤是热灼津液成痰，滞于胸膈，隐含神昏舌蹇为痰阻心络之义。特别是他提出“诸筋挛虽势恶而易愈也，诸筋缓者难以平复”，以筋脉抽搐的缓急来推测预后更有十分重要的临床指导意义。从中风患者来看，凡初起表现抽搐有力，虽然病势急骤凶险，但通过及时正确的治疗，常常恢复较快；相反，若手足松弛不收，病似不凶，却病程缠绵，难以恢复，预后较差。这与中风脱证比闭证危险性更大的道理基本一致。

在中风的治疗方面，完素主张用寒药除怫热，开结滞，散风壅，使气血宣通。推崇至宝、灵宝丹“最为妙药”，特别是他所创制的地黄饮子、当归龙荟丸至今仍被广泛运用。同时，他又主张随证所宜、辨证论治，指出“世方虽有治风之热药，当临时消息，适其所宜，扶其不足，损其有余”。其据证论治，灵活变通，于此可见。因此，对河间提出治中风的方剂可以这样看待：至宝、灵宝是中风闭证开窍方，当归龙荟丸是中风肝火上冲急则治标的泻火剂，防风通圣散为中风内有热积腑实、外兼风寒表证所适宜，地黄饮子是中风缓解期肝肾阴阳两亏舌强足废的培补方。

追本溯源，中风病机经历了辗转反复的漫长历史，迨刘完素始创中风内风论，为其重要转折点。经过后世医家的阐微发隐，补充发展，方臻完备。肾水不足、肝阳上亢是中风病机的根本，恼怒或烦劳过度是形成和诱发中风的主要因素，气候的急剧改变对中风发生也有一定的影响。因而，应该用滋肾平肝熄风法来治疗，以将息得宜防患于未然。完素的中风论对后世影响极为深远。

3. 提倡“胃阴说”，力矫脾胃病之温燥方

刘完素对温热病所做出的贡献，已尽人皆知，但他对胃阴的发挥却似乎不被人们所注意。虽然，他未列脾胃专论，但在《素问玄机病原式》《三消论》等著作中，却载有许多论述脾胃的名言，补充和完善脾胃学说。

刘完素所生活的年代，正值《太平惠民和剂局方》盛行。虽然其中也载有四君子汤、参苓白术散等健脾益气的平剂，但用姜、桂、丁香疗脾胃病的温燥方十占八九，而用性寒、味甘润脾益胃之剂却百无一二。刘完素钻研《内经》数十年，颇多心得；同时他在张仲景承气汤急下存阴的启发下，结合临床实践，提出了胃中必须保持润泽的灼见。

胃属土，土为万物之母，故胃为一身之本。刘完素观察了自然界水土与万物的生长情况，“地干而无水湿之性则万物根本不润而枝叶衰也”，并以此与人体相联系。饮食物进入机体，必须经过胃的消磨腐熟，脾的吸收运化，才能发挥营养五脏六腑、四肢百骸、五官九窍的作用。胃中既不可太湿，又不可过干，一定要保持润泽的程度，才能维持其正常的生理功能。故他在《素问玄机原病式》中指出，“固其根本则胃中水谷润泽而已，亦不可水湿过与不及，犹地之旱涝也，故五脏六腑、四肢百骸，受气皆在于脾胃，土湿润而已”，此处把胃中润泽的作用放到至为重要的位置。由此可推论刘完素是胃阴学说的开拓者。

刘完素对于胃阴不仅在生理、病理上有所研究和阐发，而且在治法、方剂上也有一定的贡献。他根据土应湿润的道理，提出“夫补泻脾胃之本者，燥其湿则为泻，润其燥则为补”的治疗原则。所谓“润”无疑是生津养液，既然脾胃之本是通过润来补充，所以其“本”实际上就是指脾胃之阴。在具体治疗时，对外感热病，他师仲景清热保津、急下存阴诸法，根据病证的表里轻重缓急，分别选用防风通圣散、凉膈散、白虎汤泻热以存津；用大、小、调胃三承气汤攻下积热，使肠胃郁结开通，津液宣行而“得其润泽”。对中暑或伤寒发汗太过，致“胃中干”而烦躁不得眠、脉浮、小便不利、微热烦渴者，“通宜五苓散、桂苓甘露饮主之”。消渴则宜寒湿之药，补阴泻阳，除湿润燥，而土气得其平，细细推敲“寒湿”二字，根据后文“补阴泻阳”“润燥”“使土气得平”，实际上应以甘寒来理解。因为甘寒之品能养阴清热。这从他治膈消所列的麦门冬饮子（麦门冬、瓜蒌实、知母、甘草、生地、人参、葛根、茯神），就可以得到证实。尽管治中消的猪肚丸内有黄连，但在瓜蒌、麦冬、知母的配伍之下，仍不失为甘寒之方。虽然他在《三消论》中以淡为胃土之味，来强调消渴“皆宜淡剂”，但根据他“夫燥能急结，甘能缓之”，以及上文“寒湿之药，补阴泻阳”，前后合参，不难看

出，他是倾向于用甘寒之剂的。

刘完素的养胃阴法，由于历史条件及言词比较含蓄的关系，当时并未能推广开来，却被李东垣的升发脾阳所隐蔽，迨明清温病学兴起，才重新引起人们的重视。完素的“胃阴说”得到明清温病学家，特别是叶天士的继承、发挥、补充，渐臻完善。

4. 以阴虚阳亢立论老年病学，启迪后学益臻完备

刘完素以主火热用寒凉闻名于医坛，但他对老年病学所做出的贡献却似乎已被人们所遗忘。老年病渊源于《内经》，注重肾水。晋唐以下，“只注意阳气虚衰，忽视其阴精不足”。抱朴子则主炼丹术，以烈火铸炼之丹剂，为长生不老之神药，百年寿命由此不败于病而毁于医者，难以数计，为害甚广。宋代《太平惠民和剂局方》中所谓补虚延年之剂，杂辛温走窜之品于其中，如钟乳白泽丸、四神丹，这些丸散膏丹的流行，更使风烛残年之老人屡遭克伐。刘完素为了力矫温燥时弊，对老年人也强调以阴虚阳亢立论。他在《素问玄机原病式·六气主病·火类》中说：“故老人之气衰，多病头目昏眩，耳鸣或聋，上气喘咳，涎唾稠黏，口苦舌干，咽嗌不利，肢体焦痿，筋脉拘倦，中外燥涩，便溺闷结，此皆阴虚阳实之热证也。”“阴虚阳实热证”也就是阴精亏虚、阳气偏亢引起的虚热证。他在《素问·金匮真言论》“夫精者，身之本也”的启发下，极为重视精的作用，认为人体气、神、形三者以精为本，“是以精中生气，气中生神，神能御其形也。由是精为神气之本，形体之充固则众邪难伤，衰则诸疾易染”，并且其从根本上发现肾脏阴精难得实，三焦相火无不足，阴精不足则虚热内生，一针见血地指出世俗悉言老弱只有虚冷而无热的错误之由是“言肾水虚则为寒”。他认为治老年病，“须临时识其阴阳虚实”，方能免除横夭之冤。故其一再告诫不可妄投热药。

刘完素对老年病提倡预防在先。他在《素问·上古天真论》“食饮有节，起居有常，不妄作劳”的基础上，提出养生的关键是保养真气，使体内阴阳平衡；并在《素问病机气宜保命集》中更具体而形象地加以叙述，“五十岁至七十岁者，和气如秋，精耗血衰，血气凝泣，思虑无穷，形体伤惫……其治之之道，顺神养精，调腑和脏……七十岁至百岁者，和气如冬，五脏空洞，犹蜕之蝉，精神浮荡，筋骨沮弛……其治之之道，餐精华，处奥庭，行相传之道，燮理阴阳，周流和气，宜延年之药，以全其真”。他认为古代人服丹养生不可从，所谓“非其人不可也”，主张以饮食、起居、劳逸的主观调摄为主，把药物作为辅助，即使服药也应该选择气味平和之味，不使脏腑出现偏倾，更不可乱服热性药。他还十分重视调摄精神，指出善于摄生，性情应该如水一样柔静，尽量避免情志刺激；那些喜怒无度、性情暴躁的人，无疑是自毁其躯。只有各方面“调御中节，治疗得宜”，才能达到享尽天年，同跻寿域。完素对老年病学，首示其体质为精气不足，阴虚阳实，次列常见病证，再辨世俗被误之因，末出防与治的方法，步步深入，次序井然，实堪后人师法。

（二）对《金匮要略》的研究

1. 总结《金匮》“治疸八法”

黄疸病名肇始于《内经》。《素问・平人气象论》说：“溺黄赤安卧者，黄疸……目黄者曰黄疸。”张仲景的《金匮要略》将本病独立专篇，计22条，以下所引条文的序数及内容，主治方合而有九（附方除外），分谷、酒、女劳三疸，因证脉治，理法方药，靡不赅备。尽管历代医家对黄疸的认识不断有所发展和提高，但是，迄今为止对黄疸的治法，基本上未脱离《金匮要略》之窠臼，其常用方剂均是金匮方，或由金匮方所衍化而来。

（1）清热解毒法：主要适用于热重于湿的黄疸。原文第13条说：“谷疸之为病，寒热不食，食即头眩，心胸不安，久久发黄为谷疸，茵陈蒿汤主之。”谷疸是食入水谷不化精微，反成浊邪，化生湿热，侵入血分而致全身发黄。据方论证，应是阳黄，其黄必鲜明如橘子色，并伴有心烦、口渴、小便短赤、大便秘结、舌苔黄腻、脉滑数有力。茵陈蒿汤有清热解毒、利湿退黄的作用，方中茵陈为主药，大黄与茵陈、栀子相伍，意在清热解毒而非攻下。

（2）攻下实热法：主要适用于热结成实的黄疸。原文第8条说：“一身尽发热而黄，肚热，热在里，当下之。”第19条又说：“黄疸腹满，小便不利而赤，自汗出，此为表和里实，当下之，宜大黄硝石汤。”这里的肚热、腹满，均为热结肠道、腑气不通而引起，自汗亦是里热炽盛、蒸逼津液外泄而然，非属表虚，故曰“表和里实”。此时，若不下实热之积而徒清其热，则系扬汤止沸，不能从根本上解决问题；所以必须用大黄硝石汤釜底抽薪，以攻下实热之积。方中大黄、硝石去肠道陈莝及瘀热；黄柏、栀子苦寒清热，合用有攻下实热退黄的作用。

（3）利水消瘀法：包括利水渗湿和消瘀润燥两法，二者皆属于消法。

1）利水渗湿：主要适用于湿重于热的黄疸。原文第18条说：“黄疸病，茵陈五苓散主之。”不言酒疸、谷疸，而概言黄疸，所指盖广。黄疸多因湿邪为患、湿热相结而成。既是湿邪为患，必有小便不利；若小便自利则湿有出路，自无发黄之虑。茵陈五苓散由茵陈蒿与五苓散所组成（热象明显者可减桂枝，即茵陈四苓散），全方有清结热、利水湿、退黄疸之功，故为治疗湿热相结、湿重于热的黄疸的主方。

2）消瘀润燥：消瘀主要用于治疗“身尽黄，额上黑，足下热，腹胀如水状，大便必黑”的女劳疸挟有瘀血证，方用硝石矾石散。硝石即朴硝，能行血消积；矾石即绿矾，《本草纲目》谓其能燥湿化涎，利小便，合用能消瘀逐湿。有人提出女劳疸属于虚证，不可用硝石矾石散。我们认为《金匮要略·黄疸病脉证并治》的硝石矾石散不是针对女劳疸，而是对女劳疸挟瘀血时所采取治标的一种方法。

（4）调和肝脾法：主要适用于土壅木郁的黄疸。原文第21条说：“诸黄，腹痛而呕者，宜柴胡汤。”在正常生理情况下，肝气的条达有助于脾胃的升降运化。若肝失疏泄，木乘脾土，横逆犯胃，就会出现腹痛欲呕的症状。这种症状既可在黄疸期出现，也可在黄疸后期见到。若仅见发黄、寒热往来、胸胁苦满、心烦喜呕、口苦咽干、脉弦，是病在少阳，应该用小柴胡汤和解少阳、调和肝脾。若在上述症状基础上，兼见心下满痛、郁郁微烦、便秘则是挟有胃实证，应选大柴胡汤和解少阳兼通里实。柴胡汤疏利肝胆气机，促进脾胃运化，不仅能止痛除呕，同时亦有助于黄疸消退。

（5）温阳退疸法：常用于寒湿黄疸，也就是后世所谓黄疸色泽灰暗，伴肢冷畏寒、大便溏泄、脉象沉迟、舌苔白腻的阴黄证。《金匮要略》已认识到这种黄疸的性质，如原文第10条描述其症状说：“腹满，舌萎黄，躁不得睡。”对于谷疸寒化证，亦指出其脉为迟，并反复强调不可误下，言外之意应当温化。《伤寒论》第260条亦说：“于寒湿中求之。”虽然，仲景没有明确提出温阳退疸的方剂，但是，其实后世许多治阴黄的方剂，就是从张仲景方衍化而来的。

（6）补脾健中法：多用于久而不愈属虚证的黄疸。原文第22条说：“男子黄，小便自利，当与虚劳小建中汤。”多数医家认为，本条是中虚失运、生化乏力、血不外荣而产生的萎黄证，非属湿热黄疸，如尤在泾说：“今小便利而黄不去，知非热病，乃土虚而色外见，宜补中而不可除热者也。”诚然，萎黄是可用小建中汤治疗的。

（7）和卫达邪法：适用于黄疸有表证者。原文第16条说：“诸病黄家，但利其小便；假令脉浮，当以汗解之，宜桂枝加黄芪汤主之。”利小便退黄乃是治黄疸之主法，假使脉浮则为邪在肌表，应因势利导，以汗解之。既然要用汗法，必应有恶寒、发热、头痛等表证。据方测证，乃属表虚，故用桂枝加黄芪汤调和营卫，鼓动卫阳，祛散表邪，达到治疸的目的。

（8）因势探吐法：适用于黄疸病邪在膈上、自欲作吐之证，原文第5条说："酒黄疸者，或无热，靖言了了，腹满欲吐，鼻燥；其脉浮者先吐之，沉弦者先下之。”第6条又说："酒疸，心中热，欲吐者，吐之愈。”前者脉浮说明病位在上，后者乃是自欲作吐，因而都可宗“其高者，因而越之”，顺其病势采用吐法，排除浊邪。

2. 归纳《金匮要略》诊疗体系

（1）以脏腑经络理论为指导：《金匮要略》以脏腑经络理论为指导，对疾病的预防、病因、病机、诊断和治疗等各个方面，进行了概括性的论述。其开篇则以“见肝之病，知肝传脾，当先实脾”为例，说明了诸病在脏腑间的传变规律，同时根据脏腑间相互资生、相互制约的关系，提出了“治未病”的预防思想，以防止疾病的传变。病因方面，则以脏腑经络分内外，从而提出“千般疢难，不越三条”的病因分类。病机方面，认为其关键在于正气的强弱，倡言“若五脏元真通畅，人即安和”“病则无由入其腠理”。诊断方面，通过四诊合参，将疾病各种临床表现均落实到脏腑经络的病变上来，如“鼻头色青，腹中痛”“息张口短气者，肺痿唾沫”等。治疗方面，则从脏腑间生克制化关系出发，针对多个脏腑进行调治。如对肝病，“补用酸，助用焦苦，益用甘味之药调之”，最终达到纠正肝虚的目的。至于在《金匮要略》各论中，反映以脏腑经络为指导的更比比皆是。《金匮要略·中风历节病脉证并治》按照脏腑经络理论，结合病邪轻重和病变部位，分为在络、在经、在腑、在脏四种类型。《金匮要略·五脏风寒积聚病脉证并治》既反映了五脏证候归类，也体现了脏腑经络辨证的具体运用，其中对肝著、肾著、脾约的论述尤为典型。《金匮要略·水气病脉证并治》则按五脏，将水气病分为肝水、心水、脾水、肺水、肾水；而风水、皮水、正水、石水、黄汗与五脏水之间关系密切。附录《金匮要略·禽兽鱼虫禁忌并治》提出了五脏治疗中的五味禁忌，如“肝病禁辛……肾病禁甘”。所有这些，都充分体现了以脏腑经络理论为指导的思想。

（2）以辨证施治为中心：《金匮要略》诊治疾病，以辨证论治为中心。有时一病可用数方；有时一方可用于多病，充分体现了辨证论治的“同病异治”和“异病同治”精神。同一疾病，或因发病阶段不一，或因体质有异，或由于病机上的差异及病位不同，故在治疗上也有所区别，此为“同病异治”。例如，同为肺痿，虚热证用麦门冬汤，虚寒证用甘草干姜汤；同属胸痹，阴邪偏盛、阳气不虚者用枳实薤白桂枝汤，阳气已虚者用人参汤；同患痰饮，脾阳不运者用苓桂术甘汤，胃气上逆者用小半夏加茯苓汤。反之，多种不同疾病，虽病名各异，但病机、病位相同，同属一种证候，故治法亦可相同，称为“异病同治”。例如，五苓散，可同治痰饮和消渴，因其皆属水邪为患所致；葶苈大枣泻肺汤，可同治肺痈和支饮，因其病位相同，且病机皆为痰涎壅肺；更有肾气丸，全书用其治病共有五处：一治脚气上入而少腹不仁者；二治虚劳腰痛少腹拘急而小便不利者；三治短气微饮当从小便去者；四治男子消渴而小便反多者；五治妇人转胞不得溺者。这五种情况皆属于肾阳虚气化不利所致，故均可用肾气丸治疗。此外，《金匮要略》辨证施治时还紧紧抓住疾病的本质，正治和反治相结合。正治，即采用与疾病性质相反的药物，逆其证候性质而治，适于征象与本质一致的病证。例如，“肺中冷……甘草干姜汤以温之”，为“寒者热之”；“按之心下痛满者，此为实也，当下之，宜大柴胡汤”，为“实者泻之”；“虚劳里急，诸不足，黄芪建中汤主之”，则为“虚者补之”。所谓反治，即采用与疾病假象性质一致的方药，顺从疾病假象而治。例如，“下利三部脉皆平，按之心下坚者，急下之，宜大承气汤”，此为暴实下利而里不虚，乃正盛邪实之象，故以“通因通用”治之；“心胸中大寒痛，呕不能饮食，腹中寒，上冲皮起，出见有头足，上下痛而不可触近，大建中汤主之”，虽貌似实证，实为虚寒所致，故可“塞因塞用”，以温补治之；“呕而脉弱，小便复利，身有微热，见厥者，难治，四逆汤主之”，此为阴盛格阳所致，故可以“热因热用”治之。无论是“同病异治”或“异病同治”、正治或反治，皆紧扣“证”这一重要环节，体现了疾病某一阶段的病理特点，反映了疾病的本质，所以施治灵活而针对性强。正因如此，《金匮要略》才倡导以辨证施治为中心的诊疗体系，并成为中医理论体系的主要特点。

（3）以辨病施治、随症施治为协同：《金匮要略》主张以辨证施治为中心的同时，还提出了辨病施治和随症施治的方法。由于病是对整个疾病全过程发展规律与特点的概括，而症则是疾病在临床上的具体表现，临床上某些疾病在整个发展过程中所表现的病理性质几乎一致，故可以使用专方来治疗。例如，茵陈蒿汤治疗黄疸；桂枝茯苓丸治疗妇人癥病；甘麦大枣汤治疗脏躁之病；十枣汤治疗悬饮等。也有采用专药治疗的，如百合治疗百合病，苦参治疗狐惑病蚀于前阴者，常山或蜀漆治疗疟疾，黄连粉治疗浸淫疮等。这些都是辨病施治在《金匮要略》中的反映。辨病施治有时方便实用，易于推广。此外，《金匮要略》还注意将辨证施治与随症施治相结合，如喘加麻黄，呕加半夏，咳加干姜、细辛，胃中不和加芍药，气上冲加桂枝等。又如，在白术散用于妊娠养胎时提及，苦痛，加芍药；心下毒痛，加川芎；心烦吐痛，不能饮食，加细辛一两，半夏二十枚。随症施治，因症化裁，在辨证施治发挥主要作用的同时，能解决一些次要症状，减轻患者的痛苦，增强疗效。这也正是以辨证施治为中心，结合随症施治的优势所在。

综上所述，《金匮要略》的诊疗体系，是在脏腑经络理论指导下，以辨证施治为中心，与辨病施治、随症施治相结合的诊疗体系。

3. 着重关注阴阳毒证治

《金匮要略·百合狐惑阴阳毒病证治》记载，“阳毒之为病，面赤斑斑如锦文，咽喉痛，唾脓血。五日可治，七日不可治，升麻鳖甲汤主之。阴毒之为病，面目青，身痛如被杖，咽喉痛。五日可治，七日不可治，升麻鳖甲汤去雄黄、蜀椒主之”。此处简要地论述了阴阳毒的典型症状、预后及治疗方药，但对其病因病机、辨证施治等论述欠详。

（1）病名：对于阴阳毒，古今认识不一。《诸病源候论》分为伤寒阴阳毒与时气阴阳毒；《医宗金鉴》则视痧证为阴阳毒；《金匮玉函要略述义》将阴斑、阳斑分别等同于阴毒、阳毒；近代丁仲佑认为麻疹即《金匮要略》之阳毒；陆渊雷等认为斑疹伤寒即阴阳毒。这些观点大多仅以《金匮要略》阴阳毒的某些症状为依据而提出，但均忽略了阴阳毒病证在整个病程中各临床症状之间的内在联系，如烂喉痧，虽可见“咽喉痛，唾脓血”，但伴“面亦斑斑如锦文”者所见极少；如阴斑，虽可见“面目青”，然而很少会有“身痛如被杖”之症。基于经文所述阴阳毒的症状及预后，范永升教授在临床实践中体会到，现代医学的系统性红斑狼疮、过敏性紫癜、银屑病等，在其病程某一阶段所表现的证型都与阴阳毒具有类似之处。

（2）病因病机：对于阴阳毒的发病原因及病理变化，历代医家的认识亦不一致。多数医家认为，外因是主要矛盾，外感时邪疫毒是引发本病的主要原因，如赵献可曾言：“此阴阳二毒是感天地疫疠非时之气，沿家传染，所谓时疫也。”也有人认为，除了外因，还与内因有关，即体内虚实变化也影响本病的发生，如庞安常说：“凡人禀气各有盛衰，宿病各有寒热，因伤寒蒸起宿疾，更不在感异气而变者，假令素有寒者，多变阳虚阴盛之疾，或变阴毒也，素有热者，多变阳盛阴虚之疾，或变阳毒也。”

本病的发生与内外环境均密切相关。内因是本病的根本原因，而外因往往是诱发本病的因素。先天禀赋不足，形成了特异体质；加之情志失畅、精神抑郁，而引起内环境自我调节功能的紊乱，若再受工作、生活中不利因素的影响，如感受非时之气，服用某些食物、药物，受强烈阳光暴晒或过度疲劳等，则易导致内外环境平衡的破坏，从而诱发本病。从临床实践看，本虚标实是本病的特点，多以肝肾阴虚为本，以毒、热、瘀为标。本病在急性（或亚急性）发作期，常见高热、咽痛、口腔溃疡、面部或肢体红斑、关节疼痛等，多以热毒证为主；而在慢性缓解期，则多见低热、口干咽痛、面色灰滞、腰膝酸软等，以阴虚、血瘀证为主。

（3）治则方药：坚持尽早治疗的原则。《金匮要略》谓阴阳毒“五日可治，七日不可治”，临床上的确如此。本病发现早，治疗及时，则病情易于控制，有助于延长生存期乃至根治；反之，则邪盛正虚，病趋难治。施治时，还应注意“急则治其标，缓则治其本”和“标本同治”。对阴阳毒的治疗，需时时紧扣毒、热、瘀这三个病理关键，同时兼顾肝肾之虚。其急性发作期，重在治标，宜以清热解毒、凉血祛瘀为主；慢性缓解期，重在治本，宜滋养肝肾为主。

处方用药，《金匮要略》以升麻鳖甲汤加减治之。在《金匮要略心典》中曾提到“毒者，邪气蕴结不解之谓”。原方中用升麻、甘草清热解毒；鳖甲、当归滋阴散瘀；雄黄、蜀椒解毒，以阳从阳，欲其速散。对原“升麻鳖甲汤”中雄黄、蜀椒的取舍，后世看法不尽相同。对此，范永升教授认为宜遵循“辨证论治”和“随证治之”的原则，临证时需灵活化裁。

三、现阶段的主要研究成果举隅

（一）对系统性红斑狼疮的研究

1. 受《金匮要略》“阴阳毒”启发，总结出解毒祛瘀滋阴法治疗系统性红斑狼疮

系统性红斑狼疮是一种累及多脏器的自身免疫性疾病，以自身抗体产生和免疫复合物清除障碍并导致组织损伤为特征，可累及全身多个系统及器官，临床表现复杂，病程迁延。其发病与遗传、内分泌、环境、感染等因素密切相关，以糖皮质激素、免疫抑制剂及对症治疗为主。系统性红斑狼疮属世界公认的慢性难治病，病程迁延，病情反复，在疾病的各个阶段有不同的表现；病情轻重不一，轻者表现为发热、皮疹、关节炎、雷诺现象、少量浆膜腔积液，无明显系统受累；重者除一般症状外还伴有一个或多个脏器受累，如狼疮肾炎、狼疮脑病、急性血管炎、间质性肺炎、浆膜腔大量积液等。

古代中医学没有“系统性红斑狼疮”病名，但根据其发病特点、临床表现、发病的不同阶段，可参照“阴阳毒”“周痹”“五脏痹”等疾病论治。和大多数慢性难治病一样，系统性红斑狼疮病因多样，病机错杂，难以治愈。中医学认为系统性红斑狼疮的发病多因先天禀赋不足、七情内伤、劳倦过度、外邪侵袭、阳光暴晒、药物损害等致邪郁化火、内外合邪，使机体阴阳失衡，脏腑气机紊乱，气血运行失调，瘀血阻络，闭阻三焦，疏泄不利，全身各组织器官受损，形成复杂多变的症状。本病病性为本虚标实，以脏腑亏虚为本，尤以肝肾阴虚为主，疮毒、瘀血为标；病位可随疮毒侵犯的不同部位而发生变化，在皮肤、经络、筋骨甚至损及内在脏腑。脏腑亏虚、毒瘀互结是本病的基本病机，它贯穿于疾病的始终，只是随着疾病发展的阶段不同，毒、瘀、虚的表现程度随之不同。因此，系统性红斑狼疮治疗的整体性思路是在脏腑亏虚、毒瘀互结基本病机的指导下，采用解毒祛瘀滋阴为基本治法，并根据患者不同阶段的发病特点及主要矛盾，兼顾阶段性的治法。

系统性红斑狼疮的基本病机是脏腑亏虚、毒瘀互结，整体性治疗思路是在基本病机的指导下，确立扶正祛邪为治则，解毒祛瘀滋阴为系统性红斑狼疮的基本治法。范永升教授根据长期临床经验总结，提出解毒、祛瘀、滋阴三位一体的治疗方案，制定解毒祛瘀滋阴方作为系统性红斑狼疮治疗的基本方，并根据患者体质及临床表现做相应的化裁，临床上疾病不同时期，其核心病理毒、瘀、虚的表现侧重点不同，或以热毒炽盛为主，或以阴虚火旺为主，或以瘀阻脉络为主等，在解毒祛瘀滋阴基本治法的基础上加以灵活化裁。

2. 临床研究证实解毒祛瘀滋阴法对系统性红斑狼疮疗效明显

采用多中心、双盲、随机对照试验的设计方法，将350例系统性红斑狼疮患者随机分为试验组和对照组，诊断及辨证标准：西医诊断标准参照美国风湿病学会1997年分类标准，中医辨证标准参照《中药新药临床研究指导原

则（试行）》。

治疗方法：试验组，西药基础治疗+解毒祛瘀滋阴方加减。对照组，西药基础治疗+安慰剂，以食用苦味素及焦谷芽制作的中药汤剂作为安慰剂。每日1剂，早晚2次分服。疗程24周。

观察指标：系统性红斑狼疮疾病活动指数评分，红细胞沉降率、免疫球蛋白、补体、24小时尿蛋白定量、骨密度和健康调查简表、中医证候评分。疗效比较：主要指标包括系统性红斑狼疮疾病活动指数评分、糖皮质激素用量比较，次要指标包括疾病复发、中医证候评分比较。安全性指标：血、尿、便常规，肝功能，肾功能，心电图。

结果显示：试验组和对照组各175例，不符合纳入标准等原因被剔除者，试验组3例，对照组1例。因失访、患者主动退出、违背试验方案等原因脱落者，试验组脱落27例，对照组脱落30例。最后完成试验者，试验组145例，对照组144例。两组患者性别、年龄、病程等一般资料比较，差异无统计学意义（$P>0.05$）。

两组治疗前系统性红斑狼疮疾病活动指数评分比较，差异无统计学意义（$P>0.05$）。治疗24周后，试验组及对照组与治疗前比较，评分都显著下降，差异有统计学意义（$P<0.05$）。治疗24周后，试验组比对照组评分显著降低，差异有统计学意义（$P<0.05$），且试验组病情严重程度要低于对照组，差异有统计学意义（$P<0.05$）。

两组患者糖皮质激素使用比较，第1次访视时，对照组患者激素使用平均减量时间是85天，试验组激素使用平均减量时间是36天，试验组患者激素使用平均减量时间比对照组短（$P<0.01$）。第2次访视时，对照组患者激素使用平均减量时间是55天，试验组激素使用平均减量时间是30天，治疗组患者激素使用平均减量时间比对照组短（$P<0.01$）。第3次访视时，对照组患者激素使用平均减量时间是50天，试验组激素使用平均减量时间是30天，试验组患者激素使用平均减量时间比对照组短（$P<0.05$）。

治疗前，两组患者中医证候评分差异无统计学意义（$P>0.05$）。治疗24周后两组的中医证候评分值均有下降，差异有统计学意义（$P<0.01$）；且试验组的中医症候评分减少值大于对照组，差异有统计学意义（$P<0.01$）。同时，经过24周的治疗后，两组患者病情复发率差异无统计学意义（$P>0.05$）。

试验过程中，1例发生肺部感染，经抢救无效后死亡；5例出现一过性皮疹，经停用汤剂后皮疹消退；14例出现腹胀、腹泻等消化道症状，经停药或对症治疗后症状消失。两组患者肝功能、肾功能、血常规、尿常规、心电图等检查均未见明显因药物造成的不良反应。

研究结果表明，解毒祛瘀滋阴方及其加减治疗系统性红斑狼疮，可以减轻疾病活动性，加快糖皮质激素等西药的撤减，从而减轻西药的毒副作用，且中药未见明显的副作用。通过本研究明确了中药的临床疗效，以期为进一步开发中药新药打下坚实的基础。

3. 实验研究探索解毒祛瘀滋阴法对系统性红斑狼疮的干预机制

（1）解毒祛瘀滋阴方整体作用：范永升教授带领的课题组从多方面入手，探究了解毒祛瘀滋阴方治疗系统性红斑狼疮的作用机制，发现其主要从以下六个方面对疾病产生调节作用。①调节机体免疫功能，如能够有效降低抗体阳性率、升高补体水平、调控信号通路平衡细胞免疫。②抗炎，如能够降低血沉、肿瘤坏死因子-α、CD70、白细胞介素-10等细胞因子的表达。③调节内分泌，如通过调节神经-内分泌-免疫网络，保护下丘脑-垂体-肾上腺轴而调整体内激素水平。④改变血液流变学与微循环，通过改善系统性红斑狼疮患者血液浓、黏、凝聚的病理状态，能够改变血液流变学。⑤调控多基因表达，如增强细胞色素c信使RNA的表达，抑制B细胞淋巴瘤2信使RNA的表达，调节外周血辅助性T淋巴细胞亚群*Fas*基因的表达水平，调节免疫平衡。⑥调节肠道菌群，增加有益菌的丰度，降低条件致病菌及致病菌丰度。

（2）解毒祛瘀滋阴方药理研究：根据现代药理学研究，该复方中的有效成分在调节免疫功能、修复肾脏损伤、抗炎、调节肠道菌群等方面都有一定的作用。地黄中的活性单体成分地黄苷D、地黄苷A能使阴虚模型小鼠体重增加、血浆环腺苷酸含量降低，明显提高小鼠血清溶血素水平，增强小鼠迟发性变态反应；地黄低聚糖、地黄多糖能促进小鼠免疫器官生长，增强小鼠的体液免疫、细胞免疫功能，从而改善整体的免疫功能。升麻中的酚酸类化合物、升麻苷、升麻素均具有抗炎作用，能够抑制白细胞介素-6和肿瘤坏死因子-α的分泌。白花蛇舌草中的多糖类成分能够显著促进脂多糖诱导的脾淋巴细胞增殖和自然杀伤细胞的活性，明显提高小鼠的免疫功能，其含有的机酸类和黄酮类成分对金黄色葡萄球菌、大肠埃希菌、沙门菌、链球菌均有较强的抑菌作用，可以用于治疗腹泻、肠胃炎及化脓性疾病等。青蒿中的双氢青蒿素能够抑制BXSB狼疮模型小鼠血清抗双链DNA抗体的生成和肿瘤坏死因子的分泌，明显改善小鼠狼疮肾炎的病理状态；青蒿素及其衍生物能削弱转录因子NF-κB的作用，并抑制一氧化氮合酶的表达，起到抗炎作用。积雪草中的积雪草苷能抑制炎性细胞因子上调所致的肾局部补体成分3过度产生，具有保护肾功能、延缓病程进展的作用，羟基积雪草苷可下调关节炎大鼠肠道黏膜免疫应答，促进肠道黏膜免疫耐受的形成和维持，积雪草常用于促进伤口愈合、抗炎、抑制病理性瘢痕形成与增生、恢复神经功能等，其机制可能与抑制成纤维细胞增殖和胶原蛋白合成有关。赤芍中芍药苷可抑制佐剂诱发的关节炎，可抑制促炎性介质如肿瘤坏死因子-α、白细胞介素-1β、诱导型一氮化氮合酶、环氧酶-2、5-脂加氧酶的上调，抑制β-抑制蛋白2抗体的表达，下调环腺苷酸-蛋白激酶A信号，改善G蛋白偶联受体信号转导的过度脱敏，降低炎症因子水平，从而抑制人类成纤维样滑膜的增殖。

（二）对上火的机制与防治研究

1. 受刘完素“火热论”启迪，探讨上火病因病机

上火的病因：①六淫侵袭。风、寒、暑、湿、燥、火作为外感六淫侵袭人体，在一定条件下均可导致上火，此即刘完素“六气皆从火化”学术思想。六淫之中，火、暑同性，其性炎热，可直接导致上火。风为阳邪，易引动体内伏火和偏旺之阳，形成风火相煽之势，如阳明伏火与风热之邪相搏，风火上犯导致牙疼，这就是平常所说的上火牙疼，中医称为风火牙疼。至于寒邪，寒气怫郁，亦能化热。湿性重浊黏滞，湿蕴化热，热得湿而愈炽，湿得热而愈横。燥性干涩，易伤津液，感受燥邪易出现目赤、咽痛、龈肿、耳鸣等症。②七情妄动。七情分属五脏，五脏藏五志，而五志过度，皆可化火。朱丹溪曰：“五志之动，各有火起”“五脏各有火，五志激之，其火随起。”由此可见，七情五志过度皆可引起上火。③饮食不当。《素问·痹论》指出“饮食自倍，肠胃乃伤”，指出暴饮暴食，可损伤脾胃，导致积食停滞，日久化火；另外，饮食偏嗜，也会造成上火，如过食煎炸熏烤的食物、过量饮酒、过食肥甘厚腻等，易聚湿生痰化热。④劳逸失度。《素问·生气通天论》中“阳气者，烦劳则张”，提示过度劳累，会使阳气外张，从而导致上火症状。⑤先天禀赋。朱丹溪《格致余论》提出“肥人湿多，瘦人多火”的观点。瘦人为阳盛之体或阴虚之质，易于化火，而临床中肥人上火也不少见，主要见于痰湿气虚体质的患者。⑥药邪与医过：不少人缺乏科学认识，盲目服用大量壮阳药，导致阴阳失调而上火。《伤寒论》提到“太阳病，以火熏之，不得汗，其人必躁，到经不解，必清血，名为火邪。脉浮热甚，反灸之，此为实。实以虚治，因火而动，必咽燥吐血”。

上火的病机有以下五个方面：①虚实之火，《素问·阴阳应象大论》提出“壮火之气衰，少火之气壮。壮火食气，气食少火。壮火散气，少火生气”。“上火”很大程度上属“壮火”之范畴。《格致余论》提出“气有余便是火”。实火指阳热亢盛实热证，症见高热、头痛、目赤、渴喜冷饮、烦躁、腹胀痛、大便秘结、小便黄，舌红苔黄干或起芒刺，脉数实等；阴虚火旺多表现为潮热盗汗、形体消瘦、口燥咽干、五心烦热、躁动不安、舌红无苔、脉细数；气虚有火表现为全身燥热、午前为甚、畏寒怕风、喜热怕冷、身倦无力、气短懒言、自汗不已、尿清便溏、脉大无力、舌淡苔薄。②脏腑之火，朱丹溪曰：“诸风掉眩，胁痛目赤，肝火动也……诸痛疮疡，口舌生疮，心火动也……诸湿肿胀，口疮口臭，脾火动也……诸气膹郁，干咳鼻衄，肺火动也……遗精梦泄，赤白便浊，肾火动也……目黄口苦，坐卧不宁，胆火动也……癃闭淋沥，赤白带浊，小肠火动也……牙疼龈宣，颧腮颐肿，胃火动也……舌苔喉痛，便秘不通，大肠火动也……小便不利，小腹作痛，膀胱火动也……头眩体倦，手足心热，三焦火动也……阳事频举、精溺不止，命门火动也。”③六经之火，风寒之邪外袭人体，迤逦内传，入阳明、少阴、厥阴之经，从热从火而化，则生六经之火。④卫气营血三焦之火，上焦火，指上焦心、肺有火，表现为口干、舌烂、唇裂、目赤、耳鸣及微咳；中焦火，指中焦脾、胃有火，表现为时而胃火亢盛、食不知饱，时而呃气上逆、脘腹胀满、不思饮食；下焦火，指下焦肝、肾、膀胱、大小肠等有火，表现为大便干结，小便短少，尿色黄赤、混浊有味，阴部时痒，妇女白带增多色黄。⑤无形有形之火，火为无形之邪，与有形之物相合，亦能引起上火，如“痰火”，“有形之痰，无形之火，交固于中。良由劳思伤神，嗜欲伤精，加以饮食不节，血肉之味，蕴酿为痰为火。”

2. 对上火进行流行病学调查

2014年范永升教授带领的课题组与浙江省体育局的“2014年全国国民体质监测”项目合作，完成了浙江省11个地市11 281例居民“上火”流行病学调查，以及与天津中医药大学合作完成了天津地区12 627例在校大学生的“上火”调查。研究发现，“上火”人群的疾病分布以口腔溃疡、牙龈炎、眼干燥症最为常见，其中，口干渴、口腔溃疡、眼干涩、牙龈肿痛、咽喉肿痛、大便燥结、面部丘疱疹为“上火”发生频率最高的七类症状，而不良饮食习惯、饮水量异常、失眠、熬夜、心理压力较大及极度忙碌是引起“上

火”的主要诱因。

此外，还以1032名上火大学生形成病例组，1006名非上火大学生作为对照组，开展病例对照研究。比较饮食摄入、生活习惯等多方面的差异，并采用logistic回归建立统计学模型，分析引起上火的诱导因素。结果显示，炙烤食品、辛辣食品、≥2000ml日均饮水量、500～1000ml日均饮水量和＜500ml日均饮水量、剧烈锻炼、巨大心理压力、失眠和熬夜及极度忙碌等特征在统计学模型中具有意义（$P<0.05$）。研究认为，易上火饮食和诸多不良生活习惯跟上火的发生密切相关。

以一项大学生上火调查的相关数据为研究对象，采用关联规则挖掘方法，比较上火组与非上火组核心生活习惯的异同，结果显示，上火组中，两种核心生活习惯组合为“心理压力大+缺乏运动”（63.2%），发生频数最高的三种核心生活习惯组合为“心理压力大+辛辣食品+缺乏运动”（37.4%）；非上火组中，发生频数最高的两种核心生活习惯组合为“叶类蔬菜+心理压力大”（52.9%），发生频数最高的三种核心生活习惯组合为“叶类蔬菜+心理压力大+较为忙碌”（39.4%）。研究认为，上火组和非上火组大学生的核心生活习惯存在一定差异。吃辛辣食物和熬夜可能是导致大学生上火的关键因素。

采用分层整群抽样方法及问卷调查方法获得8224名大学生上火的发生频率、症状及饮食和生活方式特征，应用病例对照研究和统计回归模型进行易上火诱导因素研究，结果显示，上火症状以口干渴、口腔溃疡、眼干涩比例最多，28.9%的群体每个月平均上火次数1次以上。11类食物和4种不良生活习惯在logistic回归模型中比较，差异有统计学意义（$P<0.05$）。研究结果认为，不同的大学生群体上火症状存在着差异，诸多食物和不良生活习惯在上火的产生中扮演着重要角色。

3. 实验研究探索“上火”的发病机制

2013年范永升教授课带领的课题组承担了科技部“上火机理与防治研究”的973计划项目，在明确上火的内涵及诊断标准的基础上，围绕上火的生物学基础从能量代谢、氧化应激、免疫稳态、肠道菌群等方面开展了系统而深入的研究。

（1）利用气相色谱-质谱联用和液相色谱-质谱联用技术对上火人群开展了代谢组学研究。经多变量分析发现，与正常人群相比，上火人群血清代谢谱出现了显著的变化，多种氨基酸、碳水化合物、有机酸、磷脂等代谢发生紊乱。三羧酸循环是机体获得能量的主要方式，柠檬酸、琥珀酸与苹果酸等是三羧酸循环的中间代谢产物，上火人群外周血中腺苷三磷酸含量明显上升，三羧酸循环中间代谢产物显著增加，反映了上火后机体能量代谢处于比较旺盛的状态。上火后，促甲状腺激素水平升高，促进脂肪组织分解，使血中多种长链脂肪酸，如月桂酸、亚油酸、油酸、十五酸、十七酸及甘油出现不同程度的上调。此外，上火人群多发生局部炎症，如口腔溃疡、咽炎、牙龈炎等，炎症部位物质分解代谢加快，组织耗氧量增加，同时局部出现微循环障碍，影响氧供应，引起无氧呼吸增强，释放的乳酸未能及时被清除，发生堆积，导致血中乳酸出现上调的趋势。代谢组学研究表明上火后人体血清代谢谱发生了特异性改变，这些改变与脂质、能量、氨基酸异常有关，总的表现为代谢加快、产能增加的状态。

（2）正常情况下，人体的氧化与抗氧化水平处于动态平衡状态。当机体遭受各种有害因素刺激时，体内自由基产生过多，氧化程度超出抗氧化物的清除能力，氧化系统和抗氧化系统出现失衡，便可导致氧化应激反应。我们在本研究中发现，上火人群的活性氧自由基、脂质过氧化产物丙二醛较正常人群显著升高，而上火人群体内的抗氧化物质——超氧化物歧化酶、谷胱甘肽含量显著下降。我们利用多维质谱“鸟枪法”脂质组学分析技术还发现上火人群体内神经酰胺、SN-2型溶血磷脂酰胆碱含量上升，各类缩醛磷脂下降。这些都提示，上火状态下体内会出现较强的氧化应激反应。与此同时，研究数据还显示，实热上火人群体内丙二醛含量升高较阴虚上火人群更明显，而阴虚上火人群中超氧化物歧化酶含量下降更明显，说明实热上火氧化损害更严重，而阴虚上火抗氧化能力减弱更显著。

（3）选用RayBiotech生物素标记抗体芯片检测实热上火和阴虚上火人群外周血细胞因子的差异表达发现，阴虚上火组的细胞因子与实热上火组的细胞因子存在差异表达，进一步通过流式细胞术检测发现，实热上火组辅助性T细胞17含量升高并有统计学意义，同时血清中激活素、E选择素及白细胞介素-17等升高明显，表现出免疫激活的特点。而阴虚上火组调节性T细胞含量的升高具有统计学意义。细胞因子芯片显示阴虚上火组中与调节性T细胞相关的细胞因子转化生长因子-β升高，表现出激活作用的激活素A含量下降，同时白细胞介素17受体也显示降低。另外，通过荧光定量聚合酶链反应和蛋白免疫印迹技术检测发现，阴虚上火组的外周血淋巴细胞的Foxp3、转化生长因子-β和白细胞介素-10信使RNA的表达均相对明显升高，其差异有统计学意义。这些都提示阴虚上火人群具有某些免疫抑制的特点。

人体的免疫功能，与脂质代谢、氧化应激及凝血系统都有千丝万缕的联系，为此我们通过同位素相对标记与绝对定量技术研究了上火患者的血清蛋白质组学特征，结果显示促炎因子——载脂蛋白C3的表达上调，抗炎抗氧化的载脂蛋白A4的表达下调，结合临床生化检测C反应蛋白等指标的升高，说明上火人群炎症反应与脂质代谢异常有密切关联。同时将实热上火和阴虚上火人群与对照组相比，提示参与凝血系统作用相关酶的活性发生了改变。进一步将阴虚上火人群与正常人群相比较，发现凝血系统蛋白因子抗凝血酶Ⅲ、凝血酶原及血小板膜糖蛋白Ⅴ表达均显著下调，提示阴虚上火人群的鼻衄、齿衄与凝血功能的改变有关。

（4）范永升教授带领的课题组还收集了129例上火人群的粪便样本，同时根据年龄、饮食和性别等因素，匹配收集了85名健康志愿者粪便样本。于粪便中提取DNA及采用illumina MiSeq测序检测其肠道菌群的结构，以比较上火与健康人群的肠道菌群差异，明确上火人群肠道菌群结构特征。相比于健康人群，上火人群肠道菌群多样性降低，拟杆菌门与厚壁菌门比例改变，肠道致病菌（颤螺菌属、红球菌属和嗜血杆菌属）丰度上调，肠道土著菌（多形杆状菌属、韦荣球菌属）丰度下调。同时，研究过程中将上火人群分为实热上火和阴虚上火。阴虚上火人群特异改变的肠道菌群是放线菌属、斯莱克菌属和链球菌属；实热上火不具有特异改变的肠道菌群。上火人群变化的肠道菌群功能研究表明，糖代谢、脂生物合成和免疫系统疾病相关功能显著上调；甘氨酸等氨基酸代谢、运输和分解代谢、信号转导、蛋白折叠和过氧化物酶体等基础代谢相关功能下调。

（5）在浙江中医药大学共招募了40名志愿者，每人每天服用含高丽红参3g的胶囊5粒，服用时间最长不超过16天。最终，有30人符合实热上火诊断标准，平均上火时间为13.9天±2.72天，并出现了大便干、口渴、目赤干涩、鼻腔干燥、鼻疮疖、咽喉肿痛、口腔溃疡、牙龈肿痛等症状。采集这30位志愿者服用红参前及服用红参上火后的血液样本，应用气相色谱-质谱联用技术检测其血浆差异代谢物，结果提示服用红参上火后与服用红参前的代谢谱存在显著差异，并发现了17个差异代谢物。其中，在服用红参上火后上调趋势的代谢物有尿素、硬脂酸、磷酸、软脂酸、缬氨酸、葡萄糖、丝氨酸等，下调趋势的有胆固醇，说明在实热上火状态下，机体的内环境发生了改变，集中表现为三羧酸循环的加快，表明了机体能量代谢处于旺盛的状态。

通过上述研究发现，上火是易感人群在疲劳、精神紧张、辛热饮食等一系列诱因作用下，导致机体发生以能量代谢加快、氧化应激增强、菌群失调、免疫稳态破坏为主的内环境紊乱，使人体头面部口、舌、牙龈、咽喉、眼、鼻等部位皮肤黏膜发生炎症反应，从而出现红肿热痛、溃疡等表现，并可伴有全身症状的一种轻微且易反复的疾病。该项研究基本阐明了上火的发生机制，为中医预防和治疗上火提供了科学依据。

第二节　中西合璧誉海上——学生蔡定芳成就介绍

一、蔡定芳学术简历

蔡定芳，男，1956年11月生，温州人，现任复旦大学附属中山医院中医科主任、教授，博士研究生导师，复旦大学中西医结合研究所副所长；长期从事中医、中西医结合神经内科临床与实验研究，特别在急性脑血管病、帕金森病、睡眠障碍等领域做出成绩。

蔡定芳教授本科毕业于温州医科大学，1982～1985年于浙江中医学院攻读硕士学位，师从徐荣斋教授，1985～1988年于南京中医学院攻读博士学位；1990年7月～1991年7月作为访问学者留学日本德岛大学医学部，1994年9月～1995年9月作为特别研究员留学日本富山医科药科大学药学部，在著名学者大黑成夫教授、木村正康教授指导下从事神经科学的临床与实验研究。

蔡定芳教授现任中国中西医结合学会常务理事，《中国中西医结合杂志》编委，上海市中医药学会神经内科分会主任委员；擅长神经内科疾病的中医、中西医结合治疗与研究，活跃在医教研第一线并取得成绩，得到广大患者的好评。

蔡定芳教授承担中日合作攻关、国家自然科学基金、卫生部、教育部等多项研究课题。在与日本的国际合作中表现出较好的政治素质及国际合作项目管理攻关实力。其多次参加国内外学术会议；以第一作者在国内外医学期刊发表学术论文80多篇，著作9部；1993年获首届全国百名中青年医学科技之星称号；获省部级科学技术进步奖4项；1997年首批入选上海市卫生系统百名跨世纪优秀学科带头人培养计划；2003年入选国家中医药管理局优秀中医临床人才；2018年当选国家中医药管理局首批岐黄学者。

二、跟师徐荣斋教授期间开展的学术研究

（一）《素问·标本病传论》治则部分试析

标本学说是研究疾病过程中的矛盾双方的主次、先后及其因果等关系的学说，掌握标本理论，就能执简驭繁，在错综复杂的病情中，辨明病因病机，为治疗奠定原则。正如《素问·标本病传论》所说："知标本者，万举万当，不知标本，是谓妄行。"蔡定芳教授在学习《素问·标本病传论》后初步认为标本理论中有如下三个关键必须明确。

1. 知逆与从，正行无问

《素问·标本病传论》曰："……有其在标而求之于标，有其在本而求之于本，有其在本而求之于标，有其在标而求之于本。故治有取标而得者，有取本而得者，有逆取而得者，有从取而得者。故知逆与从，正行无问。"徐老和蔡定芳教授认为，逆治法、从治法则是标本学说的核心，内容包括在标求本、在本求标、在标求标、在本求本四个方面。

（1）在标求本是就病为本，症状为标而言的。实践证明，只有消除病因，才能使症状平息，这就是"在标求本"的理论意义。先病而后逆者，治其本；先逆而后病者，治其本。试以肝脾为例说明如下：脾土先弱，肝木后逆，治当培土抑木；肝木先逆，脾土后病，治当抑木和土。知五脏胜克之气逆乱的标本关系，则可以肾病治脾（崇土制水），肺病平肝（制木清金）等，正如《素问·至真要大论》所说："察标与本，气可令调。"

1）先寒而后生病者，治其本；先病而后生寒者，治其本：因寒而病，主要是指寒邪伤阳；因病而寒，主要指阳虚生寒。阴盛则寒，阳虚亦寒，病寒虽同，治法各异，要在谨熟标本。先寒后病，宜散寒护阳，王好古在其所著之《阴证略例》中，对治此证有很多独到之处；先病后寒，宜温阳祛寒，赵献可在其所著之《医贯》中，论此证有不少精辟见解。

2）先热而后生病者，治其本：此条若补上"先病而后生热者，治其本"一条则似更合理。因热而病，主要指热邪伤阴；因病而热，主要指阴虚生热。如果不明热之标本，实热用滋阴，虚热投泻火，必致热愈治而愈炽，阴愈治而愈虚。刘完素精于治先病后热，方法突出滋阴清热。前者从仲景急下存阴法得来，后者自《素问·至真要大论》"诸寒之而热者取之阴"中悟出。

3）先病而后泄者，治其本；先泄而后生他病者，治其本：泄，指大便泄泻、下痢。六淫外感，先病恶寒发热，继则里气失和，出现泻利，喻嘉言以人参败毒散解表治里，极赞此方有表解里自和、逆流挽舟之妙。此非治泻利而治泻利之先病也。先泻而后生他病者，当治其泻利之本，他病可不治自愈，如汪石山治一妇病利半余载，医用四物、香连不愈，继发胃脘腹中痛甚、咳嗽、烦热，后治以四君加升麻、陈皮、白芍，泻遂止，咳亦愈（《石山医案》）。

4）先中满而后烦心者，治其本：中满为病本，烦心为病标，因中满而烦心，故当治中满之本。罗谦甫治一人因猎兔以火炙食过多，腹胀如鼓，疼痛闷乱，吐泻不得，烦躁欲死，遂以备急丸十粒，分二次服，又予无忧散五钱，须臾大吐大下，约去二斗余，腹中空快，神静如常（《卫生宝鉴》）。

5）先小大不利而后生病者，治其本：大小二便不利而生病者，常见于关格等病。若能使二便得通，则食入不吐、腹宽不满，故通利二便为治此病之本。沈金鳌《沈氏尊生书》曰："此证危急，纵有里虚，亦宜先通后再补也。"《广利方》治关格二便不通，腹胀脘闷，以冬葵子、滑石、芒硝通利二便。宋代张锐《鸡峰普济方》治赵令仪妻，忽吐逆，大小二便不通，四肢渐冷，无脉，予大承气一剂，至夜半，渐得二便通，遂安。

（2）在本求标：疾病过程中的因果关系、矛盾的主次关系不是固定不变的。因此，《内经》提出了标本相移的观点，要求我们在一定的情况下，必须在本求标。

1）先热（病）而后生中满者，治其标：因热或其他疾病导致中满，以热或他病为本，中满为标。但中满发展到一定程度，转化为原发病的"因"，影响着原发病的预后，这时便当先治中满之标，后治其成满之本。例如，丹溪治一人病疟半年，患胀满，疟未愈，手足瘦而腹大如蜘蛛状，遂以八珍去地黄、甘草，加厚朴、黄连、陈皮，半年后胀愈，投大承气以治腹满，继以犀角地黄汤清心凉血。此因热而腹满，因腹满加重其热和谵语，先除腹满之标，再清心热之本，前后次序井然，娴熟经旨，运用自如。

2）小大不利，治其标：大小便是人体排泄代谢废物和"邪气"的主要途径。当疾病过程中出现二便不利时，先应考虑到通利二便以治标，否则废物积蓄，邪无去路则会加重原发病，如慢性肾炎、尿毒症、肝硬化腹水等，当出现二便闭阻及气高息难时，应当先峻利二便，然后再随症施治。

（3）在标求标：临床上大部分的症状表现与其本质是一致的，则应在标求标。诸如苦寒泻实热、辛热散实寒，淡渗利湿、甘凉润燥、降逆止呕、升发举陷、疏散解表、补益固里等，都是其具体运用。

（4）在本求本：症状表现与其本质不一致的亦不少见。这就需要我们对大量现象进行分析和研究后去伪存真、由此及彼、由表及里加以辨证。这样，才有可能把握住事物的本质。张景岳有"独处藏奸"的体会，李士材有"至虚有盛候，大实似羸状"的告诫，此所以在本求本。徐灵胎治洞庭卜夫人患寒痰，前医进以参附，患者10年来服附子数十斤而寒愈剧。徐曰此热邪并于内，当散其热使达于外，用芦根数两煎清凉疏散之药饮之，三剂而去火，十剂而减衣，后常服滋阴之品而身温（《洄溪医案》）。前医不效之所以然者，以其不知在本求本法故也。

2. 审缓与急，定治先后

《素问·标本病传论》曰："病发而有余，本而标之，先治其本，后治其标；病发而不足，标而本之，先治其标，后治其本。"本条经义难明，各家注文亦多避实就虚，不够明确。蔡定芳教授认为"有余""不足"并不是指病证的虚实，治本、治标也不是治疗"有余""不足"，而是作疾病的缓急看（姚止庵的注解）。这是整个标本学说中的精华部分，必须重视。

（1）缓则治本：必须在标病对机体生命无危急影响的原则下进行。《素问·至真要大论》曰："从内之外盛于外者，先调其内而后治其外；从外之内而盛于内者，先治其外而后调其内。"就是在"病发而有余，本而标之"的指导下制订的法则，很符合临床实际。

（2）急则治标：必须在标病不及时解决即将危及生命或影响本病治疗的原则下进行。这时治本固然重要，然较之治标则属次要，可见这时的"标"已转为主要矛盾或矛盾的主要方面了。因此，许多医家认为此时治标也就是治本。辩证唯物主义告诉我们，只有抓住主要矛盾和矛盾的主要方面，才能正确解决矛盾。

3. 察间与甚，决法并独

《素问·标本病传论》曰："谨察间甚，以意调之，间者并行，甚者独行。""间者并行，甚者独行"为我们指出了孰标本兼顾，孰标本单行的治疗规律，这是临床必须遵循的。在标本并重、病证错杂的情况下，一般要采取"并行"，如张仲景以麻辛附子汤治少阴太阳两感伤寒，刘完素以防风通圣散治标里俱热，李东垣以清暑益气汤治暑热伤气，朱丹溪以大补阴丸滋阴降火，吴鞠通以增液承气汤治热结伤阴等，都是其例。但在病势危，病证单纯的情况下，必须“独行”才能取效。总之，谨察疾病的“间”“甚”，正确决定“并行”与“独行”，是提高疗效的一个重要问题，不可等闲视之。

（二）“善治者因其势而利导之”——略论《内经》因势立则说

因势立则是根据机体抗病力趋势而确定治疗法则，《内经》指出，认真观察机体抗病力趋势，因势利导治疗，自能效如桴鼓。

1. 抗邪力趋势向外宜散，护正力趋势向内宜收

邪气留着体表而欲向内发展，机体的抗邪力则应激由内向外抵御，这时，治疗必须用发散法协助抗邪力外达排邪。《内经》对此有较多论述，《素问·热论》指出，对外感热病的邪气“未入于藏者”，“可汗而已”；《素问·阴阳应象大论》中“其在皮者，汗而发之”“因其轻而扬之”；《素问·刺热》中“诸当汗者，至其所胜日，汗大出也”。以上经文揭示，发散法的适应证是邪在肌表，病情轻，病位浅；作用机制是协助抗邪力向外祛邪。例如，张仲景治太阳伤寒，反复教诲无汗用麻黄汤，有汗用桂枝汤，即是运用经义的实例。前者抗邪力不得发泄，邪无以外出，故以麻黄汤因势发散，俾势达邪出，一汗而解；后者抗邪力部分得以发泄，部分未泄，用桂枝伍芍药，一助未泄的抗邪力，一敛已泄的抗邪力，恰如其分地使未尽之邪外散。再如，《伤寒论》第15条说：“太阳病，下之后，其气上冲者，可与桂枝汤，方用前法；若不上冲者，不得与之。”太阳病抗邪力趋势向外，误下则挫伤抗邪力而使之内陷。若患者抗邪力较强，不因下而势内陷，仍能向上（外）发泄，治当用桂枝汤原法；下后抗邪力趋势内陷，桂枝汤便无能为力。又如，《伤寒论》第21条说：“太阳病下之后，脉促胸满者，桂枝去芍药汤主之。”胸满反映了抗邪力趋势有内陷之象，故去芍药之敛。此类例子，在《伤寒论》中屡见不鲜。陆渊雷先生非常重视抗邪力趋势，其《伤寒论今释·卷一》说：“观察证候可以测知正气抗病趋势，于是选用方药，以利导匡救，而达到治疗目的。”发散法还广泛地被应用于杂病，《素问·汤液醪醴论》治水肿有“开鬼门”的方法；《金匮要略》发挥经义，谓“腰以上肿当发其汗”；《素问·五常政大论》谓：“汗之则疮已。”后世治疡名方仙方活命饮、阳和汤等均配有发散药物。

2. 抗邪力趋势向上宜越，护正力趋势向下宜降

邪气蕴遏上部，抗邪力应激向上抵御欲将其从上排出，治疗应因势越之。《素问·阴阳应象大论》曰："其高者因而越之。"高，指病位；越，指治则。病邪在上，抗邪力趋势向上，若治以下夺，则违势而不适宜，内消亦缓慢而费时日，顺势越之是最好的治法。越，包括吐和宣两法。吐法是运用药物或其他方法催发患者呕吐，达到使病邪涌出的目的，其作用机制是通过呕吐反射，协助抗邪力向上。吐方始于《伤寒论》之瓜蒂散，并有"宿食在上脘，当吐之"等论。此后，《备急千金要方》有烧盐探吐方，《外台秘要》有霹雳散，孙兆有稀涎散，张子和有三圣散，丹溪有通关散，景岳有萝卜子吐法，都是经世名方。特别是张子和神妙地应用吐法，治愈不少疑难病证，堪称吐法大师。《儒门事亲·十形三疗》中载医案139则，用吐法占30%。吐法传至日本，有奥村南山善用吐法，其徒永富独啸庵著《吐方考》，狄野台州庵著《吐方论》，则是300年前的国际经验。宣法能协助抗邪力向上宣提，以排除蕴遏于上焦的邪气，一般用于邪阻肺经证。肺为清虚之脏，功能宣发，邪阻肺经，宣发失司，常见咳嗽、胸闷等。投宣法后能使抗邪力向上排邪，解除邪气之蕴遏，恢复正常的宣发功能。徐之才"宣可去壅"即此意。麻黄、杏仁、桔梗、豆豉、栀子、菖蒲等都有宣提作用。张仲景重用桔梗开提排脓治肺痈，叶天士治咳嗽谓"微辛以宣通"，都是"其高者因而越之"的具体运用。

在阴阳气血向上浮逆，机体的护正力向下固摄时，治疗则宜因势降摄。《素问·气交变大论》："高者抑之。"抑有两层含义：一指由上向下抑制，不使上出，如潜镇法；一指由上向下摄纳，不使上行，如纳气法。临床应用如紫菀、款冬降肺气；沉香、蛤蚧纳肾气。程钟龄发挥经义而制生铁落饮，张锡纯的镇肝熄风汤等，这些都是护正势向下而采用的降法，可师可法。

3. 抗邪力趋势向下宜下，护正力趋势向上宜升

当邪气阻滞机体的中、下部，抗邪力应激向下时，治疗宜因势攻下。《素问·阴阳应象大论》指出，"中满者，泻之于内""其下者，引而竭之"。《素问·至真要大论》说："暴者夺之""下之。"以上条文内中、下指病位，满、暴指病证，泻、竭、夺、下指治法。邪气蕴结中、下部，抗邪力向下抵御，欲将其从下部二阴排出，故下法应包括通大便、利小便二法。但是，是否一定要邪在中、下部才可用下法呢？许多病证虽邪在上部，但它不利于或不可能从上部排出，而机体的抗邪力向下趋行，治疗仍可用下法。《素问·热论》治外感热病指出"其满三日者，可泄而已"，阐明了邪热入里，凡抗邪力趋势向下者宜用下法。张仲景以诸承气汤治阳明腑实证，就是因势攻下的典型治例，实践证明有很好的疗效；又如其用五苓散治邪入太阳之腑的蓄水证，既下太阳水道之邪，又利潴留不行之水，更是“引而竭之”的常法；即使是水饮停滞上部的结胸、悬饮等证，但因抗邪力向下，故仲景亦用十枣汤、大陷胸汤峻下祛邪。刘完素的凉隔散、桂苓甘露饮等移步换形，亦各有深意。张子和生平善用下法，尝谓：“热客下焦，在下之病，可泄而出之。”并以大量治验印证了经义。吴又可在前人启发下，认识到温疫之邪最宜从肠道排出，他遵循经旨，大胆攻下，为温疫治疗做出极大贡献。

在气血阴阳向下泄脱，护正力趋势向上时，治疗应当因势升举。《素问·气交变大论》“下者举之”，《素问·至真要大论》“上之”。举、上，指升提治法。升举的含义有二：一指中流砥柱，从中立极，不使下出，如固涩法；一指由下向上提举，不使下陷，且使已陷者重新上行。在历代医家中，对升法运用最有心得者首推李东垣，他创造了许多著名的升举阳气方剂，如补中益气汤，升阳散火汤等。继李氏之后，近代张锡纯对升法亦深造有得，制升陷汤治疗大气下陷引起的气短不足以息等症，收到满意疗效。仲景以桃花汤治下痢，黄土汤治便血，寇宗奭以桑螵蛸散治尿频失禁等，都是因护正力趋势向上而治的常法。

（三）试析《素问·腹中论》的两个方和法

（1）原文：“黄帝问曰：有病心腹满，旦食则不能暮食，此为何病？岐伯对曰：名为鼓胀。帝曰：治之奈何？岐伯曰：治之以鸡矢醴，一剂知，二剂已。帝曰：其时有复发者，何也？岐伯曰：此饮食不节，故时有病也。虽然其病且已，时故当病，气聚于腹也”。

析：鼓胀的临床表现，鼓胀病名最早见于本条经文。它是以证候命名的，以腹部鼓胀，皮色苍黄，脉络暴露为特征，本条经文中仅提到心腹满，旦食则不能暮食，显然不够全面。因此，《灵枢·水胀》做了补充，“鼓胀如何？岐伯曰：鼓胀身皆大，大与肤胀等也，色苍黄，腹筋起，此其候也”。

鼓胀的病因病机，《内经》提到“鼓胀”的条文，仅《素问·腹中论》和《灵枢·水胀》中两条，说明这两条经文很能代表其对鼓胀的认识思想。根据经文及鸡矢醴方的分析，我们初步认为《内经》论鼓胀突出在“湿热阻气”，其病变脏腑以脾胃为主。这与《素问·至真要大论》中“诸湿肿满，皆属于脾”“诸腹胀大，皆属于热”若合符节。

鸡矢醴的功效及应用：本方由鸡矢白和醴组成。《本草纲目》提出鸡矢白能“下气，通利大小便，治心腹鼓胀”。汪双池《医林纂要探源》论述鸡矢白性寒，味苦咸，能“降逆气，燥脾湿，软坚积，去瘀血”。醴，即酒类。本方能燥湿行水、下气宽中，是治疗湿热鼓胀的祖方。正如缪仲醇《本草经疏》所说：“湿热胀满，则小便不利，鸡矢能通利下泄，则湿热从小便而出，鼓胀自愈。”

鸡矢醴法对后世的影响：中医以为方从法立，有方必有法，特别是《内经》中的经世名方更是如此。我们学习《内经》方，不仅仅是掌握方剂的运用，更重要的是理解方剂的法。只有这样，才能以法统方，提纲挈领，做到药非鸡矢醴而处处皆鸡矢醴之法。

通过对鸡矢醴方和法的分析，从源及流，从流溯源，我们可以看到中医治湿热鼓胀是有其来由的。其中有继承，有发挥，有补充，有发展，其成功的经验，值得我们取法。当然，如属血吸虫所引起之肝硬化腹水鼓胀，则又应选加莪术、鳖甲、木瓜、威灵仙、车前子，甚或以十枣汤等软坚、活血、利水之品治之。

（2）原文：“帝曰：有病胸胁支满者，妨于食，病至则先闻腥臊臭，出清液，先唾血，四肢清，目眩，时时前后血，病名为何？何以得之？岐伯曰：病名血枯。此得之年少时有所大脱血，若醉入房中，气竭肝伤，故月事衰少不来也。帝曰：治之奈何？复以何求？岐伯曰：以四乌鲗骨一藘茹二物并合之，丸以雀卵，大如小豆，以五丸为后饭，饮以鲍鱼汁，利肠中及伤肝也”。

析：血枯病的临床表现。血枯，大多注家认为是指月经闭阻不通，如张景岳曰：“血枯一证与血膈相似。皆经闭不通之候……夫枯者枯竭之谓，血虚之极也。”其实，这种看法并不全面。血枯病有发作和未发作两种不同的表现，病未至则主要表现在月经衰少而不来。由于表现不同，治疗用药因之而异。根据临床观察，这种患者一般都有面色无华，形体瘦弱，精神衰惫，脉沉细弱等虚损表现。

血枯病的病因病机：引起本病的原因是多方面的。经文说：“得之年少时有所大脱血，若醉入房中，气竭伤肝。”指明失血和房劳是本病的主要病因，病变脏腑主要在肝。肝主藏血，女子以肝为先天，肝虚而藏血失司，冲任失固，以致唾血，时时前后血。这里的前后血，有些医家认为仅指大小便出血，我们认为应当包括阴道出血在内。王冰说：“前后血谓前阴后阴出血也。”肝虚血海不充，冲任失养，地道不通，则见月经闭阻，应至不至。其他如四肢清冷、头晕等，也都是血虚气弱的表现。

乌贼骨丸的功效及运用：乌贼骨丸由乌贼骨、芦菇、雀卵、鲍鱼汁组成。乌贼骨即海螵蛸，咸，微温，《药性论》谓其“止妇人漏血”；芦菇，《神农本草经》作茹芦，即茜草，《名医别录》谓其主“止血，内崩下血”；雀卵，甘咸、温，《本草经疏》谓：“补暖命门之阳气。”鲍鱼即稄鱼，即石决明肉，《随息居饮食谱》谓：“已带浊崩淋。”综上所述，本方是一张补虚固经的方剂。实践证明本方治疗崩漏、月经过多等有一定的效果。

乌贼骨丸法对后世的影响：本方是补虚固经之方，属于十剂中的“涩剂”和“补剂”。《内经》中“下者举之”“脆者坚之”“慓悍者按而收之”等是其组方的主旨。本法对后世影响深远：孙思邈治崩漏带下每以海螵蛸、龙骨、牡蛎、赤石脂、禹余粮等固涩止带；陈自明治妇人血崩心痛，每以乌贼骨炒为末，酢汤调下；严用和治崩漏强调要“调养冲注，镇注血海”。迨至清代，《女科经纶》引方约之说，提出著名的塞流、澄源、复旧三法，可以说是对本方法的继承和发展。固涩法在治疗阴道出血中占有重要地位，其源即导于本方本法。

（四）对“治痿独取阳明”的体会

痿证是指肢体软弱无力，不能随意运动而致肌肉萎缩的一种病证。《素问》除在“痿论”中专门论述本病外，在其他10多篇文献中提及本病的条文有20多条。但是，有关本病的治疗，除针灸外治法以外，仅“痿论”提到“治痿者独取阳明”一条。显然，此一治则对痿证具有普遍指导意义。

“治痿独取阳明”，不仅是指在针灸上取阳明经穴位，更重要的是指处方用药从中焦脾胃着手。张子和指出，“治痿独取阳明，阳明者胃与大肠也。此言不止谓针，针与药同也”。《素问·痿论》既然认为“五脏使人痿”，为什么又单言独取阳明呢？王肯堂《证治准绳》曰：“阳明虚，于五脏无所禀，则不能行血气，营阴阳，濡筋骨，利关节。气海无所受，则卫气不能温分肉，充皮肤，肥腠理，司开合；血海无所受，则上下内外之络脉空虚，于是精神气血之奉生身，周于性命者劣弱矣。故百体中随其不得受水谷气处，则不用而为痿。治痿不独取阳明而何哉？”马元台、张志聪等也有类似的见解。我们认为取阳明未必都是通过补阳明而治痿。我们对“独取阳明”是从直接和间接两个方面来理解。其理论依据是“阳明主润宗筋，宗筋主束骨而利机关”“阳明者五脏六腑之海”。

1. 祛阳明之邪以治痿

阳明属土，主约束筋骨而利机关，为后天之本而养脏腑。邪蕴阳明，中焦失和，筋脉失约则机关不利，化源不洁则脏腑失养。《素问·气交变大论》曰：“岁土太过……甚则肌肉萎，足痿不收，行善瘈。”在治疗上，若不审痿证之作由于阳明邪之不去，徒事补益，鲜有不误者。治法惟有祛邪，俾邪气去阳明得和，痿证自愈。

（1）泻阳明炽热以治痿：阳明之炽热，外感内伤，皆可致之。热盛灼津，筋脉失濡而成痿。《素问·皮部论》曰：“热多则筋弛骨消，肉烁䐃破。”其症常有便秘面赤，舌红苔黄，脉实有力等。陈士铎《辨证录》曰：“痿证终年不能起床，面色光鲜，足弱无力，不能举步者，乃阳明火盛。不必去治两足，止平其胃火，则火息而足自坚凝。若不平胃火而徒用补阴之剂，则饮食越多而两足益弱。”实为阅历之语。

（2）化阳明痰浊以治痿：脾胃为生痰之源。嗜甘酷肥之人，每致痰浊内生，停滞中焦，流入四肢，筋脉失约而成痿。其人多肥丰，其症常见眩晕脘胀，舌胖苔浊，脉滑等。李用粹《证治汇补》对此证病因病机、辨证治疗论述得比较恰当，“湿痰痿者，肥盛之人，元气不能运动其痰，致湿痰内停，客于经脉，使腰膝麻痹，四肢痿弱，脉来沉滑。此膏粱酒湿之故，所谓土太过，令人四肢不举是也。宜燥脾行痰”。

（3）清阳明湿热以治痿：《素问·生气通天论》曰：“湿热不攘，大筋软短，小筋弛长。软短为拘，弛长为痿。”这是对湿热成痿的最早认识。何梦瑶在《医碥》中解释湿热成痿的机制，“痿者，手足软弱，纵缓不收也，盖热而兼湿使然。观物之寒而干者，必坚硬收引；热而湿者，必柔软弛长可见。湿属土，胃为水谷之海，主润筋脉。胃病则不能运化水谷，湿停筋脉中，不为润而为涝，与热相合。故治痿独取阳明也”。

总之，湿热成痿临床上是较常见的。但许多医家治痿动辄补益肝肾，以致湿热越补而越盛，痿证越治而越重。张路玉说：“举世靡不以肾虚为事，阳明湿热，从无齿及之者。”前人教训，颇值后人借鉴。

2. 扶阳明之正以治痿

阳明为多气多血之经。阳明虚则宗筋纵，或五脏失其充养而成痿。《素问·太阴阳明论》曰："四肢皆禀气于胃，而不至经，必因于脾乃得禀也。今脾病不能为胃行其津液，四肢不得禀水谷气，气日以衰，脉道不利，筋骨肌肉，皆无气以生，故不用焉。"补阳明之正，即指补益中焦脾胃的气、血、阴、阳。

（1）补阳明之气以治痿：气虚痿者，多因饮食劳倦，脾胃衰弱，百骸溪谷皆失所养，故宗筋弛纵，骨节空虚。李用粹说："凡人病后手足痿弱者，皆属气虚。所谓脾既病，不能为胃行其津液，四肢不得禀水谷气而不用也。宜补中益气。"

（2）养阳明之血以治痿，《素问·五脏生成》曰："足受血而能步，掌受血而能握，指受血而能摄。"指出了四肢必须在血的供应下才能进行正常的生理活动。盖阳明为生血之源，阳明虚则血不足而四肢痿废，故养阳明之血可以治痿。

（3）滋阳明之阴以治痿：阳明为后天之本，水谷之海。胃阴耗损，失其柔濡滋润之功，上无以供心肺而毛脉枯萎，下不得充肝肾而筋骨痿弱；中缺其自养而宗筋弛纵。治法惟有培中养胃，用药必须浊味轻投。如雨露之灌枯木，小而频则顺，大而疏则逆，若暴洪骤雨必欲速不达。

综观上述，"治痿独取阳明"在临床上具有非常重要的指导意义。其运用范围不止以上谈及的这几种，如朱丹溪还指出有因为食积妨碍不得降而成痿者，有因为血瘀而成痿者，病因不同，用药亦异。然万变不离取阳明一法。经所谓"知其要者，一言而终"，诚然！

三、现阶段的主要研究成果举隅

（一）谨守标本理论，创制益智平颤方治疗帕金森病合并轻度认知障碍

帕金森病（Parkinson's disease，PD）是一种中老年人常见的神经系统变性疾病，认知障碍是其常见的非运动症状之一。研究发现，本病在诊断后的2~3年，有20%~57%的患者会出现轻度认知功能障碍（mild cognitive impairment，MCI）。MCI是帕金森病痴呆的潜在征兆，临床采取相应的早期干预措施，对于帕金森病的治疗及患者远期生活质量的改善有重要意义。蔡定芳教授前期采用经验方熟地平颤汤治疗帕金森病，在改善患者的运动障碍及非运动症状方面取得了较好的临床疗效。本研究针对MCI的帕金森病患

者的病机特点，以滋补肝肾、充髓益智为法，在熟地平颤汤的基础上加减拟定益智平颤方（专利号：CN103505639B）（由熟地黄15g，枸杞子12g，桑寄生18g，天麻12g，白芍15g，丹参15g，石菖蒲9g，远志6g，天南星15g组成），并观察其对患者认知功能障碍的改善作用。

为观察益智平颤方治疗帕金森病合并轻度认知功能障碍的临床疗效及安全性，将80例患者随机分为治疗组和对照组，每组40例。两组均予西医常规疗法，治疗组同时加服益智平颤方。两组疗程均为3个月，观察帕金森病综合评分量表（UPDRSⅡ、UPDRSⅢ）、日常生活活动量表（ADL）、简易智能量表（MMSE）、蒙特利尔认知评估量表（MOCA）、帕金森神经心理痴呆评定量表（PANDA）的积分变化情况，并采用不良反应量表（TESS）观察不良反应情况。结果显示：①与本组治疗前比较，治疗组治疗后ADL积分明显减少（$P<0.05$），对照组治疗后UPDRSⅡ、UPDRSⅢ积分增加（$P<0.05$）；组间治疗后比较，治疗组UPDRSⅡ、UPDRSⅢ和ADL积分值均明显低于对照组（$P<0.05$）。②与本组治疗前比较，治疗组治疗后MMSE、MOCA、PANDA积分均明显增加（$P<0.05$），对照组MOCA积分明显减少（$P<0.05$）；组间治疗后比较，治疗组各量表积分值均大于对照组（$P<0.05$）。③治疗组的不良反应发生率为7.5%，明显低于对照组的50.0%，TESS积分值少于对照组（$P<0.05$）。

MCI可归属于中医学“呆病”“文痴”“善忘”“颤病”等范畴。当代的中医学者经过多年的研究和实践，对PD-MCI的中医病因病机认识逐渐达成共识，普遍认为其属于本虚标实之证。我们认为PD-MCI的中医治疗当从肝肾入手，以补肾填精、养血疏肝、充髓益智为法。本研究治疗组所用的益智平颤方重用熟地黄、枸杞子、桑寄生滋补肝肾，治“风”之由；再以白芍养肝柔肝、熄风止痉，天麻平肝熄风；同时加丹参清心除烦、养血安神，石菖蒲、远志、天南星开窍豁痰、醒神益智。

研究显示，益智平颤方能明显提高帕金森病合并轻度认知功能障碍患者的认知水平，改善临床症状及生活质量，且安全性良好。可能与下列几种机制有关：减少黑质、纹状体及海马神经细胞凋亡；改善脑神经递质变化，抑制兴奋性氨基酸的神经毒性，提高胆碱能神经功能；清除脑内氧自由基。但鉴于中药方剂具有多靶点作用的特点，益智平颤方用于治疗PD-MCI患者的具体作用机制还有待进一步研究。

（二）谨守标本理论，总结缺血性脑卒中内科二级预防现状

《内经》对于中风已有一定认识，对脑梗死后言语障碍有“喑”之称，即舌强不能言。对于脑梗死后肢体偏瘫、半身不遂等症状，有“偏枯、偏风”之称，如《灵枢·热病》中提到“偏枯，身偏不用而痛，言不变，志不乱，病在分腠之间”。对于中脏腑，存在意识障碍的，则为“大厥、煎厥、薄厥”等，以“猝然昏仆，不省人事”为主要表现，如《素问·调经论》中“血之与气，并走于上，则为大厥，厥则暴死”，《素问·生气通天论》中“阳气者，烦劳则张，精绝，辟积于夏，使人煎厥……大怒则形气绝，而血菀于上，使人薄厥”。中风病因病机，唐宋以前，大多医家认为是“内虚邪中”而确立“外风”论，《灵枢》云：“虚邪偏客身半，其入深，内居营卫，营卫稍衰，则真气去邪气独留，发为偏枯。”此处认为中风是因外风侵袭，打破机体阴阳平衡而发病，治疗则以祛风散邪为主，佐以益气扶正。唐宋以后，尤以金元时期“内风”论盛行，刘完素主张“心火暴盛”，李东垣认为“正气自虚”，朱丹溪主“湿痰生热”，清代叶天士明确以“内风”立论，认为“精血衰耗，水不涵木，木少滋荣，故肝阳偏亢，内风时起”，治以滋液熄风、补阴潜阳。清代王清任将中风后半身不遂、偏身麻木归因于“气虚血瘀”，并创立了补阳还五汤治疗中风恢复期。

对于卒中复发，明·秦景明《病因脉治》有云：“中风之症……一年半载，又复举发；三四发作，其病渐重。”此处阐述了中风容易复发，且愈发愈重。清·沈金鳌亦提及“若风病既愈，而根株未能悉拔，隔一二年或数年必再发，发则必加重，或至丧命”，此处说明中风复发是因未能治根，相当于现代危险因素失于控制。

中风恢复期及后遗症期，多以“虚”“瘀”为主，治宜搜风化痰、通络化瘀、补益气血等，现在多以补阳还五汤、地黄饮子等加减化裁以祛除风、火、痰、瘀等病理因素，兼以固护正气，使邪无所依，达到中风二级预防的目的。

蔡定芳教授总结前人经验，在治疗及预防卒中方面取得一定成果，或在活血化瘀基础上处方用药，或以补阳还五汤为基础加减化裁，制成多种中成药或联合西药用于脑梗死后治疗及预防复发。灯盏生脉胶囊主要成分为人参、麦冬、五味子、灯盏细辛，功能益气养阴、活血健脑，钞建峰通过多中心纳入中风患者1240例，按1：1随机分为治疗组和对照组，两组在西医基

础治疗上加灯盏生脉胶囊或安慰剂胶囊，随访1年后，治疗组中风复发率为2.9%，对照组复发率为5.16%（$P<0.05$）。一项评价脑安胶囊与阿司匹林在预防脑梗死疗效的大型临床试验中共纳入中风高危人群4415例，随机分为脑安胶囊组与阿司匹林50mg/d组和70mg/d组，平均随访16个月，结果显示，校正年龄、性别差异后，脑安胶囊组中风发病率较阿司匹林50mg、70mg组，分别下降了50.2%、36.0%。脑心通胶囊由补阳还五汤化裁而来，功能益气活血、化瘀通络。涂燕芬等将219例既往有脑梗死病史患者分为治疗组和对照组，两组均予抗血小板、调血脂等基础治疗，治疗组加用脑心通胶囊，平均随访1年，两组在脑血管事件的累计发病率上无统计学意义，而缺血性脑血管事件的发生，有统计学意义（治疗组7.41%，对照组14.16%），两组不良反应的发生率无统计学意义。

中药在中风二级预防中潜力巨大。辨证施治是中医认识和治疗疾病的基本原则，现代中药对中风预防方面的研究很少以辨证分型的方式选择适合患者体质的治疗方案，对卒中患者不予辨证就施用某一中成药，由此可能会低估中药预防中风的疗效。现有的中药对卒中二级预防的临床试验设计或缺少对照，或缺少统一疗效评价标准，加之大部分此方面的研究纳入病例过少、随访时间短等问题，所得结果不能为国际认可。因此，在解决上述问题的基础上，严格临床试验设计，有望提高中医药在中风二级预防中的地位，为世界中风患者带来福利。

此外，为探讨急性缺血性脑卒中患者临床预后与中医证型的相关性，选取符合急性缺血性脑卒中诊断标准的患者200例，对不同证型患者进行发病时0天、发病后14天、30天、90天的改良Rankin量表（mRS）和Barthel生活指数（BI）进行评分。结果显示风中脑络-瘀血型、风中脏腑-阳闭型的mRS评分：14天较0天、30天较14天及90天较30天比较差异均有统计学意义（$P<0.01$）；风中脑络-阴虚型mRS评分：14天较0天及30天较14天比较差异均有统计学意义（$P<0.05$）；风中脏腑-脱证型mRS评分：14天较0天、30天较14天及90天较30天比较均无统计学意义（$P>0.05$）。同时，风中脑络-瘀血型、风中脑络-阴虚型：0天及发病后30天与发病后14天比较、发病后90天与发病后30天 BI评分比较，差异均有统计学意义（$P<0.05$）；风中脏腑-阳闭型BI评分：0天及发病后30天与发病后14天比较，差异均有统计学意义（$P<0.05$）。因此可以认为，不同中医证型患者mRS和BI评分在不同时间点有明显差异；而分辨中医证型有助于对急性缺血性脑卒中临床预后的判断。

（三）据“治痿独取阳明”理论，建立健脾益气法治疗肌萎缩侧索硬化症

肌萎缩侧索硬化症（amyotrophic lateral sclerosis，ALS）是以脊髓前角细胞、脑干运动神经核及锥体束受累为主的运动神经元病（motor neuron disease，MND），是选择性侵犯上、下运动神经元的慢性中枢神经系统变性疾病。临床主要表现为进行性肢体肌肉及舌肌萎缩、肢体无力、吞咽困难等症状，病变后期表现为肢体和延髓上、下运动神经元损害并存。ALS治疗药物匮乏，迄今尚无任何治疗措施能够改变疾病的转归。ALS在中医学属“痿证”范畴。多数医家认为，该病病机多以本虚为主，或虚实夹杂，其中本虚以脾虚为主，夹杂有肾、肝、肺等亏虚。

根据ALS的病因病机特点，蔡定芳教授采用具有健脾益气功能的加味四君子汤（四君子汤加黄芪、肉苁蓉）进行治疗，并以西药利鲁唑为对照，观察中医健脾益气法对ALS患者运动功能的影响。将48例ALS患者随机分为治疗组（n=24）和对照组（n=24），在常规药物治疗基础上治疗组给予加味四君子汤口服，对照组给予利鲁唑口服，治疗周期为6个月。分别于治疗前及治疗后3个月、6个月进行ALS功能量表（ALSFRS）评价，并观察两组患者对药物的依从性及治疗期间的不良反应。结果显示治疗后3个月、6个月，两组患者及两组中以四肢为首发症状者的ALSFRS评分均呈下降趋势，且治疗后6个月，两组患者及两组中以四肢为首发症状者的评分与治疗前比较，差异均有统计学意义（$P<0.05$）；治疗后6个月，治疗组中以四肢为首发症状者的ALSFRS评分变化率明显低于对照组（$P<0.01$）。治疗过程中，治疗组患者的服药依从性较好，未发生明显的不良反应；对照组脱落5例，包括死亡2例，因不良反应或经济原因退出3例。

本研究在传统四君子汤基础上又加入了黄芪、肉苁蓉两味以温肾健脾。四君子汤中人参甘温，益气补中为君；白术健脾燥湿，合人参以益气健脾为臣；茯苓渗湿健脾为佐；炙甘草甘缓和中为使，兼以补气健脾和中。此外，加入补益全身之气的黄芪以益气、固表、生肌，肉苁蓉温补脾肾、益精血、强筋骨。诸药合用，共奏健脾和胃、强五脏六腑之海、补益气血、营养宗筋之功，从而达到“治痿独取阳明”的目的。

结果表明，采用加味四君子汤治疗6个月后，虽然没有减轻ALS的症状，但在延缓ALS进展方面健脾益气法表现出了一定的优势，尤其是对以四

肢为首发症状者疗效更佳。究其原因，以四肢为首发症状者更符合ALS中医辨证之“痿证”，因此对以“治痿独取阳明”、脾主四肢肌肉为基础所制定的健脾益气法效果更佳。同时，与对照组比较，治疗组患者显示了较好的依从性及较少的不良反应；从经济学角度来说，2008～2012年加味四君子汤（草药配方）每剂价格约为22.8元，而每天服用利鲁唑的花费则约为160元，可见中药具有明显的价格优势。

本临床研究结果提示，健脾益气法在延缓ALS尤其是以四肢为首发症状者的病情进展方面具有一定的优势，且不良反应少，价格便宜，可作为中医药治疗ALS的参考用药，同时也有待于今后增加样本量或者调整药物配伍、剂量以进一步探讨、研究。

参考文献

包洁，汪琴静，李思敏，等. 2015. “上火”诱导因素的病例对照研究［J］. 中华中医药杂志，30（4）：1013-1016.

蔡定芳，徐荣斋. 1981. “治痿独取阳明”的体会和印证［J］. 浙江中医学院学报，5（4）：22-24.

蔡定芳，徐荣斋. 1981.《标本病传论》治则部分试析［J］. 吉林中医药，1（4）：1-4.

蔡定芳，徐荣斋. 1982. 试析《素问·腹中论》的两个方和法［J］. 湖北中医杂志，4（1）：34-36.

蔡定芳，徐荣斋. 1983. 善治者因其势而利导之——略论《内经》因势立则说［J］. 上海中医药杂志，17（8）：36-37.

党翠娇，蔡定芳，俞晓飞. 2017. 缺血性脑卒中内科二级预防现状［J］. 中西医结合心脑血管病杂志，15（21）：2706-2709.

范永升，温成平. 1997.《金匮要略》诊疗体系的探讨［J］. 浙江中医学院学报，21（1）：12.

范永升，温成平. 1997. 阴阳毒证治探讨［J］. 中华中医药杂志，12（4）：55-56.

范永升，徐荣斋. 1981.《金匮》治疸八法［J］. 广西中医药，4（1）：10-12.

范永升，徐荣斋. 1981. 河间论中风的见微知著［J］. 辽宁中医杂志，8（5）：1-3.

范永升，徐荣斋. 1981. 刘完素火热论的探讨［J］. 河南中医，1（5）：1-3.

范永升，徐荣斋. 1982. 刘完素对老年病学的贡献［J］. 浙江中医学院学报，6（6）：10-11.

范永升，徐荣斋. 1983. 刘完素“胃阴说”初探［J］. 吉林中医药，3（3）：10-11.

范永升. 2018. 从现代生物学认识上火［J］. 中国中西医结合杂志，36（12）：1415-1417.

谷焕鹏，范永升，高明堂，等. 2008. 解毒祛瘀滋阴方对佐剂性关节炎大鼠TNF-α的影响［J］. 中华中医药学刊，26（1）：125-126.

潘卫东，苏小静，王骏，等. 2013. 健脾益气法治疗肌萎缩侧索硬化症的随机开放临床试验［J］. 上海中医药大学学报，27（3）：38-41.

水冰洁，温成平，范永升，等. 2015. 解毒祛瘀滋阴方对系统性红斑狼疮小鼠肠道菌群的调节作用［J］. 中华中医药杂志，（7）：2464-2469.

温成平，范永升，陈学奇，等. 2003. 解毒祛瘀滋阴药并用激素对系统性红斑狼疮T细胞亚群Fas基因表达的干预作用研究［J］. 中国中西医结合肾病杂志，4（12）：703-705.

温成平，范永升，黄永凯，等. 2002. 中药狼疮定对系统性红斑狼疮外周微循环影响的研究［J］. 中国中西医结合肾病杂志，3（12）：704-706.

温成平，范永升，唐晓颇，等. 2000. 解毒祛瘀滋阴法治疗SLE对甲状腺功能异常的调节作用研究［J］. 中华中医药学刊，24（7）：1229-1232.

温成平，范永升，唐晓颇，等. 2003. 解毒祛瘀滋阴药对系统性红斑狼疮患者性激素水平的调节作用［J］. 中国中西医结合肾病杂志，4（10）：580-582.

叶青，张红智，蔡定芳，等. 2016. 益智平颤方治疗帕金森病合并轻度认知障碍疗效观察［J］. 上海中医药杂志，50（7）：47-49.

翟静波，曹洪波，王晓辉，等. 2016. 基于关联规则的大学生“上火”相关核心生活习惯分析［J］. 中华中医药杂志，31（7）：2552-2555.

郑卫军，何月晖，谢冠群，等. 2017. 杭城大学生“上火”症状分析及诱导因素研究［J］. 世界中医药，12（12）：2892-2896.

附录

大事概览

1911年9月	出生于浙江绍兴缪家桥
1916～1927年	私塾读书
1927～1930年	杨质安先生处学医
1930～1932年	患肺病在家休养并自学中医
1933～1954年	在绍兴开设诊所
1937～1938年	兼上海道德会驻绍兴施药处内科医师，同时为绍兴晚报编辑《医药周刊》，共出版61期。自己出版《健康半月刊》
1946年	创立内科病理研究诊疗所，并出版《研究专刊》
1950年	任绍兴市缪家桥居委会副主任及塔山区军烈属委员会宣教委员
1951年	兼任绍兴凌霄社儿科义诊医师
1955～1958年	在绍兴第二医院中医科工作
1955年	出版《重订通俗伤寒论》
1956年	加入中国农工民主党
1958～1959年	在南京中医学院进修
1959年	在浙江中医学院任教
1971～1974年	浙江大学医学院附属妇产科医院医师
1978年	晋升副教授，任《浙江中医学院学报》编辑部主任
1979年	加入中国共产党
1981年	被浙江省人民政府聘为高等院校中医学科教授职称评定小组成员